相 * 约 * 名 * 人 * 堂

与院士一起看世博
[二]

中国 2010 年上海世博会公众参与馆

本书为上海科技发展基金会支持项目

上海科学普及出版社

"畅想世博汇"丛书编委会

总顾问：杨振武
编委会主任：马春雷
编委会副主任：
　　曾文明　陈振民　吴建中　谢海光
　　俞　涛　章克勤　杜慧芳　汪兰洁
　　邓小冬　朱　鸣
编委会委员（按姓氏笔画为序）：
　　丁　魏　王玉峰　尼　冰　叶　春
　　刘瑞李　吕玉新　孙一兵　许永顺
　　劳晓芸　吴　磊　张伟平　周建军
　　陈巧云　金玉萍　赵卫建　徐建平
　　贾毅民　钱　凯　高克明　章慧敏
　　普布卓玛　韩璐瑟

《相约名人堂——与院士一起看世博》[二]
编 委 会

顾　问：马春雷　陈克宏
总策划：曹振全
策　划：尼　冰　曾　方　郁增荣　施志健
主　编：俞　涛
编委会成员（按姓氏笔画为序）：
　　　　李立波　张　弘　金玉萍　周　兵
　　　　胡山保　胡名正　胡陶荣　赵卫建
　　　　姜福共　钱　凯　潘　祺

序 一

2010 EXPO MEETING OF MINDS
GO EXPO WITH ACADEMICIANS

2010年5月1日至10月31日，举世瞩目的上海世博会成功举行。这是综合类世博会首次在发展中国家举办，也是第一届以"城市"为主题的世博会。随着时代的发展，世博会对公众参与越来越重视；伴随着"城市，让生活更美好"主题的深入人心，给予公众参与更大的空间成为上海世博会的一个新特点。坐落在上海世博园B片区主题馆内的"公众参与馆"，作为世博会中唯一以公众参与为基本特色的独立场馆，因其极大地汇集了公众在参与世博活动、践行世博理念、演绎世博精彩中所展现出的热情、才艺、行动和智慧，较好地展示了公众对于家园的热爱、对于世博主题的理解、对于城市美好未来的向往，而受到各界广泛好评。

"相约名人堂——与院士一起看世博"活动作为"公众参与馆"的主要展项活动之一，通过代表科学技术顶尖权威的院士与普通市民群众面对面、零距离的交流互动，让高深的世博科技精华得以通俗化、趣味化的诠释，也为公众畅想未来美好城市和生活，搭建起一个属于公众自己的舞台。在这个舞台上，来自中国科学院、中国工程院、美国国家工程院、法国科学院、英国皇家工程院、俄罗斯国家科学院的54位院士和来自全国各地的众多科技爱好者们共话上海世博会的科技亮点及其蕴含的无数奇思妙想，一起探讨科技发展对未来城市、社会、生活的影响，共同为构筑我们家园的未来美景而贡献智慧。

令我们深深感动的是院士们的倾情支持。作为各个领域内的顶尖学者，他们无不公务繁忙，但出于对科学普及事业的责任，出于对上海世博会的热情，出于对人类未来的关注，他们专程来到"公众参与馆"这个很小也很大的空间，把自己的智慧毫无保留地传播出去。

同样令我们深深感动的是公众的热情参与。活动启事刚一发布，报名到现场参与的网络就涌起了热潮，咨询电话也此起彼伏。百里挑一到达现场的观众倍加珍惜面对面与院士交流的机会，都在活动前做足了"功课"，向院士提交的问题，写了一条又一条。据统计，近600万人次通过现场、网络、手机等途径参与活动，"相约名人堂——与院士一起看世博"活动成为群众性世博科普活动的一大亮点。

在长达184天的世博会期间，在每周两次的高频率安排中，53场"相约名人堂——与院士一起看世博"活动，之所以场场圆满、次次精彩，受到各方好评，还来自于活动共同主办方中共上海市科学技术工作委员会、上海市科学技术委员会和上海市科学技术协会的高度重视，项目团队的精心安排和高效组织，东方网、上海广播电视台以及上海科普网、上海数字文化网等网站的密切合作，中央和上海各主要媒体的鼎力支持。这本汇集"相约名人堂——与院士一起看世博"活动精华的作品的编辑出版，使得"公众参与馆"的"畅想世博汇"丛书又添异彩，更使得这项极有意义活动的成果能够在世博会后，在城市的发展中、在我们的未来生活里继续闪耀智慧的光芒！

马春雷

中共上海市委宣传部副部长
2010年10月

序 二

2010 EXPO — MEETING OF MINDS
GO EXPO WITH ACADEMICIANS

"一切始于世博会",这不是一句空洞的口号,而是人们对世博会云集了各个时代最先进的文明成果和最新潮的产品及概念模式的由衷赞叹。事实证明,无数改变人类进程的发明,最先始于世博会;无数奠基现代文明的建筑,最先始于世博会;无数耸立时代之巅的珍奇,最先始于世博会。从某种意义上来说,通过世博会,人类记录了当时社会文明的智慧,并对未来作出了前瞻性的展望。

中国 2010 年上海世博会是首届以"城市"为主题的世界博览会。城市是包括科技进步、科技创新在内的人类文明的结晶,也是人类科技创新的巨大舞台。然而,在城市飞速发展的今天,人们的城市生活也面临越来越多的挑战:高密度的城市生活模式引发空间冲突、文化摩擦、资源短缺和环境污染。城市的无序扩展不仅使上述问题进一步恶化,甚至有可能最终侵蚀城市的活力、降低城市生活的质量。那么,如何实现"城市,让生活更美好"的目标呢?

"相约名人堂——与院士一起看世博"活动作为"公众参与馆"的主要展项之一,围绕以"美好城市"为讨论主题的六大板块(海纳百川的城市:共享·共生·共融;自然友好的城市:低碳·生态·能源;宜居易行的城市:人居·建筑·交通；智慧灵动的城市：数字·网络·智能；健康和谐的城市：医疗·卫生·安全；绚丽多彩的城市：科技·人文·社会），邀请50多位海内外院士、数十位专家学者在公众参与馆，就科技前沿和社会热点话题与公众展开互动对话，共同畅想科技构筑的未来美好生活，精彩演绎"城市，让生活更美好"世博主题。

活动开展以来，"相约名人堂——与院士一起看世博"活动受到了社会广泛好评，也引起了包括中央电视台、新华社、《人民日报》、《解放日报》、《文汇报》、《新民晚报》、上海电视台、上海人民广播电台、人民网、东方网等中央、上海数十家主流媒体的关注。媒体的报道，获得了非常好的社会宣传效果。同时，参与活动的众多院士和专家们对于未来城市发展的独到思考，对于本届世博会科技和文化内涵的权威解读，对于人类社会进步的崇高责任感，也都给我们留下了极其深刻的印象。

本书通过对"相约名人堂——与院士一起看世博"活动内容的整理与提炼，诠释和解读世博科技，传播科学知识、科学思想、科学精神和科学方法，并为世博后的城市规划和转型、创新和发展、科技的进步和产业升级，提出了一些意见和建议。这样一本集合大家睿智的书籍，将会为提高城市的文明程度和公众的科学素养起到十分积极的作用。

世博会是科技成果的收藏者和展示者，更是文明演进的承载者和推动者。相信本届世博会所产生的智力支持和精神动力，必将为城市加快创新发展带来契机，使"城市，让生活更美好"的人类理想化为展示城市现在和未来的生动实践。

上海市科学技术协会党组书记、副主席

2010年10月

2010 EXPO
MEETING OF MINDS
GO EXPO WITH ACADEMICIANS

第一篇　智慧灵动的城市：数字·网络·智能　　1

刘韵洁　2
三网融合，让生活更便捷、更美好——刘韵洁院士谈网络融合的难点和前景／三网融合是可持续发展的要求

何积丰　14
信息安全和物联技术的应用与前瞻——何积丰院士谈物联网技术与发展／世博园内物联网技术的应用

邬贺铨　26
网络技术与智慧城市——邬贺铨院士谈智慧城市的技术支撑／感知中国，建设智慧城市

邹世昌　38
智能生活，心"芯"相映——邹世昌院士谈中国集成电路技术发展／集成电路引导未来智能化生活的发展

周孝信　50
新能源期盼坚强而聪明的电网——周孝信院士谈能源革命与智能电网 / 智能电网和新能源革命的融合

王　曦　62
用信息技术筑起"隐形围墙"——王曦院士谈数字技术在上海世博会期间发挥的重要作用 / 科技为上海世博会保驾护航

邓中翰　74
"物联"未来，创造智慧生活——邓中翰院士谈物联网给我们带来美好生活 / 物联网如何创造未来的智慧生活

第二篇　健康和谐的城市：医疗 ∗ 卫生 ∗ 安全　87

曾溢滔　88
基因与人类健康——曾溢滔院士谈21世纪生命科学的发展 / 生物转基因技术造福人类

陈灏珠　100
心脏，维持生命活动的原动力——陈灏珠院士谈如何预防心血管疾病的发生 / 美好生活从健康的心脏开始

钟南山　112
关爱自身健康——钟南山院士谈健康的生活方式 / 最好的医生是自己

张伯礼　124
发展人的自我健康能力——张伯礼院士谈如何提高自我保健意识 / 做健康的主人

王陇德　136
健康掌握在自己手里——王陇德院士谈科学的养生之道／慢性非遗传性疾病的防治

贺　林　148
揭示生命的遗传规律——贺林院士谈基因和人类基因组／基因探秘与医药个体化

谢礼立　160
安全了，生活才能更美好——谢礼立院士谈土木工程的防灾减灾／减少自然灾害造成损失的有效措施

阿兰·卡彭　172
预防和治疗心脏疾病——阿兰·卡彭院士谈科学技术的进步推动医疗技术的发展／关爱健康从呵护心脏做起

范立础　184
城市建设中面临的问题——范立础院士谈城市建设与多灾害防治／桥梁抗震技术与科学规划

高金吉　196
降低风险，促进企业本质安全——高金吉院士谈企业安全生产／技术、制度、人才，一个都不能少

邱蔚六　208
美好生活需要"面子"工程——邱蔚六院士谈口腔颌面部整形和修复治疗／重视口腔健康问题

第三篇　绚丽多彩的城市：科技·人文·社会　　221

林宗虎　222
节能减排，倡导低碳生活——林宗虎院士谈低碳技术及其在世博园区的应用／上海世博会是低碳节能的示范园区

胡壮麒　234
低碳生活从节俭做起——胡壮麒院士谈新材料在节能减排中的作用／新能源在上海世博会后的发展趋势

郭重庆　246
面向未来，发展生产型服务企业——郭重庆院士谈后世博上海的发展／后世博时期的发展机遇

陈晓亚　258
植物园让城市更美丽——陈晓亚院士谈植物园和城市发展的关系／植物，让生活更美好

郑南宁　270
人工智能与我们的生活——郑南宁院士谈人工智能的研究现状／计算机不会代替人脑

钱　易　282
建设可循环生态文明——钱易院士谈城市生态文明建设／倡导高效率、低能耗的生态文明

朱能鸿　294
天文望远镜的世博之旅——朱能鸿院士谈望远镜与天文学发展／多用途的天文望远镜

杨雄里 306

探索脑的奥秘——杨雄里院士谈人脑研究的进展／脑科学发展与机器人

沈文庆 318

科技，让城市生活更美好——沈文庆院士谈世博会与上海的城市发展／世博会对上海发展的重要意义

江 明 330

高分子与现代生活——江明院士谈高分子科学的发展／科学的发展与国家的强盛

瓦·伊·茹科夫 342

家庭与社会发展的关系——瓦·伊·茹科夫院士谈社会政治中的俄罗斯家庭／社会问题的形成与对策

本书中的照片摄于2010年上海世博会园区及各场馆内，全部照片内容诠释了本届世博会的主题"城市，让生活更美好"。在这里，可以看到世界各国多领域的高科技成果；可以领略到通过各种不同的科技手段对"城市，让生活更美好"世博主题的精彩演绎；可以感悟到未来的高新科技支撑世界各国的可持续发展；更可以激发参观者的创新思维，点燃美妙的创新和创意火花……体现了低碳、节能、共享、共融等未来城市可持续发展的理念。

第一篇
智慧灵动的城市：
数字 * 网络 * 智能

MEETING OF MINDS
GO EXPO WITH ACADEMICIANS
2010 EXPO

随着高新技术产业的快速发展，各类信息技术综合运用于整个城市管理体系以及人们的日常生活。城市的发展愈来愈趋向于运用数字化的手段来处理、分析和管理；物品的流通愈来愈趋向于运用智能化的手段来运输、仓储和销售。现代都市人日渐依赖于一张可以覆盖全球任何一个角落的巨大的数字网络。

相约名人堂
与院士一起看世博

院士风采

刘韵洁，中国工程院院士。1968年毕业于北京大学技术物理系。曾任邮电部数据所所长，邮电部电信总局副局长兼数据通信局局长，中国联通总工程师、副总裁等职。现任中国联通科技委员会主任。2005年当选为中国工程院院士。

刘韵洁院士曾主持规划、设计、建设和运营管理中国公用数据网，其中包括公用分组交换网、公用数字数据网、公用宽带网、公用互联网。开拓了我国公用数据通信新领域，形成我国上千亿元的网络和应用产业，为我国信息化发展作出了突出贡献。1998年，曾被美国《时代周刊》评为全球IT领域重要的50位杰出人物之一。曾主持了中国联通多业务统一网络平台的设计、建设和运营工作，该项目针对国内外电信界几十年未能解决的网络融合问题，创造性地将路由器技术和ATM技术融合，克服了它们各自的局限，在全球率先实现了在一个网络平台上同时提供语音、数据和视频等多种业务，是向下一代网络演进的一次大规模成功的实践，为业界多年追求三网融合的目标探索出一条可行的途径，该项目处于全球领先水平。近年来，刘韵洁院士在移动互联网、物联网等领域进行了深入的研究。

刘韵洁　MEETING OF MINDS
GO EXPO WITH ACADEMICIANS

中国工程院院士
刘韵洁

做好三网融合
试点，造福广大
百姓。

刘韵洁
2010.8.3

相约名人堂
与院士一起看世博

睿智之光

三网融合是指我国的互联网、电信网、广电网从原来分离的网络、分离的业务演进到统一融合的网络。三网融合的目标是创建一个更安全、更可靠、更便捷、更融合的网络。

三网融合，让生活更便捷、更美好
——刘韵洁院士谈网络融合的难点和前景

何谓三网融合

三网融合是指我国的互联网、电信网、广电网从原来分离的网络、分离的业务演进到统一融合的网络，并提供各种业务。

网络融合不是全业务牌照发放的概念。不是电信发一个广电的业务牌照，广电发一个电信的业务牌照。网络融合的动力是降低成本、增加利润，同时也是用户的需求、业务发展的需求。三网融合就是充分地利用网络的资源作用，如广电网除了广电的节目以外可以传送电信的业务，电信可以传送广电的业务，这样它的资源就得到了充分发挥，给用户带来了很大的方便，用户也可得到更多的实惠。但是网络融合不仅是接入的问题，还包括网络，也包括移动网络和固定网络的融合，是一个很复杂的系统工程。网络融合是一个长期追求的目标，是一个长期的演进过程。

三网融合的目标

通过对电信网络、广电网络的改造、提升，形成融合的网络来提供各种电信和广电业务。鼓励技术创新，形成新的产业价值链，改善电信、广电的运营管理水平，提高竞争力。可以方便、快捷地提供新型的综合业务，满足用户需求。

原来，电信网、广电网都是开展一个业务就要建一个网，如电话网、视频网、互联网、移动数据网。长期以来，人们很自然地就会想到能不能建一个统一的网络平台，使这些业务都能在统一的网络平台上提供服务，给用户带来很大的方便。这是几十年来人们所追求的目标。中国电信界、IT界几十年来探索网络融合的历程，从20世纪70年代的综合业务数字网，80年代宽带的综合业务数字网，到90年代的互联网都是提供多种业务。然而这些努力到今天还没有完全实现人们所追求的理想目标。

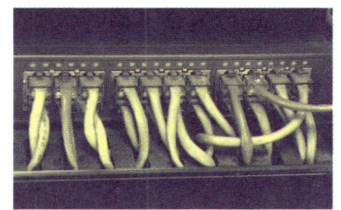

三网融合就是通过对互联网、电信网和广电网的融合来构建统一的网络平台

三网融合主要是电信网、广电网、互联网的融合，不是把广电的网、电信的网整合在一起，而是广电的网通过网络的改造提升，它除了提供广电的服务外，还可以提供电信的服务。三网在各自网络的基础

上变成一个融合的、统一的网络。如果不融合的话，老百姓使用各种业务，它的服务质量就会大打折扣，还会带来很多不方便。融合以后，成本会更低，老百姓能够得到的实惠更多。

三网融合的技术路线

在网络融合改造方面我们有10多年的历史，但是一直没有实现真正的融合。党中央、国务院决定从2010年开始先在12个城市进行三网融合的试点，2013～2015年全国实现三网融合的目标。这是符合技术发展潮流的，也是符合先进国家发展路线的。

实现三网融合的目标，符合技术发展的潮流

承载网的融合成为全球业界的共识，在著名咨询公司Yankee Group 2004年的咨询报告中指出：全球20家收入最高的电信公司中有17家已经开始采用网络融合的思路在改造自己的网络。

AT&T是美国一个很大的电信公司，它先把5个网融合成2个网，然后把2个网融合成1个网，走网络融合的路线。它在10年前已经开始互相准入，这个电信公司有4个频道的广播电视节目，有4个频道的有线电视的节目。它除了建立电话网以外，还建立了一个广播电视网。因为当时的技术没有办法解决融合的问题，它要提供广播电视业务，就必须建立广播电视网，有线电视网。现在要把这个有线电视网融合在它的统一的网络平台里。

我国台湾地区前几年有8个网,如果不融合现在可能会有10多个网。现在第一步就是要从8个网变成3个网,然后再从3个网变成1个统一的网来提供业务。

2000年,中国联通做了一个覆盖全国的统一融合的网络平台,有5个业务。本来要建立5个网,后来建立了1个统一的网络平台并提供5个业务。在"非典"期间,由于大家见面很不方便,所以卫生部急需有一个集视频、语音、数据于一体的全国指挥调度系统来应对"非典"的问题。当时卫生部找了很多单位,都不能在短时间内建立起一个全国指挥调度系统来。而联通公司在接受任务后的3天内就在重灾区建立起这样一个系统来,然后在15天内31个省城全部都建成了指挥调度系统。如果一个一个建立的话,需要6～8个月才能全部建立起来,这就是网络融合带来的好处。现在要单独建一个网络一般需要半年以上的时间,如果建立这样一个平台,打下这样的基础,一个月的时间就可以开通。

除了承载以外,还有业务控制网也要统一。现在一个业务一个平台、一个数据库,将来要把所有的业务平台都集中在一起,数据库就是统一的,规划控制、接入控制也是统一的。这就是统一的数据库的架构,这是全球发展的一个方向。

网络融合还涉及到移动网和固网的问题。移动网和固网为什么要融合呢?光纤资源的带宽越来越宽、成本越来越低;无线的资源是有限的,但应用又几乎是无限的。一个是资源非常丰富,一个是资源有限,应用又很多。解决这一问题的唯一一个途径就是移动和固网要融合。融合的另一个因素是成本,有线的带宽成本和无线的成本差65倍多。融合后,老百姓的使用成本就会大大节省。

2G的手机主要解决室外通话的问题。3G的手机主要解决高速数据的问题,可以让用户在手机上上网、看视频。

相约名人堂
与院士一起看世博

但是，上网用的高速数据 50%～70% 是在办公室和家里，而在路途中上网的比例很低。一般用户在家里、办公室里都有有线的资源，可以利用这些便宜的资源享受移动的服务。

政府部门要积极推动三网融合

国家建设部应制定相关政策，在新建住宅和楼宇时一律采用光纤线路来代替原来的 5 类线施工。根据测算，新方案对于每家用户的平均成本只会增加 300 元（光纤成本 450 元，5 类线成本 150 元）。这一成本的增加，用户是完全能够承受的。驻地网应该采用统一、融合的方案，以避免光纤接入的重复建设，使得用户真正实现可以任意选择不同运营商或广电业务；同时，促进运营商更好地提高网络质量，搞好服务工作。

政府部门要鼓励电信运营企业和广电部门走技术创新之路，并提供其相应的创新环境，引领产业的形成和发展。为适应三网融合的需要，要解决好驻地网建设、管理、运营中的政策法规，落实责任主体。鼓励电信运营企业和广电部门有所为、有所不为，共同营造和谐的可持续发展的市场竞争环境。

刘韵洁 MEETING OF MINDS
GO EXPO WITH ACADEMICIANS

对话院士

三网融合是可持续发展的要求

三网融合可以大大节省资源

刘韵洁：任何事情都有一个可持续发展的问题，网络建设也是一样的。现在多头建设网络，如果再一个网一个网建下去，就不可控制了。网络是耗电大户，融合后其耗电量可以节约55%。三网融合不但节约成本，而且网络的资源也可以大大节省。

搞好三网融合要有统一的共识

刘韵洁：专家要有共识，三网融合的内涵是什么？三

院士与嘉宾对话

网融合的目标是什么？现在的看法和观念并不是很统一的，还是比较分散，决策部门就不容易抓到一些本质的问题。三网融合必然会触及到一些体制上的变革，如果一些体制变革跟不上，三网融合会遇到阻力。如果各方都想给老百姓提供好处，让老百姓感觉方便，事情就好办多了。中央下了很大的决心，要把三网融合搞好。

搞好三网融合需要体制变革跟上

刘韵洁：国家相关的管理体制要跟上去。如果相关的管理体制跟不上去，这种部门之间的矛盾、分歧是很难协调的。可能到一定程度之后，体制上应该作相应的调整。在这些方面国外有一些经验，尽管我们有我们的国情，比如说网络的安全问题，融合了以后会不会出现问题？但是，我认为要相信广播电视部门会有一套严格的安全管理体制和技术储备，电信部门也同样会有相应的管理体制和技术水平来保证这些网络的安全。网络要保证安全，要保证我们国家的稳定，这是一个大原则，但是这个问题通过努力是可以解决的。

三网融合需要全社会的配合

刘韵洁：我认为广电的优势在于有节目源，这是电信部门不能比的。搞信息服务，广电、电信都不太在行，可能还要靠第三方，像腾讯、新浪等。电信部门搞这些东西搞不好，不光是中国，国外也搞得不太好。三网融合的角色，不光是电信和广电，还有全社会的相关部门，如设备的技术、软硬件的技术，软件公司都要参与进来。这是一个全社会的很大的一个价值链，把各方面的利益都协调好才可以做好。

体验和感受三网融合带来的快捷

刘韵洁：我认为，有很多跟三网融合有关的共享优势。现在没有三网融合，做得也蛮好，大家感觉也很方便，但是，三网融合后会更好。网上世博就是一个动态的，非常好。现在做电视节目，只能有线电视用户才能看到，互联网用户是看不到的，互联网用户只能看到专门针对互联网做的内容。电视台可以有目的地去选择热门场馆如阿拉伯馆、中国馆做节目，大家怎么能看到这些视频？那就要三网融合，节目可以由有线电视来做。但只有跟电信网、广电网联合起来，这样千家万户都可以看到；没有三网融合就做不到这点。比方说传照片，大规格的照片，通过卡是一个方式，通过网络也可以。我拍的照片，随时通过网络，比如说通过3G上网以后马上就可以跟家人共享这些信息。

三网融合要与城市规划相协调

刘韵洁：网速跟每个城市的规划有关。按现在的技术来讲，你要多大的网速都可以满足，10兆字节/秒都可以

满足，但是有一个成本问题，100兆字节/秒和2兆字节/秒的成本完全不一样。我觉得，这个要跟城市的规划协调起来，要结合当地的实际情况。

收费标准，我想做好网络融合的工作以后，应该是降低成本的。但是现在它不可能降低成本，因为这个利益空间没有被大家充分利用起来，所以不可能降费。在尽力做好三网融合以后，才能降低费用。

三网融合的发展是一个长期的过程

刘韵洁：三网融合的前景，我是比较乐观的。因为我们党要做的事，是可以做起来的。但是怎么做得更快、更好，这个可能有一个磨合的过程，是一个长期的过程。不同的阶段网络融合的内容不一样，再过10年还要谈网络融合，但是那个时候的网络融合和现在的网络融合就不一样了，是更高层次。未来的网络比现在的网络更安全、可靠，服务的内容更便捷。那个网络也是一个更融合的网络。我认为中国未来网络的前景会更美。因为中国有这么多人，中国的经济发展这么快，有这么多网民，这么好的基础，但是还需要大家的共同努力。

（嘉宾：刘文仪）

浦东陆家嘴的夜景

刘韵洁　MEETING OF MINDS
GO EXPO WITH ACADEMICIANS

视　点

关注"相约名人堂——与院士一起看世博"活动诠释的科技奥秘和世博精彩，从科学传播的视角聚焦世博主题。

近日，上海世博会公众参与馆"相约名人堂——与院士一起看世博"闸北专场活动正式拉开帷幕。中国工程院院士、北京邮电学院信息与通信工程学院院长、有"中国互联网络之父"之称的刘韵洁走进"名人堂"，与闸北区科普工作联席会议成员单位代表、软件和信息服务业科技企业代表、市民代表共话"三网融合"专题。

刘院士对上海的试点前景非常乐观，表示上海拥有良好的网络基础条件和明确的实现路径，上海的市民有理由更快地享受到信息通信技术融合对生活带来的便利。

（来源：中共闸北区委宣传部　2010年8月12日）

刘韵洁院士说，目前无线通信的成本很高，1兆字节带宽的无线网络的建设成本要高达11 238元，而固定宽带提供4兆字节带宽，成本仅需685元。

未来网络融合，不仅老百姓用起来更实惠，也能为国家节省资源。刘韵洁说，三网融合以后，耗电能节约55%。

当广播、电视能够和电信实现三网融合，老百姓家里的电视机将有望成为一个网络的终端。刘韵洁说，由于语言限制，现在的互联网使用过程中多少对网民有英语语言的要求。"但三网融合技术一旦实现，将让互联网不再是懂英文的技术人员和专家使用的工具，不会英文的老年人同样可以玩转网络。只要拥有机顶盒、遥控器等设备，中老年人、不会拼音的人都能通过简单的操作，利用电视机等终端上网冲浪。"

（来源：《新民晚报》，新民网　2010年8月4日）

相约名人堂
与院士一起看世博

院士风采

何积丰，计算机软件专家，中国科学院院士。现任华东师范大学终身教授、博士生导师、软件学院院长，上海市科学技术协会副主席，上海市嵌入式系统研究所所长，并先后被聘为复旦大学、南京大学、上海交通大学、浙江大学等校的兼职教授。2005年当选为中国科学院院士。

近年来，何积丰院士先后获得国家自然科学二等奖、上海市科学技术进步一等奖，并被授予上海市优秀共产党员、上海市教学名师和上海市劳动模范等荣誉称号。还荣获上海市"五一"劳动奖章。

自20世纪80年代起，他开始从事程序设计理论及其应用研究。1986年，他和C.A.R. Hoare提出了"程序分解算子"，并将规范语言与程序语言看成是同一类数学对象。接着又提出了采用"关系代数"作为程序和软件规范的统一数学模型，使得关系代数可以用来描写程序的分解和组合过程，直接支持软件的开发。在数据精化方面，给出了处理非确定性程序语言数据精化的完备方法。1995年，他在总结了多类程序语言语义理论和方法的基础上，与C.A.R. Hoare提出了程序设计统一理论（UTP）和连接各类程序理论的数学法则。

何积丰　MEETING OF MINDS
GO EXPO WITH ACADEMICIANS

中国科学院院士
何积丰

传统产业的信息
化是调整经济结
构的必由之路。

何积丰
2010.8.6

睿智之光

其实，从刷票进世博园的一刹那起，我们每一个人都已经是物联网的使用者了。作为新兴技术和新兴产业，物联网对我国培育新经济增长点、实现经济转型和升级具有重要意义。

信息安全和物联技术的应用与前瞻
——何积丰院士谈物联网技术与发展

物联网的定义与目标

物联网的概念于1999年由美国麻省理工学院提出，早期物联网是依托射频识别（RFID）技术的物流网络。但是，随着技术和应用的发展，其内涵已经发生了较大变化。2005年，国际电信联盟（ITU）又对物联网作了进一步的描述：信息与通信技术的目标已经能从任何时间、任何地点可以连接任何人，发展到可以连接任何物体的阶段，而万物的连接就形成了物联网。这对物联网作了一个比较准确的定义。我们所要发展的物联网是指在物理实体中部署具有一定感知能力、计算能力和执行能力的各种信息传感设备，通过网络设施

西班牙馆内展示的现代城市一角

实现信息传输、协同和处理,从而实现广域或大范围的人与物、物与物之间信息交换需求的互联。

我们认为,物联网具有两个基本特征和三大要素。泛在化和智能化构成了物联网的两大基本特征。所谓泛在化,是体现在它网络部署的泛在化,我们把传感器等设备部署在所有的物体上,让所有的物体具有感知、具有传送、具有通信的能力,它本身就需要一个泛在化;其次是无线网络覆盖的泛在化,我们要把一个物体的信息收集起来,需要一个泛在化的通信网络,这样才能实现信息的全面搜集,感知需求。所谓智能化,它体现在无所不能,体现在物联网的各个层面,比如说从感知层面,传感器本身就需要有智能化。

沙特阿拉伯馆内的环形楼梯

三大要素:第一要素是信息采集,将传感器或采集设备嵌入需要关注和采集的地点、物体以及系统中,实时获取其状态及状态的变化;第二要素是信息处理,借助云计算等新的运算处理系统来处理信息和辅助决策;第三要素是信息传递,建设无处不在的无线网络,对采集到的数据进行安全、有效的传递。

物联网研究的重大意义

为何我国现在如此重视物联网的研究?首先,它能支持传统产业实现转型和技术升级,增强企业核心竞争力。比如近年来,信息感知传输系统在车辆价值中的比重越来越大,在目前的高端车中已占到一半,一辆车中有18～20个电子控制部件,物联网技术使车辆的附加值大大提高。如果我们拥有这项技术,可以生产更高附加值的产品。第二,它能整合产业链,培育出新的经济增长点,支持国家产业结构的调整。比如,上海是典型的老龄化城市,数字化医疗设备就将成为巨大的经济增长点。我们做过试验,在闵行区的一些社区,摆放了精准度高达95%的无损伤健康监测设备,每天为社区中的老年人量血压、测血糖及测量其他保健数据。今后,这些仪器可以安装在老年人家中,每天将检测数据发送到社区医疗中心,帮助医生判断老年人的健康状况和病情变化。有统计显示,大多数老年人95%的医药费都用在生命的最后一个月。如果将小部分费用前移,老年人的生活质量就可以大幅度提高。第三,它可重新排列和整合国家工业部门,提升国家工业竞争力。

物联网孕育着巨大的商机和市场空间

据美国的统计数据预测,截至2010年,整个物联网市场可以超过7 000亿美元,而7 000亿美元还只是物联网小试牛刀,刚刚开始起步。工业化是怎么形成的?工业化主要是由技术推进形成的。其中之一是动力,早期的工业化标准是蒸汽机,有了这样的动力我们才有大规模的生产线。生产规范化了,成本也就降低了。工业化同时也带来一个问题,即个性化生产因素少。比如,定制一辆车就比较难,因为它是批量产品。如果我们将来需要个性化定制,也离不开物联网。比如,今后我们买衣服不用去商场,在家只需用传感器量出尺寸便能获得一套量身定做的衣服了。所以我相信,如果我国物联网能很好的发展,对国家经济转型会产生很大的好处。在未来几十年里,相信物联网/CP技术将推动各个行业的发展,为国家经济发展提供万亿级相关设备制造、运营、服务产业,为中国带来数万亿规模的、健康的GDP增长。

物联网产业的带动效应

物联网被预言是世界信息产业的第三次浪潮。作为新兴技术和新兴产业，物联网对传统产业改造有较强的带动和提升作用，对我国培育新经济增长点、实现经济转型和升级具有重要意义。同时，还伴随着新产业的兴起，投资机遇将进一步增多。

物联网产业由于其自身带动性强的特点，从纵向看，必然会推动整条产业链的共同发展。同时，由于其自身渗透性强的特点，从横向看，物联网产业也将促进其他产业的发展，渗透到驱动物联网发展的工业、农业、环保、安全等应用产业中。

产业链是产业经济学中的一个概念，是各个产业部门之间基于一定的技术经济的关联，并依据特定的逻辑关系和时空布局关系客观形成的链条式关联关系形态。产业链中包含了空间链、企业链、供需链和价值链4个维度，它们在相互对接的均衡过程中形成了产业链。就提供某一种对公众的商业服务而言，物联网应用也存在着价值链。

世博园高架通道上的遮阳篷

在物联网的产业价值链中，有众多的参与者。其产业链结构主要包括芯片与技术提供商、应用设备提供商、系统集成商、软件与应用开发商、网络提供商、电信运营商及服务提供商7个环节。其中，最有能力从整体上引领物联网产业链发展的可能是正在转型中的电信运营商。这是由电信运营商在物联网中的位置、移动通信的被接受程度、电信运营商的自身能力所决定的。当然，物联网产业的繁荣需要产业链的共同发展，需要多方联合，通过终端的平台化、中间件的标准化、解决方案的集成化、行业应用的

公众参与馆内与游客互动的照片展示

规模化、推广渠道的多样化来打造物联网的成熟生态圈。

物联网面临的问题和挑战

现在的物联网应用才刚起步，我国的物联网产业要发展，还有更紧迫的问题要解决。我们还必须面对不容回避的难题：关键技术有待突破、龙头企业匮乏、缺乏国家层面的顶层设计及力争国际标准的话语权等。

有记者问我，关于物联网的研究，我们跟国际前沿技术有多大差距？我认为，我们的基础材料、芯片十分薄弱；此外还需要探索商业模式，真可谓任重而道远。在应用上，我们很容易跟上去，但是如果没有技术支撑，要发展大规模的产业就比较困难。我们需要建立健全标准体系，也需要制定符合中国发展需求的物联网技术标准，这是我们当前要赶紧做的一些工作。

对话院士

世博园内物联网技术的应用

物联网的体验就在我们身边

何积丰：可以说世博会成了物联网的最大实验室。我们现在使用的电子门票就是物联网最初步的应用。世博门票使用的是射频识别技术（RFID），一张门票不仅可以向数据中心"汇报"入园与否及其预约情况，而且还能实时反映游客的位置。园区内很多的节能汽车里面已经有了计算机的信息平台；很多场馆都是节能型的，能够收集太阳能，并把它储存起来，在需要的时候释放出来，这个技术就要

院士与嘉宾对话

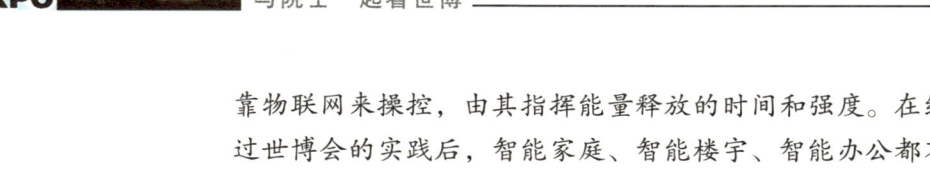

靠物联网来操控,由其指挥能量释放的时间和强度。在经过世博会的实践后,智能家庭、智能楼宇、智能办公都不再是异想天开的事情了。上述这些都是物联网的应用,物联网与世博会的主题完全是吻合的。我相信,物联网在城市里可以发挥很大的作用,使我们的生活变得更加美好。

汽车信息平台的最佳实验

何积丰:汽车的信息平台,是第一次在上海试验。事实上,在世博会开园前一段时间我们已经在做实验,把几百辆车开到街道上,接受各种各样的服务。以后,还会发展到几万辆,通过网络平台来运作。不过,多车实验不允许出差错,一旦出现问题,几万辆车在道路上立刻就会出现拥堵,所以,必须事先经过一段时间的试验并积累经验。

体制上的障碍有待突破

何积丰:移动钱包的概念,技术上已经没有任何问题。问题是我们各家银行是不是愿意接受这种支付方式,这就是体制上的障碍问题。技术上的障碍根本没有,因为手机的安全性能还是非常好的。

手机支付比网络支付更安全

何积丰:首先,手机钱包里的钱人家是拿不走的。现在网上银行很多业务出问题,主要是终端出问题,而手机就没有这个问题。设计手机的时候,里面有很多多余的功能,如果想要增加移动钱包的功能,只要在手机里插一张卡片就够了。人们拿着这样的"钱包"去超市购物、坐地铁买票都会方便很多。

何积丰　**MEETING OF MINDS**
GO EXPO WITH ACADEMICIANS

电子书的应用前景

何积丰：上海市教育委员会计划在5年之内，要推广电子书。今后，学生的教科书没有必要放在书包里了，网上可以在线下载教科书。此外，电子书不仅可以共享老师的课件、让老师实时看到学生的做题情况，而且还可以在课余时间充当专业的家庭教师，教学生怎么读、怎么写。这样，孩子就可以进行自学了。电子书在技术上不难，现在唯一的问题是其成本还没有降到一般老百姓可以接受的价格。

物联网产业标准的重要性

何积丰：我为什么强调了产业标准的重要性？因为物联网产业在中国很容易一哄而上，结果完全可能自生自灭一大片；产业的标准是核心问题，标准搞得越早，在国际上就有更大的话语权。现在，中国参加了国际传感器标准化委员会，在这个方面我国是做得比较好的国家之一。

人们的消费方式和观念有待改变

何积丰：消费者会感到物理设备越来越不值钱，只要你愿意签一年的服务费，手机都可以送给你。将来的数字电视也是这样，机顶盒是送的，但是每个月要交服务费。将来花钱买设备的可能性越来越小，但是你要买服务。这种消费方式的改变不是那么容易被人们所接受的，因为通常我们买东西是要买看得到的东西。

现在很多中老年人把健康看得比较重，为了检查身体，可以花上几百元钱。试想，将来如果一年花上这点钱却可以做到每天都能检查身体，人们的生活质量就提高了。这就是消费方式在慢慢改变。

（嘉宾：徐瑞哲）

人们的消费方式和观念有待改变

相约名人堂
与院士一起看世博

视　点

关注"相约名人堂——与院士一起看世博"活动诠释的科技奥秘和世博精彩，从科学传播的视角聚焦世博主题。

"世博园是中国最大的物联网，可以让老百姓进一步了解物联网。"对于物联网这个近年来非常"时尚"的前沿话题，何积丰强调，物联网技术的前景是美好的，不过要真正大范围实现并让公众认可，还需要时间。

在世博会上，园区里很多的节能汽车里面已经有了计算机的信息平台；很多场馆都是节能型的，能够收集太阳能，把它储存起来，在需要的时候释放出来。"这些都是物联网的应用。物联网与世博会的主题完全是吻合的，我相信物联网在城市里可以发挥很大作用，使我们生活变得更加美好。"何积丰说。

物联网作为一种新兴技术，未来的发展可谓莫衷一是。何积丰表示，就像手机等新兴事物被公众接受的过程一样，物联网发展目前的困难不小，真正产生效果还需要时间。

在他眼中，物联网技术不仅可以惠及百姓，提供新的就业机会，创造一系列新兴的职业，还可以促进传统产业的升级。他举例说，比如汽车产业，这几年从欧洲国家进口的中档车，车里面有一半都是跟物联网相关的，每一个电子控制部件都与物联网相关；此外，还有数字医疗、智能电网等领域也与物联网相关。

（来源：中国新闻网　2010 年 8 月 6 日）

用世博门票对着机器一照，你就体验了传说中的"物联网"，再过三五年，物联网将渗入我们的生活。

何为物联网？最简单的解释就是给物装上传感器，再利用各种网络，实现人与物、物与物的互联互通。世博门票使用的是RFID射频芯片技术，一张门票不仅可以向数据中心"汇报"入园与否、预约情况，还能实时反映游客的位置。但这还只是"初级应用"，更高级的是世博园区周围的防入侵系统。这张隐形大网，可以分辨出是人的侵入，还是落叶的误触。

何积丰还介绍了新研发的"电子书包"：能让孩子摆脱沉重的书包、"满堂灌"的传统教学方式，更灵活、更开放地学习。"同时，电子书包还可实时显示孩子的方位，帮助家长了解孩子的全天动向。"

含RFID技术的世博门票

如果物联网把与自己有关的"物的信息"泄漏给外界，个人的隐私如何保障？何积丰认为，新技术的应用的确会带来新的伦理问题。"通过家电传感器，小偷如得知你家的用电低谷，就容易判断出合适的行窃时间。"因此，为了安全、隐私，可能会付出一些代价，比如牺牲一些便捷、自由。"但我们不会因为会出车祸，而放弃高速公路。"

"现在的物联网应用才刚起步，"何积丰说，我国的物联网产业要发展，还有更紧迫的问题要解决。我们还必须面对不容回避的艰难：关键技术有待突破、龙头企业匮乏、缺乏国家层面的顶层设计，以及力争国际标准的话语权等。"我们的基础材料、芯片技术十分薄弱，此外还需探索商业模式，可谓任重道远。"

（来源：《文汇报》 2010年8月7日）

相约名人堂
与院士一起看世博

院士风采

邬贺铨，光纤传送网与宽带信息网专家，中国工程院院士。1964年毕业于武汉邮电学院。曾任电信科学技术研究院副院长兼总工程师，中国工程院副院长。1999年当选为中国工程院院士。

邬贺铨院士长期从事光纤传输系统和宽带网研究开发，近10年来致力于研究下一代互联网、3G及其演进技术和信息化发展的战略。是国内最早从事数字通信技术研究的骨干之一。作为项目负责人，在国内首先研制成功了PCM30路复用设备、STH-1/STM-4复用设备、155/622Mb/s SDH光纤通信系统等，领导管理了8×2.5Gb/s波分复用光通信系统，研制开发光通信示范工程。多年来，连续参加ITU-T网络标准研究组会议，参与了国家重要领域技术政策研究和国家中长期科技发展规划纲要的起草，多次参与了国家通信发展的决策。

邬贺铨院士现任中国工程院秘书长，兼任国家信息化专家咨询委员会副主任、工业和信息化部通信科学技术委员会顾问、中国电子学会副理事长、中国通信学会副理事长、中国通信标准化协会副理事长、国家"973"计划专家顾问组成员、国家"新一代宽带无线移动通信网"科技重大专项总师、"中国下一代互联网示范工程"专家委员会主任，IEEE高级会员。

邬贺铨　MEETING OF MINDS
———— GO EXPO WITH ACADEMICIANS

中国工程院院士
邬贺铨

信息网络
智慧城市

邬贺铨
2010.8.11

睿智之光

建设人与社会、人与人、人与物和谐相处的环境,实现美好的生活和人类自身可持续发展的愿景,需要科技的支撑。互联网在不断发展,作为它的应用和拓展——物联网也正在迅速地进入我们的工作和生活中。

网络技术与智慧城市
——邬贺铨院士谈智慧城市的技术支撑

互联网的发展已经走过了40年的历程。1969年10月29日,美国UCLA的一台电脑与一个研究所的另一台电脑进行了一场"对话",这是互联网发出的第一声。如今,从"互联网"到"物联网",世界正以不同的方式相互连接。

物联网的应用

我们入住一个宾馆,服务员会给你一个房卡,里面有芯片、天线,却没有电源。当你把卡靠近房门的时候,房门就会发出电磁波传给这张卡,检测了电磁波之后就把电磁波转换成电源,也就是变成卡里面集成电路的电源。这个电磁波不仅供应能量,还能读出卡里面记载的信息:什么时候进这个房间,什么时候离开这个房间。

物联网除了RFID(射频识别)以外,还有传感器,它会把感测到的温度、压力等这些物理量转换成电信号贮存

邬贺铨　MEETING OF MINDS
GO EXPO WITH ACADEMICIANS

起来，在需要的时候发送出去。传感器还要跟其他的东西连在一起，组成传感器结点，组成传感器网，这样才能起作用。传感器可以是休眠状态的，当需要它工作的时候就被"叫醒"，每个传感器的功率很小，需要一个个传感器的接力，才能把感应的东西传出去。在这个过程中，可能有个别传感器质量不好，不可靠，要绕开不可靠的传感器，从另一条道路上传过去。这样就实现了传感器的传输，最终传到我们需要的地方。

物联网的"诞生"

1998年，美国的麻省理工学院就提出物联网的概念，以标识为特征，提出"把RFID技术与传感器技术应用于日常物品中形成物联网"的理念。2005年，ITU发表报告，以互联为特征，提出"物联网是通过RFID和智能计算等技术实现全世界设备互联的网络"。2008年，IBM提出智

爱沙尼亚国家馆外形色彩斑斓，表达了未来的智慧城市的概念

慧地球的概念，以智能服务为特征，提出"把传感器设备安装到电网、铁路、桥梁、隧道、供水系统、大坝、油气管道等各种物体中，并且普遍连接形成网络，即'物联网'"。欧盟的定义是：物联网是未来互联网的一部分，能够被定义为基于标准和交互通信协议、具有自配置能力的动态全球网络设置，物联网内物理的和虚拟的"物件"具有身份、物理属性、拟人化、使用智能接口，并且无缝综合到信息网络中。

2010年3月，我国政府工作报告的"附注"对物联网的定义是：通过信息传感设备，按照约定的协议，把任何物品与互联网连接起来，进行信息交换和通信，以实现智能化的识别、定位、跟踪、监控和管理的一种网络。它是在互联网的基础上延伸和扩展的网络。这个定义是泛指的，其实物联网也可以不需要互联网的支持。物联网的组成，首先要有形式的感

中国船舶馆内展示的万吨轮船模

知，感知的对象可以是人、物（各种各样的东西）。物联网有3个主要功能：吸收获取、通信传递和智能处理。互联网是全球性的，哪里都可以联，而物联网基本上是区域性的，如在世博园区做一个物联网，只有园区授权的人才可以进去。因此说物联网尽管在物理上是可以通全球的，但主要是特定业务和组织的专用网，物联网是业务的应用网，物联网的基础网络就是互联网和其他通信网。一般的通信网用来支持物联网，需要做一些改造，需要增加一些智能处理的功能。物联网的支撑技术有很多，有识别物联网的通信、网络、发现技术，这么多传感器要能发现，需要许多硬件和软件技术。

物联网是智慧城市的重要标志

智慧城市就是使用智能技术，使得城市的关键基础设施的组成和服务（包括管理、教育、保健、公共安全、房地产、

交通运输和公共事务）更智能、更有效。智慧城市通过智能技术为市民提供人与社会、人与人、人与物的和谐共处。智慧城市是互联网的城市，物联网是互联网的应用和拓展，是智慧城市的重要标志。

物联网在各个领域中的应用

物联网在工业领域中的应用主要有如下所述几个方面。

制造业供应链 智能化采购、零部件库存管理、仓储运输参数监测、物流跟踪。

生产环境监测 温度等环境条件监测、无线遥测地震仪、井下生产控制系统。

生产过程用料与工艺优化 生产线过程检测、实时参数采集、生产设备控制、材料消耗监测。

设备管理 设备操作使用记录、设备故障诊断、资产管理。

产品全生命周期监测 产品销售管理、产品交付管理、产品运输容器安全监测、管道监测、产品处置监测、产品回收再利用。

环保监测 排放监测、污染监测、能耗监测。

员工管理 在关键情况下对员工岗位的无线跟踪。

物联网可以用于发展智能电网。比如发电厂发电的时候，我们不知道用电是多少，每个家庭用电、工厂用电事先都没有跟发电厂打过招呼，两者不匹配，因此电网的利用率很低，比如美国电网的利用率只有55%。为了节能减排，人们开发出了新能源。但是，新能源也有

智能城市就是使用智能技术，使城市的关键基础设施的组成和服务更智能、更有效

弱点，比如有风的时候有电，有太阳的时候有电，这是一种不稳定的电源，如果接到电网上，增加了电网的不稳定性。发展智能电网就是要及时地发现发电和用电量的不均衡，一旦发现发电量少了，就要增加发电；一旦发现发电量多了，就自动地关停一些设备，实现供给和需求相匹配。

现在买一辆汽车，实际上40%～50%的成本都花在汽车里面的电子产品上，高档车里面还有雷达和各种通信手段，如果把这些设备利用起来，可以很好地实现防碰撞管理；如果提前0.01秒刹车，就可以避免85%以上的交通事故。现在，大家看得到的应用是不停车收费系统，汽车经过收费站，就可以读出这个汽车的车牌。通过智能交通来实现对马路状况的了解，对流量的了解和掌控。城市的出租车占了城市马路的1/3的流量，根据出租车在道路上行驶的速度，可以判定道路畅通的情况。根据测试的情况，可以统计出上海在不同时间、地点的交通堵塞情况，有利于优化道路、行车调度等等。

中国船舶馆内展示的由中国建造的第一艘高速豪华客滚船船模

物联网在物流管理中的应用，比如客户有货物要出口，需要很多环节，要找港口、物流公司、轮船公司，每个环节货物都要打开来检查，很不方便。如果在集装箱里面用了RFID传感器，可以实现每个环节都不需要开箱就可以检测里面的东西。RFID传感器内有货物信息、运输信息，在什么港口、什么时候开过箱，箱子里面什么温度，都可以实现对在途物品的监测。

在高温天气，城市大楼往往都集中使用空调。其实不同的房间在不同的时间，需要的空调温度是不同的。如果能利用传感器实际测量，不同的颜色表示房间里不同的温度，测出来以后，可以实现优化。这样做能够节能减排

30%。别小看建筑物电能的节能减排，以目前情况计算，现在的技术建房需投资2亿元，运行20年，它的电费也差不多需要2亿元。我们国家的建筑能耗很大，过去我们的建筑物不太考虑保温、隔热等因素，现在我国一次能源消耗总量的27.8%是用在建筑物上。

  现在，医疗保健成为一个很重要的民生问题。医院有智能化的医嘱录入系统，可以分析你用什么药，避免一些差错，能够帮助医生诊断，这样就大大减少医疗差错。在人的身上戴一个测血压的传感器，把测出来的信息发到手机上，遇到问题，可以请医生帮助咨询，然后通过手机及时告诉病人应该用什么药。老人不小心摔跤受伤，这时，智能手机会自动发出信息到"120"呼救中心，"120"呼救中心就查一下这位老人原来患有什么病，然后对症进行抢救和治疗。

  据统计，在美国的产房里，每23 000个婴儿中可能会抱错一个。如果给每个婴儿戴一个RFID传感器，产妇自己抱她的婴儿没有问题，产房里面的护士抱这个婴儿也没有问题，如果别的产房里的护士和其他人来抱这个婴儿，就会发出喊叫声，这样就可以避免抱错婴儿了。

  家庭的安保也是大家所关注的一个问题。给门窗安装防护杆是一种手段，还可以装一些摄像头，如果在你上班时间有陌生人闯入你的家中，马上就会被拍摄下来，还会被传送到你的手机上。如果你担心来不及赶回家处理，可以授权让这个消息直接送到小区的物业安保员，让安保员及时为你处理。还有一些人在家里无聊，想跳舞没有舞伴，可以戴一副眼镜虚拟一个舞伴。如果在家里想打球，也可以戴一副眼镜虚拟一个对手，这也是物联网的一些应用。

  互联网向着宽带化、移动化和泛在化发展。智慧城市集中体现了物联网的应用，智慧城市使人们的工作和生活更加方便、安全、有效和舒适。

对话院士

感知中国,建设智慧城市

流媒体对传输质量有更高的要求

邬贺铨: 流媒体是一个连贯的媒体形式。如我们发电子邮件,这不叫流媒体,一个电子邮件发的时间,哪怕很长,它可以分成一节一节发,最终都可以被收到。流媒体指的是电话、视频,这些是连续的。尽管传输的时候电话也是打成包,分成一个个数据包发的,可是中间不能丢掉几个,不能说"等一等,我还没有传好"。用互联网打电话已经很畅通了,可传视频就有问题,因为它要占比较大的

院士与嘉宾对话

邬贺铨 MEETING OF MINDS
GO EXPO WITH ACADEMICIANS

带宽,所以对网络传输流媒体有一定的带宽要求,还有服务质量的要求。流媒体是实时业务,对实时性有要求,对传输质量有要求。

享受高带宽的网速,没有光纤是根本不可能的

邬贺铨:发明光纤,功劳是美籍华人高琨先生,他获得了诺贝尔物理奖。光纤开始做的时候,玻璃丝传光,由于纯度不够,损耗是很大的。随着技术的进步,玻璃丝做得非常纯,在传输过程中损耗就很小了,可以实现远距离传输。现在有光放大器,当光比较弱的时候,可以通过一个泵,把能量转移出来,使它得到接力,可以继续传下去。光纤的带宽很宽,现在光纤已用到大楼、小区、家庭。其实,不需要光纤到家,第一你用不了这么大的容量,第二光纤到家的接口很贵。光纤到大楼后,通过铜线连到家里面,铜线越短带宽越大。现在,上海新建的高楼基本上光纤都到大楼了,全覆盖了。上网的带宽从光纤角度是不成问题的,大家为什么有时候还是感觉带宽不够呢?因为即便你光纤带宽很大,但是到了电信局还是和其他人共享的。上海市是12个三网融合的试点城市之一,每个家庭有可能享受到100兆字节/秒的速度,这没有光纤是根本不可能的。

中国船舶馆内展示的船模

物联网是更全面、更智能的互联网的应用

邬贺铨:"智慧地球、感知中国"。这不是技术词汇,它反映的是一种应用愿景。技术用语叫物联网,能够把一

些物体联起来。从应用上可以说是互联网应用上的新浪潮。过去我们互联网基本上还是面向人的应用,现在提出物联网,是希望把互联网更进一步扩大发展,深入到社会生活的方方面面。从这个意义上说,它是更全面的互联互通,更智能化地处理,使用户使用起来效果更好。这是互联网应用的发展方向,我们国家已经把物联网列入战略性新兴产业。

中国船舶馆内展示的由中国自行设计、建造的最大的大型集装箱船船模

世博会提升了上海的城市管理能力

邬贺铨:通过世博会,上海的城市管理上了一个新的台阶。北京奥运会对车辆实行单双号管理,上海在世博会期间,没有对车辆实行号码的限制,这说明上海在交通管理组织上确实做得不错。我看了上海市的应急管理中心,一个大厅里面很多屏幕。如果发现某一个地方发生火灾,一般是通知消防队去救火,可是交通部门不配合,道路堵塞了,消防车开不进去,也救不了火;还有自来水公司要配合,公安部门要配合。上海市搞了一个应急服务中心,一旦某个地方报警,有关部门都能看到,就立即出动去处理。

(嘉宾:李文祺)

邬贺铨　**MEETING OF MINDS　GO EXPO WITH ACADEMICIANS**

视 点

关注"相约名人堂——与院士一起看世博"活动诠释的科技奥秘和世博精彩，从科学传播的视角聚焦世博主题。

　　能洞悉客流分布的电子门票，长着"计算机心"的节能汽车，收放自如的太阳能智能应用，上海世博会犹如一个物联网技术的初试场，通过这些人们更可以遥望智慧城市的未来模样。

　　"城市，让生活更美好"，而物联网能使城市更聪明。利用物联网就能缔造一个智慧城市，使得城市关键技术的组成和服务智能化，包罗教育、保健、公共安全、房地产、交通运输、公共事务、智能电网、物流管理等城市生活的各个方面。

　　比如，去大医院看病，慕名前来，却未必一定碰上好医生。未来，基于医疗物联网的医嘱录入系统，替病人把关医嘱，大大减少医疗差错。更重要的是，智能医疗系统可以做到"治未病"。

　　盛夏热浪滚滚，用电高峰居高不下，若有物联网帮忙，用上智能电表，就能及时发现各系统电网的发电用电供需关系，自发削峰填谷，能大大提高用电效率，提高整个电网的利用率。

　　配有雷达等各种通信电子技术的汽车能很好地实现防碰撞管理。

　　汽车里的电子系统还能和其他汽车、道路信息系统、信号识别系统等互联互通，形成智能交通物联网，逐步实现不停车收费、道路违章告警、自动获取道路实时状况、优化设计行车路线等一系列令人期待的未来城市交通模式。

（来源：《新民晚报》 2010 年 8 月 26 日）

相约名人堂
与院士一起看世博

院士风采

邹世昌，材料学家，中国科学院院士。1952年毕业于唐山交通大学，1958年获莫斯科有色金属学院副博士学位，1979～1980年受聘为德国慕尼黑弗朗霍夫学会固体技术研究所客座教授。1991年当选为中国科学院院士。

20世纪60年代，邹世昌院士负责甲种分离膜项目加工成型部分工作，对技术路线进行了优选决策，为建立我国原子能工业作出了贡献。从70年代起，对核能离子与固体相互作用进行了系统研究，并将其应用于材料的掺杂改性、微细加工、表层分析。首创了二氧化碳激光背面辐照的增强退火效应；用全离子注入技术研制成我国第一块120门砷化镓门阵列集成电路；研究SOI材料并制成CMOS/SOI集成电路；用反应离子束加工成我国第一批闪耀全息光栅；用离子束增强沉积技术合成了氮化硅、氮化钛薄膜。

邹世昌院士曾获国家发明奖一等奖，国家和中国科学院自然科学奖、科技进步奖、发明奖等14项，发表学术论文200多篇。

邹世昌　*MEETING OF MINDS*
GO EXPO WITH ACADEMICIANS

中国科学院院士

邹世昌

建设好上海
集成电路产业

邹世昌
2010.8.13

相约名人堂
与院士一起看世博

睿智之光

芯片技术在我们的生活中充当着重要角色。汽车、电脑、手机、交通卡、身份证……芯片技术给我们的生活带来了便利。智能化的未来生活，离不开集成电路技术的发展。

智能生活，心"芯"相映
——邹世昌院士谈中国集成电路技术发展

生活中涉及的各种芯片技术

集成电路听上去高深莫测，其实早已"飞入寻常百姓家"。此次世博会应用的世博门票技术，是中国自主研发的技术。世博门票的前身，就是目前上海市民几乎人手一张的交通卡。从21世纪初，中国就开始自主研发该项技术，并逐渐应用到了交通领域。此次世博会门票中包含了一个射频识别（RFID）的芯片以及一个线圈，该线圈比门票的尺寸小一圈。RFID技术是一种非接触式的自动识别技术，

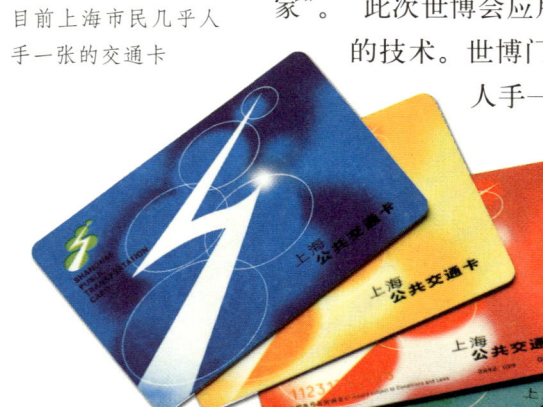

芯片技术给我们的生活带来了便利，比如目前上海市民几乎人手一张的交通卡

邹世昌

它将射频识别技术与高度小型化的芯片相结合,通过射频信号自动识别目标对象,并获取相关数据,无需人工干预。在使用过程中,当游客手持门票,当门票中的线圈靠近读卡机时,读卡机就会感应到一个电流,而这个电流就能驱动芯片工作,把芯片中的信号读出来,并且传送到读卡机上。读卡机收集到信息以后可以识别门票里的所有信息。这样的门票防水、防磁,使用寿命长,并且是加密的,很难进行伪造。

集成电路的各种芯片技术其实已经进入人们生活的方方面面,小到世博门票、交通卡、身份证,大至汽车、电脑、电冰箱、洗衣机、传真机等,几乎无孔不入。提高集成电路运用的好处在于使电子系统和产品变得愈来愈轻、愈来愈小,且能有效降低功耗、提高速度、提高可靠性以及降低成本。

集成电路的各种芯片技术已经进入人们生活的方方面面

第四代工业化成世博会主角

世博会作为全球高科技的展示平台,每次都会成为工业进步的一面"镜子"。 第一届伦敦世博会展示了蒸汽机的技术,标志着全球进入第一代工业化－机械化技术时代。1873年、1878年两届世博会,展示了第二代工业化－电气化技术。1970年日本大阪世博会,展示了第三代工业化－自动化控制技术。1971年,微处理芯片的发明,导致工业化进入了第四代,即以数字化、智能化、网络化为基本特征的使信息化与工业化相融合的信息化的工业技术。我们都清楚,传统工业化意义下的机械化、电气化、自动化需要通过数字化、智能化和网络化提升到一个新的水平。没有数字化、智能化和网络化,就不可能淘汰落后的生产方式和振兴装备制造业。唯有大力推进信息化与工业化融合,才有可能促进我国信息化的新兴产业的发展,促进经济增长方式的转变、形成和发展我国的现代产业体系。

2010年上海世博会,以集成电路为代表的智能化、数字化、网络化技术成为绝对主角。在上海世博会各个展馆里,各种各样的未来城市智能生活,令游客一饱眼福。以日本馆为例,2020年的人类生活可能会是什么情况?装满集成电路的机器人给出答案。智能化机器人非但会为主人端茶倒水,还会温柔地给主人穿衣盖被、烧菜煮饭,甚至在主人劳累时,会为其弹上一首乐曲,帮助主人放松精神。至于便捷的无线射频技术、触摸屏等,世博园里更是随处可见。集成电路将大大改变人类的生活,今后在人体内部装个集成电路,将随时报告生命体征,及时识别疾病征兆。

中国早已跨入信息化发展中等水平国家之列

2008年底,中国网民数首次超越美国,位居世界第一。截至2009年12月底,中国网民规模达到3.84亿人。其中,宽带网民数达到3.46亿人(占网民总体的90.1%),手机网民约2.33亿人,拥有博客的网民达到2.2亿人。互联网普及率为28.9%,超过全球平均水平(25.6%)。

2009年,中国的计算机拥有量达到2.2亿台(2000年为2 200万台),每百人拥有量为16.7%。城乡居民家庭的电脑拥有量呈直线上升趋势。2008年底,城市和农村的家庭电脑拥有量分别为61.9%和5.2%。

2009年,中国家用电视机的总量已经达到5.6亿台,较2008年的5.184亿台增长了8%,平均每百户的电视机拥有

城市最佳实践区内与游客互动的机器人

量为 132 台。

集成电路是如何制造的

如果问及集成电路的原料是什么，大家都会轻而易举地给出答案——硅。但硅又来自哪里呢？其实那些最不起眼的石英砂就是它的原料。当然，这中间必然要经历一个复杂的制造过程。不是随便抓一把沙子就可以做原料的，一定要精挑细选，从中提取出最最纯净的硅原料才行。

集成电路的制造技术越来越先进了

砂中提炼的硅，经历了"硅棒—晶圆—芯片"的三部曲，集成电路所用的硅是地球上最纯的物质之一，其纯度高达 99.999 999 9%，比 24K 金的纯度还高 10 万倍，相当于从地球到月亮排列 20 万个乒乓球，里面只有 1 个有问题。集成电路的制造工艺简单地说就是"砂粒＋人类的智慧＝神奇的集成电路"，最后封装成样。

集成电路的制造对空气洁净度有极其苛刻的要求。室外空气的洁净度，一般为万级或几十万级；集成电路生产车间的洁净度，为 10 级甚至 1 级（1 立方英尺空气中含有 100 颗灰尘＝洁净度 100 级）。

我国集成电路产业发展的现状

我国人口众多，包括手机、计算机等各类电子产品消耗量极大，集成电路便是这些电子产品的"心脏"。数据显示，我国已消耗掉全世界集成电路产量的 1/3。每年国家引进集成电路所消耗的外汇，比石油还多。面对如此高的需求，我国自主研发的集成电路仅 20%，其余 80% 全依赖进口。

近几年，国家积极规划和布局集成电路产业，加速产

相约名人堂
与院士一起看世博

集成电路引导未来智能化生活

业投入和建设。其重点发展区域包括长江三角洲、北京、天津、大连、珠江三角洲地区等。我认为，目前上海集成电路产业约占全国的三分之一，成为我国最早实现信息化全覆盖的城市。

目前，缺乏核心竞争力是中国相关产业的硬伤。中国集成电路工艺技术较国际先进水平差距不小，要缩小差距，还需要在核心技术上取得突破。集成电路是"心脏"，软件是"大脑"，尽管我国已处于信息化的中等水平，但不占领"心脏"高地，信息产业难以得到进一步的拓展。

很明确的一点，提升我国信息化的程度，就必须提高核心技术能力。我国科研技术人员必须在集成电路的自主设计、制造、软件开发上不断创新。自主研发的最大好处就是把经济效益留在中国。目前,应用广泛的手机、计算机、MP3等看似国产品牌，其核心技术却仍掌握在外国人手中，我国的那些企业仅仅是进行组装而已。组装的确可以产生价值，但利润却相当微薄。而一旦核心技术掌握在自己手里，经济效益就将留在中国。

邹世昌 MEETING OF MINDS
GO EXPO WITH ACADEMICIANS

对话院士

集成电路引导未来智能化生活的发展

世博会上新的信息技术手段将很快应用到人们的生活中

邹世昌：我觉得这一届世博会办得很成功。实际上，世博会是一个高新技术的展示平台，世博会里很多新的信息技术手段今后将很快运用到老百姓的生活中。上海有丰富的人才资源和技术支持，因此上海应该成为中国最早的全无线网络覆盖的城市。以后老百姓看病不用出门，只要把芯片放在身上，信息就会通过网络传送到相关医院。孩子上学也不用出门，在网上，学校的一切都可以了如指掌，学习的资料同样可以随时取阅。

院士与嘉宾对话

相约名人堂
与院士一起看世博

邹世昌院士与青少年对话

造出更强的中国"芯"

邹世昌：我们国家电子信息产业的基础是集成电路。电子产品的"心脏"是集成电路。它的重要性大家都可以看到，而且需求量又这么大，因此我们建设国家集成电路产业的目的就是提升我们国家这方面的核心竞争力。

我们不光要能制造芯片，还要学会自己设计，根据我们国家系统的要求来设计、制造芯片。在这方面近年来我们已经取得了一些进展。比如，世博会门票、交通卡、电子身份证，还有移动通信的TD-SCDMA技术。但是，现在的通信方面以及计算机领域，好多核心技术还是靠从国外引进。比如，现在如果拿我们做的CPU去跟英特尔的CPU竞争，近些年还不现实。但我们会努力缩小差距，早日掌握核心技术，造出更强的中国"芯"。

希望我国科技人员能主宰这个产业

邹世昌：发展高科技人才是关键，建立我国自主的集成电路产业，提升我国集成电路产业的核心竞争能力是我

邹世昌　MEETING OF MINDS
GO EXPO WITH ACADEMICIANS

们几代人的梦想。现在，我们做出的产品中的核心的东西还不得不从国外进口，当然向国外学习是必须的，但是，我总希望有一天，我们的科技人员能主宰这个产业；我希望这一天快点到来，一代比一代强，希望寄托在年轻人身上。

一卡通的美好愿望一定会实现

邹世昌：目前我们所使用的智能卡，它的存储器容量大概在16千字节左右，但从技术层面上来说，已经可以做到1兆字节，这也意味着以后交通卡、银行卡、身份证等信息都可以被融合到一张卡上。届时，出门刷一张卡就能走遍天下。可惜，目前这一设想还需要突破多头管理的问题。如果这个困扰解决了，大家也都愿意这么做，那么，一卡通的美好愿望完全就可以实现。

澳大利亚馆内展示的海洋鱼群密度与城市人口密度的对照图

电子废弃物可循环回收利用

邹世昌：我们国家资源贫乏，不是资源充足。多年以前，市民夏天喝啤酒要一个空瓶换一瓶，这样的资源循环利用，在电子废弃物的回收上具有借鉴意义。拿半导体集成电路打比方，电路上有的引线是金子做的，这样的金子完全可以回收再利用，且具有相当高的经济价值。今后电子产品也应分档处理，优化制度设计，在消费人群中形成循环回收的习惯，实现资源的可持续开发利用。

（嘉宾：徐晓东）

视　点

关注"相约名人堂——与院士一起看世博"活动诠释的科技奥秘和世博精彩，从科学传播的视角聚焦世博主题。

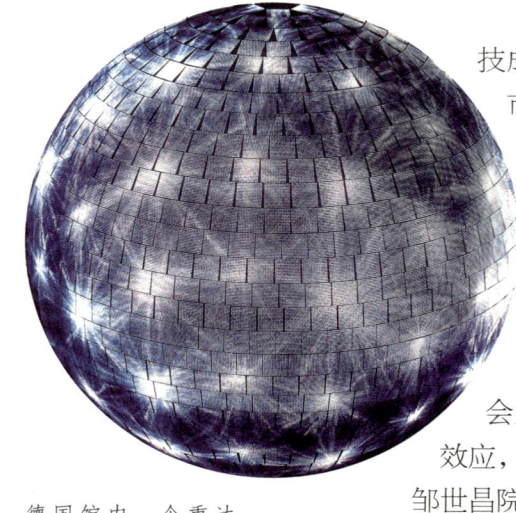

德国馆内一个重达1.2吨的金属球体，直径3米，表面安装了40多万个发光二极管

邹世昌认为，世博会所留下的将是科技成果的推广，而上海将是受惠最大的城市，有望成为中国最早一个无线网络全覆盖的城市。

邹世昌描绘了"无线网络全覆盖"后的场景：看病不用出门，只要把芯片放在身上，信息就会通过网络传到相关医院。

邹世昌最为关注的是信息技术在世博会上的应用。他相信，通过世博会的示范效应，芯片技术在今后将有更大的用武之地。

邹世昌院士指出，缺乏核心竞争力是中国相关产业的硬伤。中国集成电路工艺技术较国际先进水平差距不小。要缩小差距，还需要在核心技术上取得突破。

国防、信息安全都要求尽早诞生更先进的中国"芯"。邹世昌说，如今集成电路芯片已无处不在，未来智能化生活、城市管理都需要大量芯片。他希望年轻一代能奋发自强，早日掌握核心技术，造出更强的中国"芯"。

（来源：中国新闻社　2010年8月15日）

一张0.5毫米厚的世博会门票，其"真实面目"是个集成电路产品。门票里装了RFID芯片，当门票靠近读卡机时，门票上的线圈会感应出电流，电流便驱动芯片工作，将芯片里的信号读出来。这样的门票防水、防磁，使用寿命长，且难以被伪造。

本次上海世博会上，以集成电路为代表的智能化、数字化、网络化技术，成为"第四代工业化"的绝对主角。

集成电路可谓无所不在、无时不有。在上海世博会各个展馆里，各种各样的未来城市智能生活，令游客一饱眼福。至于便捷的无线射频技术、触摸屏等，世博园里更是随处可见。邹世昌说，集成电路将大大改变人类生活，今后在人体内部装个集成电路，芯片可以随时报告生命体征，更早识别疾病征兆。

目前应用广泛的手机、计算机、MP3等看似"国货"，其实其核心技术却仍掌握在外国人手中，我国的企业仅仅进行组装而已。组装的确可以产生价值，利润却相当微薄。尽管我国已处于信息化的中等水平，但不占领"心脏"高地，信息产业难以得到进一步拓展。我国科研技术人员还需在集成电路的自主设计、制造、软件开发上不断创新。

（来源：《文汇报》 2010年8月25日）

金属球能通过观众的喊声迅速旋转起来

相约名人堂
与院士一起看世博

院士风采

周孝信,电力系统专家,中国科学院院士。1965年毕业于清华大学,1979～1980年赴加拿大魁北克省水电局研究所进修。现任中国电力科学研究院名誉院长,国家自然科学基金委员会工程和材料学部主任,国家"十一五"规划专家委员会委员。1993年当选为中国科学院院士。

周孝信院士从20世纪70年代开始研究现代电力系统分析数学模型和计算方法,自主研发了中国第一套"电力系统分析综合程序"。1985年获国家科技进步奖一等奖。90年代开始从事基于电力电子技术的灵活交流输电系统理论研究和应用开发,主持国家自然科学基金重点项目"超高压输电系统中灵活交流输电(可控串补)技术",主持可控串联电容补偿控制系统和晶闸管换流阀等关键技术的开发和研究,该项目获2001年中国电力科技奖一等奖和2008年国家科技进步奖一等奖。90年代末负责国家重点基础研究计划"973"计划项目子课题"以高速PC机网络为硬件支撑的多机电力系统实时仿真系统关键技术研究",该项目2008年获得中国电力科技奖一等奖,并于2009年获国家科技进步奖一等奖。

周孝信　MEETING OF MINDS
GO EXPO WITH ACADEMICIANS

中国科学院院士
周孝信

智能电网
服务人民。

周孝信
2010.8.24

睿智之光

石油作为传统能源，未来的短缺和枯竭是难以避免的，因此人类需要积极地寻找和利用各种新能源。但是能源要转化为电能才能为我们人类所利用，这就需要未来的电网在安全性能、经济运行与环境的兼容方面都要作出重大改变，这就是智能电网。

新能源期盼坚强而聪明的电网
——周孝信院士谈能源革命与智能电网

能源变革呼唤电网变革

我国是化石能源消费大国，化石能源短缺和枯竭的预期，正在影响我们整个社会的生活。2008年，我国一次能源消费合计20.03亿吨油当量，占世界17.73%，仅次于美国的22.99亿吨。2008年，全球一次能源消费合计112.95亿吨油当量，其中煤炭占29%，我们国家占到将近70%。我国2009年全年能源消费总量是31亿吨标准煤（21.32亿吨油当量）。煤炭消费增长9.2%，其中有一半是让发电厂给消耗掉了，变成电了，这个量是非常大的。而对全球化石能源资源短缺和枯竭的预期是：截至2008年底，全球按2008年的年开采速度计算：原油探明可采储量为1.258万亿桶，可开采42年；天然气探明可采储量为185.02万亿立方米，能满足60年的开采；煤炭探明可采储量为8 260亿吨，可开采122年。

人类的化石能源短缺和枯竭的预期，以及全球气候变化的现实威胁，成为新能源革命的主要驱动力，发展利用清洁能源和可再生能源便成为世界各国的必然选择。我国政府提出了到2020年非化石能源在一次能源消费中占15%的目标，这个目标是一定要实现的。那就需要以可再生能源逐步代替化石能源，提高化石能源的清洁高效利用水平，实现可再生能源（水能、风能、太阳能、地热能、生物质能）和核能利用在一次能源消耗占较大份额，是我国新能源革命的主要目标。

中国国家馆内的风能展示模型

新能源革命和电网有什么关系呢？关系非常密切。因为可再生能源、核能以及化石能源清洁利用，绝大部分要通过转化为电能来实现。现在风能、太阳能可以发电，当然也可以烧热水供我们家用，但是大规模的利用还是要变成电。因此，在新能源革命的条件下，电网的重要性日益突出。

智能电网肩负不凡使命

我们的未来电网，谓之"智能"，是因为它将肩负4项使命：它可以接纳大规模可再生能源电力的能力，比如，风能、太阳能的提供显然是没有规律的，但我们的智能电网要能够很"大度"地全包容；它能够将电力需求侧响应、分布式电源、储能装置、能源综合高效利用系统与电网有机融合。如果有小型的风电以及储电的装置，有一部分还可以变成电能让电网接受；它能大幅度提高电网的安全、经济运行水平，因此大面积停电是不会再发生了；它还能与通信信息系统广泛结合，实现覆盖城乡的电力、信息综合服务体系。也就是说电力线进了你家，通信线也进去了，这样不仅可以供电，还可以提供信息服务和其他增值服务。

所以，智能电网就是将信息技术、通信技术、控制技术和输（配）电基础设施高度集成的一种新型电网。

"魔盒"是国家电网馆内的一间六维展示影厅

它具有提高能源效率、适合可再生能源的接入、提高供电安全性和可靠性、减少对环境的影响、减少电网的电能损耗等多个优点。电网的智能化，是新能源革命条件下大规模可再生能源和清洁能源电力接入电网的迫切需求，也是100多年来电网发展到新一代的主要特征，因此被认为是21世纪电力系统的重大科技创新和发展趋势。中国的智能电网，包含发电、输电、电网、配电、用电、调度等6个环节，即包括整个电力系统。

给智能电网总结为3条，第一，必须能大规模利用清洁能源和可再生能源；第二，具有信息化、自动化、互动化的技术特征；第三，特别强调电网与电力用户互动，这是智能电网重要特征，没有互动，不能称之为智能电网。

智能电网 改变我们什么

让用电更环保 通过采用客户能源调度技术和储能技术，实现客户可再生能源的即插即用，能够吸纳大量可再生能源和核能，这样就减少对化石燃料的依赖，减少排放，建设低碳社会。没有电网的配合，风电、太阳能发电就没有办法利用，也就实现不了社会效益。

让用电更安全 智能电网可以减少停电损失，供电可靠性将大幅度提高，基本上能做到不停电。不会再出现夏天正热的时候，因停电而空调突然停止工作了，因停电而工厂、企业的生产受到影响；也不会有因停电而产生社会安全问题和不安定现象。可以保证供电安全、减少停电损失，这是智能电网非常重要的一个效益。

让用电更节约 智能电网直接的经济效益：发电企业降低高峰电力，不用频繁调整发电的输力，减少了热备用。有智能电网的控制和调节，使热备用费用减少，此意义非常重大。同时，不同时段电价不同，什么时候用电最省钱，可以查询；通过手机，可以控制家用电器，让它们在电价最便宜的时间段开启，为你烧水、做饭、洗衣……

让用电更便捷 智能电网可以将用户家中电表、水表、气表等信息进行采集和上传，通过查询，各种表计的实时读数和缴费信息都一目了然；其他信息如停电信息、小区信息、商场打折信息、股市行情、时事新闻……足不出户就可以一览无余，还可以在家中充值电费等。

让用电更个性 智能电网将搭建起一个高效、智能的双向互动服务平台。一方面电网可以为用户提供更丰富的服务；另一方面，用户可以作为能源提供商向电网卖电，创造新的收益；第三方面可以利用这个平台，向用户提供个性化的服务，使社会服务的资源利用率达到最大化。

让产业链更长 智能电网可以带动产业、扩大就业。首先，带动信息通信产业。比如说智能电表、智能终端这些通信产业会得到发展。IBM公司、通信公司都会看中智能电网这个市场。第二，新型电力设备产业。比如风力发电设备、太阳能发电设备，扩大应用以后产业就可以扩展。第三，增值服务产业。将来电力线和光纤同时入户，就建立了一个平台，这个平台为第三方用户打造新的服务机会。

电力线入户加上光纤，就为三网融合打下基础。为家庭服务、社区服务、保安服务以及社会的各种服务，这就是增值服务。这个服务也会有很大的发展。

未来10年智能电网三级跳

胡锦涛主席2010年6月7日在中国科学院、中国工程院院士大会上的讲话中指出：积极发展可再生能源和新型、安全、清洁替代能源，构建覆盖城乡的智能、高效、可靠的电网体系。

温家宝总理2010年3月5日在政府工作报告中指出：积极发展新能源和可再生能源，加强智能电网建设。

国家电网公司已确定分3个阶段推进中国坚强智能电网的建设：2010年重点开展坚强智能电网发展规划工作，制定技术和管理标准，开展关键技术研发和设备研制，开展各环节的试点；到2015年，加快特高压电网和城乡配电网建设，初步形成智能电网运行控制和互动服务体系，关键技术和装备实现重大突破和广泛应用；到2020年，基本建成坚强智能电网，使电网的资源配置能力、安全水平、运行效率，以及电网与电源、用户之间的互动性显著提高。

在第一批试点中，最重要的工程就是上海世博园。国家电网公司在世博园区建设了中国首个智能电网示范区，包括9项示范工程和3项演示工程，还有电动汽车示范充放电站和电动汽车与电网互动系统等。在世博园区用地面积约6.68平方千米的范围，5个110千伏变电站，负荷达到22万千瓦。

目标已经明确，蓝图也已绘就，基础研究和政策研究将成为工作重点。我们应该清楚地认识到：智能电网的目标需要较长的过程才能实现；要对适应电网发展的需求和效益进行分析；要加强多学科、多领域的协同研究；同时，要促进智能电网发展的政策研究。

对话院士

智能电网和新能源革命的融合

上海在建设智能电网方面要起主导作用

周孝信：上海智能电网将建三大基地：功能应用示范基地、关键技术研发基地和主要装备制造基地；锁定5个重点发展方向：新能源接入与控制、智能变电站及智能设备、电力储能、智能配电网与智能用户端、高温超导。到2012年，培育3~5家智能电网行业的龙头企业，形成有竞争力的智能电网产业集群，产业规模达到500亿元。我认为，建设坚强智能电网，是加快转变经济发展方式的必然选择，

院士与嘉宾对话

是实施国家能源战略的重要举措。上海在用电配电、设备制造方面都有很好的基础，在全国应当起一个主导作用。

上海世博会是一个智能电网的示范工程

城市最佳实践区内与游客互动的热电转换模型

周孝信：上海世博会是一个综合的智能电网示范工程，现在已经经受住了考验，包括自然条件的变化：下雨、雷电等各种外界因素的影响，以及酷热高温环境，都经受住了，而且运行得非常好。前不久，专家验收后给予了很高的评价，认为它是我国第一个综合性的智能电网，它为实现我国从传统电网向高效、经济、清洁、互动的坚强智能电网的升级和跨越迈出了重要的一步。

智能电网的发展目标是能够与用户互动

周孝信：与用户互动是智能电网发展的长期目标，可以逐步实现。从技术上来说，现在还有待于突破。高效、廉价的储能装置是当代电工产品的重大难点之一，正在发展之中。比如说电动汽车，怎样把电池做得体积小而储的电能又大。如果家里有辆电动汽车，储完电，把插头插到电源上。此时这辆汽车就是作为电网里面的储能设备，参与电网的运行。电网电多的时候把它储存起来，电网电少的时候就给电网放电，它会自动把费用计下来。现在国家科技部和有关部委正在把电动汽车作为战略性高科技产业很重要的组成部分实施推进。而与一般老百姓互动是这样的：将来我们的电价是波动的，用户家里的终端或者电表上会显示当前的电价是多少。某时的电价比较便宜，你可以洗衣服、烧热水；某时段的电价比较高，你可以让空调停几分钟,这对室内温度影响不大,既不影响生活质量,又省了电费,还替电网公司解决了调控困难。

美国的科罗拉多州波尔德镇就是投资1亿美元建设了全美第一个智能电网的城市。

利用太阳能是最主要的发展目标

周孝信:中国目前煤炭在能源消费里面占到70%,即便是我们采取最坚决的措施发展可再生能源,估计到2050年,以煤为主要能源的状态不可能根本改变。零排放,在可以预见的将来,也不可能实现。中国当务之急是发展核能,核能发电是解决大幅度降低碳排放、减少烧煤发电的最主要的措施。太阳能是一切能源里最根本的东西,随着技术发展、规模扩大、应用广泛,价格会降下来。我认为中国除了核电以外,太阳能是最主要的发展方向。

中国国家馆内的新能源汽车

为三网融合打基础

周孝信：四网合一，用一根电线解决其他三网的问题，从技术上来说可以做到，互联网做IP电话、上网、传输电视节目都是没有问题的，这是一种解决方案。还有一种方案，一根线进去，这根线里面除了铜线，还有光缆。这个时候铜线不用传输信号了，信号让光纤传输，这个容量可以做得更大。这两种方案都是可行的，都是一根线进屋，其他三个网的问题都解决了，这是最节省的方案。国家提三网融合，所以国家电网公司也没有再提四网融合，而是我一根线进去为你三网融合打下基础。

以新的商业模式推广智能电表

周孝信：国家电网公司正在推广的智能电表，150元一只，不需要老百姓掏钱。还有一种叫智能终端，这个要1 000元左右，类似于现在的平板电脑，功能也很强。只要增值服务做好，这个东西可以送给你，就像机顶盒就是送的。要研究新的商业模式，尽量不让老百姓为这埋单。

风电不会影响电网的运行

周孝信：风力发电特点是不稳定，因为风不稳定。但风大风小要持续几个小时，这就给电网提供了一个调整时间，可以用其他电源的运行方式来补充风电的缺失或者量多，当然不能超出调整的比例。但风电对总用电量来说，比例太小，所以不会影响电网的运行。东海大桥两侧海上风电已经作为世博会的一个项目，成为智能电网的一个项目。

（嘉宾：张秀华）

周孝信　MEETING OF MINDS
GO EXPO WITH ACADEMICIANS

视　点

关注"相约名人堂——与院士一起看世博"活动诠释的科技奥秘和世博精彩，从科学传播的视角聚焦世博主题。

　　上海世博会的电从哪里来？它来自中国馆顶部的太阳能电池"向日葵"，也来自东海大桥边的大风车，也离不开传统的火力发电厂。面对来源众多、电流时常变化的电能，世博园区何以能运用自如，使用者感受不到任何异常？

　　这全靠智能电网！作为我国第一批智能电网的综合示范工程，上海世博会应用的智能电网系统已通过专家验收。

　　智能电网的最大特征就是"聪明"。首先，它具有强大的电能"蓄洪防涝"能力，当电力供大于求时，将多余的电储存到储能电站、连上电网的电动汽车里，当用电高峰到来时再将电取出供应。无论来自"向日葵"还是大风车，这些电能都会经过世博园中电能质量测控点、储能站的检测与调节，再徐徐通向各个场馆。

　　和只能单向输送电力的传统电网不同，智能电网在送电的同时还能"吸电"。每家每户都能将自家太阳能电池发的电卖给电网——电费开销会减少。智能电网"光纤＋电缆"的布线模式，还能使网络与电的应用进一步结合，让更多家电智能起来。

　　对于中国而言，智能电网还必须十分"坚强"。我国的水电资源集中在西南部，太阳能资源集中在西北地区的戈壁、沙漠中，而电力的消耗大户却集中在东部地区。因此，未来"绿电"的长距离运输无法避免，这都对智能电网的可靠性、安全性提出了更高的要求。世博园里的智能电网经受住了高温、雷电的考验，是一个很好的开端。

　　　　　　　　（来源：《文汇报》　2010年8月25日）

相约名人堂
与院士一起看世博

院士风采

  王曦，材料科学家，中国科学院院士。1987年毕业于清华大学工程物理系，之后在中国科学院上海冶金研究所（现在的上海微系统与信息技术研究所）获得硕士、博士学位。2009年当选为中国科学院院士。

  1996年作为"洪堡"学者，王曦在德国罗森多夫研究中心接触到了世界上最先进的"离子注入"技术。1998年，王曦回国，进入中国科学院离子束重点实验室担任主任，同时出任SOI项目负责人。从这年起，王曦带领着自己新组建的团队开始攻关。

  作为国际半导体材料领域的知名青年科学家，由王曦负责并领衔的"高端硅基SOI材料研发和产业化"项目，2006年获得国家科技进步一等奖。这个项目拥有核心自主知识产权，16项已授权国家发明专利，形成我国首部SOI技术企业标准。2002年中国第一批商业化生产的SOI圆片问世。作为上海新傲科技有限公司董事长兼首席执行官，王曦把名不见经传的公司发展成为目前国内唯一、国际屈指可数的SOI生产基地。王曦真诚地对待自己从事20多年的事业：让中国SOI与国际接轨，让中国制造业参与国际高科技的竞争。

王　曦　*MEETING OF MINDS*
GO EXPO WITH ACADEMICIANS

中国科学院院士

王　曦

智慧上海

王曦
2010.5.14

相约名人堂
与院士一起看世博

睿智之光

为了保证上海世博会安保工作的顺利完成,在世博园区布设的基于传感网络技术的防入侵技术,大大提高了世博园区防入侵系统的可靠性、实用性,为安全世博提供了立体式、全方位的探测防线。

用信息技术筑起"隐形围墙"
——王曦院士谈数字技术在上海世博会期间发挥的重要作用

上海世博会是展示人类文明的一次盛会,它既为世界各国搭建了一个交流合作的平台,也进一步加强了中国与世界各国的交流、近距离的对话,以及提供了学习世界各国文化与科技发展的一个重要契机。举办一届"精彩、成功、难忘"的世博会,涵盖了上海市民对办好世博会的信心。然而,要实现这个承诺,背后要付出艰辛的努力。上海微系统与信息研究所积极投入到世博建设中,并且以高科技为支撑服务于世博。

"电子围栏"架起一顶保护伞

物联网这个词目前非常热门,常常出现在网络、报刊等媒体上。其实,物联网是一种通俗的说法,其专业名称

王曦　MEETING OF MINDS
GO EXPO WITH ACADEMICIANS

为无线传感网络技术（简称传感网）。传感网的核心就是"物物互联、感知世界"。大家都熟悉互联网，主要是人与人之间的连接。但是，将来的发展是实现物和物的互联，以及物和人的互联。比如，一个人的温度信息传到总部，总部就发出指令，把这个人的控制系统进行调整和纠正，这就是物和物的相连。很多科幻电影所讲述的故事就是物和物的相连，目前这些科幻故事正在逐渐变成现实。传感网技术正在推动信息技术进入第三次产业浪潮。

正因为人们认识到传感网技术的重要性，科研人员对此进行了坚持不懈的探索和研究，并且取得了实质性的进展。比如，在上海的浦东机场，想要了解周边的情况，以确保飞机能安全无误地正常运行，人们就在机场的外围布设了传感网，让它们连接起来，通过传感网技术的协同处理和传输，在第一时间内将监测到的周边异常情况的数据传输到中心，随即采取措施确保机场运行的安全无误。

英国馆外墙面的亚克力"触须"（内含各种植物种子）

由于本届世博会的园区周界长、会展时间长，仅靠投入大量人防、物防是不行的，而且还会衍生出更为复杂的管理和保障难题，因此上海世博会对周界防入侵系统提出了更高的要求。基于传感器网络技术的防入侵技术能把多种防入侵技术相结合，多传感器协同工作，将信息获取、处理、协同、组网融合于一体，排除了漏警、降低了误警，在一定程度上实现了预警、跟踪等功能，有效地防止了通过破坏围栏等方式入侵园区的破坏活动，因此在世博园区

65

相约名人堂
与院士一起看世博

布设了传感网,大大提高了世博园区防入侵系统的可靠性、实用性,为安全世博提供了立体式全方位的探测防线。

无线传感器网络周界防入侵系统包括地面、低空和地下三层系统,分别用于对地面、低空、地下的警戒与防护。通过这种天罗地网式全方位的监测,真正为世博场馆的安全起到一个保驾护航的作用。

科技造就千里眼、顺风耳

在场馆其他区域,如果有特殊情况发生,将用什么来监测呢?一般情况下,当应急事件发生时,信息传递主要是依靠窄带通信系统,其主要缺点是带宽能力有限,对数据和图像业务的支持能力不够;也可以采用卫星通信系统,但是整个卫星系统的设备比较昂贵。从2002年开始,我国科研人员突破国外专利技术的封锁,对宽带无线移动通信领域的关键技术进行自主创新,最终研究开发出具有核心自主知识产权的新一代宽带无线接入系统MiWAVE。

该系统的主要特点:一是部署便捷,基站可以在1~2小时内架设完毕;二是覆盖范围大,能够适应不同的地形环境;三是系统容量大,一个基站的吞吐量达到60兆字节左右(是目前3G系统的几十倍);四是高速移动,支持每小时120千米以上的移动接入。这些特点使得宽带无线接入系统能够支持诸如语音视频会议、数据图像传输等综合的、多媒体的业务。

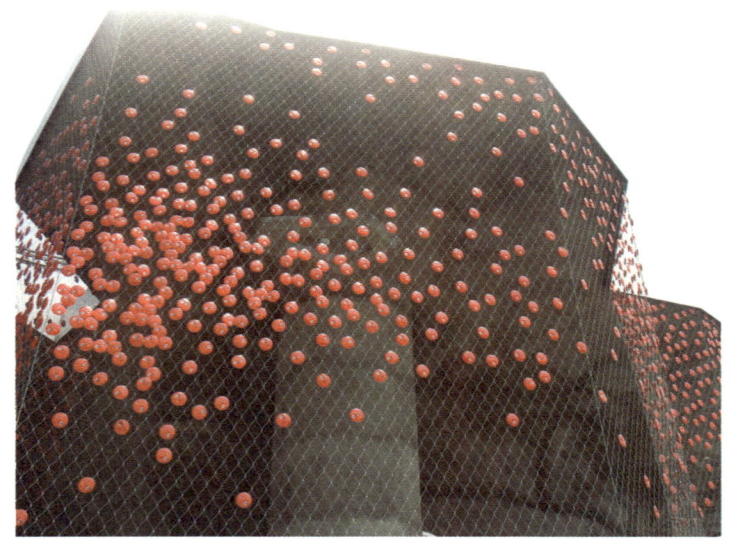

瑞士馆外墙面的一层神奇的红色"幕帷",它不仅可以自然降解,还会随风发光

王曦

**MEETING OF MINDS
GO EXPO WITH ACADEMICIANS**

2008年,该系统在四川汶川抗震救灾中发挥了重要作用,在北川、平武、青川、汶川、安县等地搭建的MiWAVE宽带无线应急通信系统为前方救灾指挥部和各救援部队提供了视频电话会议、宽带语音通信、图文数据传输和移动视频监控等无线宽带服务,解决了信息孤岛的问题。随后,又通过该系统全天候对唐家山大坝及堰塞湖下游地区进行宽带无线远程视频监控,并实时地将获取的视频监控画面和水文资料通过无线链路传输到指挥中心,为中央领导和水利部专家抗震救灾作出重大决策提供了可靠的科学依据。

法国馆的外墙是一种新型混凝土材料制成的线网

如今,宽带无线接入系统被运用到了世博会中,各终端将采集到的视频、语音、数据信息通过基站实时地传回指挥大厅和各指挥部。指挥员可以在指挥大厅和各指挥部对世博园区的情况进行监控,一旦发生意外事件,指挥员可以根据监控画面,通过语音、数据形式指挥世博场馆周边的各执勤点的工作人员及时处理。

"人造狗鼻子"嗅出炸药分子

在一些重大活动和一些重要场所,人们经常可以看到警察利用警犬来协助安检。现代细胞学研究发现,狗的嗅觉细胞约22亿个,分布在其鼻腔内约1.5万平方毫米的面积上。因此,狗比人的嗅觉要灵敏几百万倍。虽然狗生来具有高灵敏的嗅觉,但这并不意味着狗还具备探测炸药的能力。只有通过严格的专业训练,狗才能将其机体内的探测炸药的潜能充分地发挥出来。

从2005年开始,上海微系统与信息研究所和有关公司合作,开展了荧光聚合物传感技术的研究,先后获得了"863"计划等科技项目的支持。经过多年努力,科研人员发明了分子印迹荧光聚合物传感技术,还设计、制备了一系列对常见炸药敏感、特异的聚合物传感材料。这些具有"特异

功能"的传感材料能在紫外线的照射下发出荧光,如果有炸药分子吸附到聚合物纳米膜表面,将导致聚合物荧光亮度发生改变,这种改变则很容易被检测到。

目前,探测器能检测出 10 万亿个空气分子中存在的 1 个炸药分子,这要比训练有素的警犬的鼻子还要灵敏。研发的系列爆炸物探测器还克服了目前使用较多的离子迁移谱炸药探测器内部含有放射性物质的问题,对操作人员和被检测对象都没有伤害,也不污染环境,不会形成次生危险源。这一技术,曾服务于北京奥运会等重大活动。

让交通状况"早知道"

正当全家高高兴兴地开车前往世博园区时,半路上却遇到严重的交通阻塞。这时,人们一定会这样想:"要是早知道这么堵,我们就选择走另一条路了。"那么怎样才能"早知道"交通情况呢?城市交通诱导系统就是起这个作用的。

目前,用得最多的方法是在路面下埋设检测线圈,当车辆在检测线圈上方通过时,将引起检测线圈电感发生变化从而感知到车辆的存在。这种技术虽然很成熟,但存在一些缺点,那就是在安装和维护这些路面下的线圈时,都必须中断交通、破坏路面,因此其维护成本极高。

随着科技的发展,更先进的技术出现了,那就是微波雷达技术。基于微波雷达技术的交通流检测设备是安装在道路侧面的立杆上,所以能同时检测多条车道,其安装和维护都很方便,完全克服了检测线圈带给人们的诸多不便。

为服务 2010 年上海世博会,给广大的驾驶员提供准确实时的交通诱导信息而研制生产的微波车流量检测雷达在外环线(S20)正在发挥交通流检测的功能,微波雷达采集到的交通流数据通过信息中心处理后直接发布到交通诱导屏上,这样大家对相关路段的交通状况就能一目了然。早在 2008 年的北京奥运会期间,微波雷达在"鸟巢"附近就已经发挥了积极的作用。

王 曦　MEETING OF MINDS
GO EXPO WITH ACADEMICIANS

对话院士

科技为上海世博会保驾护航

物联网技术第一次大规模应用到世博会

王曦：信息技术有个摩尔定理，每18个月容量或者存储量会翻一番，所以这些技术的发展非常迅速。在历届世博会中，也会用到一些传感网技术，有些在物联网领域，比如门票使用的射频识别技术（RFID），但是如此大规模地使用信息技术还是第一次。像宽带无线通信技术，也是第一次应用到世博会。

院士与嘉宾对话

科技通过世博会渗透到老百姓的生活中

王曦：从一个科技工作者的角度来理解，世博会更多的是展示各个国家科技的成果，当然也会展示一些文化，或者是一些当地的风俗。科技是整个世博会中重要的内容，世博会的科技有两种，一种就是我介绍的，直接为世博会服务的科技；另一种是通过世博会展示给老百姓的，将来会应用到老百姓的生活中去。不管是哪一种，将来都一定能大规模地渗透到老百姓的生活当中去。比如电话机，就是通过世博会展示后逐渐在全世界普及的。

高新技术也能服务于大众

王曦：雷达技术是一个研发成本比较昂贵的技术。民用方面有一种车用防撞雷达，我们现在也在研究这个技术。在技术研发阶段，它的成本还是比较高的。但是，随着技术不断地开发和成熟，成本也不断地下降，将来还是有希望在民用汽车中普及的。其实，很多高新技术刚刚研发出来时都是比较昂贵和尖端的，比如微波炉使用的技术

世博会浦西园区中国船舶馆的夜景

就是从航天领域发展而来的。我想,通过世博会这个窗口,把我们的科技展示给市民,也希望这些高新技术能够真正服务于我们的社会,服务于我们的大众。

德国馆内展示的健康饮食理念

为"后世博"发展作借鉴

王曦:由于工作繁忙,还没时间来好好地看世博。在我的心中,世博会主要是科技的展示。比如有一届世博会,美国将他们在月球上采集的石头放到世博会上,当时给人们很大的震撼,说明这个国家可以登月;另外,电话机、留声机也都是由世博会展示出来,这些技术和产品对全世界产生的影响很大。

本届世博会有很多高新技术得到了应用,我们也希望在世博会上吸取一些其他发达国家的先进经验,为"后世博"的发展作一些借鉴。如果我来看世博的话,当然除了参观非常漂亮的建筑和多元的文化以外,还会非常留心一些前沿的高新技术,将来能够为我们国家经济发展作出更多贡献。希望中国可以多举行几届世博会,留下令人难忘的世博作品。

具有特殊功能的硅片

王曦:硅片,我们称为SOI材料。我们的手机、照相机以及电脑里都有很多芯片,它的材料就是SOI,在集成电路中应用得比较多。SOI材料与一般的材料不一样,如果把一般的材料看成是普通的"砖头",那么这个材料就可以看成是具有特殊功能的"砖头"。在这个硅片表面以下只

有 100 多纳米厚度，100 纳米厚度要埋进去 1～2 层二氧化硅。要埋这样一个夹层是非常困难的，但有了这个夹层，做出来的集成电路的性能就会非常优越。

信息技术对于产业结构调整有非常大的影响力

王曦： 温家宝总理 2009 年发表讲话，提出了国家战略型人才有五大类，其中就有信息领域的人才。2010 年，国务院又把三网融合作为信息领域未来发展的重要方向。这些都说明，信息技术对于产业结构调整有着非常大的影响力。希望未来 10～15 年，长三角地区在物联网方面能够起到带动作用，改变我们原有的发展方式和低科技的附加值。"数字长宁"的战略定位，与我们研究所很多科研活动是密切相关的。比如物联网方面我们可以做一些示范工程，同时我们有一个科普讲师团，在长宁区是非常活跃的，经常会为居民举办一些科普讲座等。

上海世博会中新型材料的应用

印度馆金碧辉煌的屋顶灯光

王曦： 本届世博会用的很多 LED 灯，就是一个很重要的材料。过去用的白炽灯比较浪费能源，现在用的 LED 灯就比较节能环保。很多场馆里应用了太阳能，这个太阳能应用的硅片跟我们研究的是一样的。如何能把太阳能的利用效率提高了，哪怕是提高一个百分点，就非常了不起了。这里面有很多材料方面的研究工作，比如镀膜、夹层、设计等，希望提高它的光电转换效率。还有些展馆采用了很多纳米材料，用来降低温度等。另外，还有一些有机发光材料的应用。

（嘉宾：郭易楠）

王　曦

视　点

关注"相约名人堂——与院士一起看世博"活动诠释的科技奥秘和世博精彩，从科学传播的视角聚焦世博主题。

　　蒸汽机、电话机、留声机……在公众面前的正式亮相都是在世博会上，这造就了一句名言——"一切始于世博会"。本届上海世博会，有不少信息技术领域的"中国创造"首度应用于世博，不过，它们并非在展馆的聚光灯下"高调"展示，而是在园区各处默默地工作着。

　　"物联网将改变人类的未来生活"，这种让人倍感新奇的信息技术已经应用在世博园区的四周——由上海微系统与信息技术研究所自主研发的"电子围栏"正为 3.28 平方千米的世博会围栏区提供 24 小时防护，其作用抵得上成百上千名保安、警察的轮番值守。

　　王曦说，"物联网"是个俗称，它的专业名称是"无线传感网络"。早在 10 年前，上海微系统与信息技术研究所便开始启动研究，至今一直保持着与世界同步的发展势头。貌不惊人的"电子围栏"为世博园区架起了一张隐形保护网：红外、震动等各种传感器时刻感知并辨别着各种入侵——是大风吹落的树叶，还是游客的无意碰触，或是恶意闯入？它能一一区分；微型雷达侦探低空抛物的入侵；另一些传感器埋在地下，随时监听着挖掘的声音，防止地下入侵……

　　尽管"电子围栏"此前已在浦东国际机场"上岗"，但"无线传感网络"应用于世博会，这还是世博历史上的第一次。王曦透露，利用物联网技术建设"智慧上海"，将是今后上海发展的重要一着。

（来源：《文汇报》　2010 年 5 月 15 日）

院士风采

邓中翰，中国工程院院士。"星光中国芯工程"总指挥，中星微电子公司董事局主席。2009年当选为中国工程院院士。

1999年，邓中翰博士应邀回国，创建了中星微电子公司，负责"星光"系列数字多媒体芯片的研发和产业化工作。10年来，"星光"系列数字多媒体芯片实现了八大核心技术突破，申请了该领域2 000多项国内外技术专利，实现了研发成果的产品化和产业化，销售覆盖中国、欧洲、美国、日本、韩国、中国台湾等16个国家和地区，被国内外知名企业大批量采用。2005年，中星微电子公司成为我国第一家在美国纳斯达克证券市场上市的具有自主知识产权的芯片设计企业。

邓中翰博士曾荣获国家科技进步奖一等奖，还先后荣获2005中国经济年度人物大奖、中国青年"五四"奖章、全国"五一"劳动奖章、中国十大杰出青年、全国留学回国人员先进个人奖章等奖项及荣誉称号。2010年当选为第十一届中华全国青年联合会副主席。

邓中翰　MEETING OF MINDS
GO EXPO WITH ACADEMICIANS

中国工程院院士
邓中翰

物联网 改善城市
改善生活，推动
新技术 新革命
祝 上海世博会 成功！

邓中翰
2010.9.22.

睿智之光

物联网就是我们的眼睛、耳朵、嘴巴和心脏。物联网就是要让我们的生活更加便捷，它能够聪明地成为我们工作的助理、生活的助理。

"物联"未来，创造智慧生活
——邓中翰院士谈物联网给我们带来美好生活

让我们一起了解物联网

1999年我参加了新中国成立50周年的国庆观礼。在观礼台上，我既为祖国的发展和成就感到自豪和骄傲，同时又为自己受国家的教育培养这么多年却没有为祖国做出任何成绩感到很惭愧。于是，我决定把自己在国外学到的先进技术带回祖国。当年10月14日，我在中关村成立了中星微电子，开始做芯片设计。经过我们团队的共同努力，也包括老师的指导，我们于2001年拿出了中国第一颗芯片，而且获得了国家科技进步一等奖。我们的芯片用在管理电网，以及网络视频通信上，这是我们国家的重大发明，是中国人自己发明的技术，改变了世界可视通信的前沿布局。目前，全球10个电网里面有7个电网用的是中星微电子的芯片，这个技术是我们独家拥有的，用于互联网视频交流，

邓中翰　MEETING OF MINDS
GO EXPO WITH ACADEMICIANS

可以看得见对方，包括视频会议等等。

物联网从技术角度来看，分成 3 个层面：最底层的叫信息的获取。通过视频摄像头、传感器、门票、RFID、智能身份证等一系列环节，把需要的信息自动地获取进来，再通过通信网络把信息连接起来，进行自动汇总，同时进行信息处理。

物联网实际上是互联网的一个延伸。它是从过去的新闻、媒体、娱乐这样一些功能延伸到我们的生活，包括上海世博园内工作的方方面面。提供这种信息，是通过传感器的采集，通过网络的连接汇总起来。我们可以进行智能筛选、跟踪、标识、监控等等，这些功能的融合和扩展，使互联网从过去仅仅存在于媒体、新闻之中，扩展到现在存在于我们的生活、交通、电力、工业、农业等方方面面，这样的技术是信息化的一个发展方向。

物联网就是通过芯片、软件、设备、网络来改变我们生活中繁琐的事情，减少浪费，提高效率，使得我们的生活更

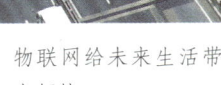

物联网给未来生活带来便捷

加美好，城市管理更加有效和安全。

物联网是互联网更进一步信息化渗透和扩展的一个新的网络。它不仅仅传递新闻、信息，更多的是围绕着安全的监控、交通和电力的管理、工业的管理和城市管理的一套新的设备和网络。

看世博　感受物联网

我们在上海世博会上看到了很多新的产品、新的技术，历史上很多重要的产品，像微波炉、电话等等，都是在历届世博会推广出去的。10多年前，发明了物联网，物联网是一个让城市生活和管理得到提高的技术。物联网在世博会上的应用，如"聪明"的门票。今天的门票已经不是像过去的纸，它是一个射频识别技术RFID的门票，里面有天线，通过天线可以采集到不仅仅是刷卡读卡器发出来的信息，同时通过这个天线来截取无线电波里面的能量。卡里面没有电池，它通过这个能量来驱动卡上的芯片，对卡的号码等信息进行识别和判别，还要传输出去。这样一个RFID门票是非常聪明的，它的好处是防伪。现在有些人伪造票证，而RFID门票非常难伪造，因为它有高科技的含量，并且有管理办法放在这个芯片上。现在RFID的门票，不仅应用在世博会，在我们的地铁车站、在人民大会堂召开"两

形如"飞碟"的演艺中心夜景

会",每次都要用这样的卡才能进去。进去之后,RFID门票自动把信息传输到门票的终端,甚至传到安全部门进行检查。它能够实现快速检票,通过甄别信息,实现参观的引导和组织。人流可以根据信息来有区别地智能处理。

现在,中国移动的手机有RFID,也可以通过网上自动购票形成一个电子票务,直接通过手机就可以自动连接起来。可能很多来参观世博的嘉宾已经在使用。

中星微电子过去做PC、手机上的摄像头。而从世博会开始,进入到制造安全监控视频系统,实现了各种网络,包括手机网络、固定网络、无线网络等等视频监控的功能。通过这个系统,有效地把上万个摄像头连在一起,通过一个统一的、汇总的智能平台,可以将世博园区、地铁、移动营业厅等结合起来,使大家在看不到这些电子设备的情况下,对你的身份以及有关的数据在这个平台上进行智能监控。

物联网带给我们的未来生活

IBM提出智慧地球,通过物联网的手段来实现变革。2009年,胡锦涛总书记、温家宝总理指出物联网将是中国现代化、信息化的一个重要的手段,是以信息化带动工业化,从而走向现代化的手段。物联网不仅仅是像互联网那样起到信息交流的作用,更重要的是起到协助国家管理、城市管理、生活管理、工作管理的作用,是信息化的最终走向,也是信息设备最终能够帮助人们更好地生活、更好地工作的一个新的可行技术。

从感知到传送到智能。要实现全面感知,过去一些信息通过记者来采集,或者通过电视台拍摄来采集,而全面感知,代表的就是对任何人、任何时间、任何东西,它可能都具有这种信息感知的功能。如家里面可通过视频摄像,让用户知道家里面现在的活动;通过对温度的感知来调节空调,从而引导电力部门了解用户家庭目前消耗多少电,

这就叫全面感知。然后是可靠地传输，要把这么多的信息，特别是视频的信息进行传输，需要占用很多带宽和存储量。最重要的是智能的处理，大量的信息，现在通过互联网看新闻已经看不过来了，再有比这个大几十倍上百倍的信息量，对每个人来说怎么来利用呢？所以我们要通过电网、云计算、数字处理中心来智能化地把这些有用的信息有效率地使用，如用它来帮助你把家庭的温度、城市电力的控制、交通管理的控制以及你的工作合理安排好，自动地帮你解决好各种问题，这将使我们生活得更加轻松和愉快，而不是被这些巨大的信息压垮，负担更重。

智能处理是物联网最关键的。人类的信息主要是通过眼睛摄取的。据研究表明，82%的信息是通过眼睛摄取的，无论是阅读报纸还是跟人讲话、看表情、看现场都是通过眼睛，所以物联网未来的架构里面，最重要的两件事，一是要智能化，另一个要加强视频的能力。通过视频让人们亲眼见到很多现场的东西。

中国船舶馆的建筑外观有着"龙之脊，景之最"的美称

物联网就是要让我们的未来生活更加便捷。物联网就是我们的眼睛、耳朵、嘴巴和心脏，白天黑夜都要看得见、听得到，还要能够说得出来。所以"聪明"这两个字所代表的就是这个意思。我们讲物联网不是说增加了很多设备就叫物联网，而是物联网能够聪明地成为我们生活的助理、工作的助理，成为我们现代化的助理，协助人类的文明生活走向更加轻松、快捷和自动化。物联网就是这样一种技术，它将会给人类带来全方位的便捷。

对话院士

物联网如何创造未来的智慧生活

物联网的发展离不开芯片技术的突破

邓中翰：芯片是信息高科技浪潮中最核心的地方。美国的硅谷40年来推动了全球包括电脑、手机、通信、技术、存储各个方面信息技术的大幅度提高。硅指的就是芯片，硅就是从二氧化硅，从土壤、岩石里面提炼出来的材料，在其表面做非常复杂的工艺，建立这种半导体，通过提炼出来的硅，然后在半导体上刻上晶体管。通过我们的软件和算法，能够代替人的大脑来进行运算，这就是我们今天看到的计算产业和通信产业的最根本的核心技术，这个芯

院士与嘉宾对话

片，就是硅谷的硅字的来源。

物联网作为一个新的重大的技术，正如互联网一样，它依赖于电网、通信、传感器、视频摄像头等一系列电子设备和产品。而这些产品中，每一个产品中都有芯片，也都有硅。所以它仍然是我们下一代物联网技术的核心所在。我们经常提到的，不能有脑无芯。我们正在制定国家标准，叫做SVAC。把这样的标准和复杂的运算放在一颗芯片上，就能够帮助我们通过摄像头进行人脸部自动识别，能看清楚有多少人坐在那里，他们的动静怎么样，自动判断人流的走向，同时对遗留物体或者被偷窃的物体自动地判断，还包括汽车变道、地铁运行情况等，都能进行自动判断。这样就可以大大地减少人对于场景的判断或者后续判断。它已经为你作了前置判断，并且进行自动识别。

穿梭于世博园浦江两岸的轮渡船

邓中翰　MEETING OF MINDS
GO EXPO WITH ACADEMICIANS

2010年，我们会把国际上领先的国家安全监控编解码的物联网的芯片拿出来，将会使我国在物联网这个领域、在芯片和标准、在视频方面达到世界先进水平，从而进一步推动中国物联网能够在国际上占优势地位。也许到2020年，我们将看到全球的物联网大量采用的是中国人的技术，以及中国推出的国际标准。

"低碳"出行方式的主要交通工具——自行车

用技术保障信息安全和隐私安全

邓中翰：我认为随着新的技术的诞生，个人隐私与信息安全两个方面会成为未来网络重大的挑战。正是这样的挑战，使得我们必须从信源编码的基础做起，才能保障信息安全和隐私安全。

中国一定会出现具有巨大创新能力的企业

邓中翰：我们现在是否能够建立"苹果"这样的具有创新能力的企业，我相信肯定不需要很长的时间。中国的脚步正在全方位地加速。中国人是非常聪明的，中国的留学人员到国外去，也被国外的学术界认为是最聪明、最肯干的。我们可能还有一些问题需要克服，但是我相信肯定不需要100年才能见到"苹果"这样的公司。中国的技术、产品、企业将会引领全球的技术和文明的发展。

（嘉宾：汪　炜、Van Duzer）

视 点

关注"相约名人堂——与院士一起看世博"活动诠释的科技奥秘和世博精彩，从科学传播的视角聚焦世博主题。

物联网听起来有些虚无缥缈，它和我们的生活有什么关联？其实，世博园里就有不少物联网的应用。

"比如说聪明的门票，今天这个门票已经不是像过去的纸，它是一个纸质的RFID门票。"邓中翰说，世博门票里面有天线，通过天线可以采集到刷卡读卡器发出的信息；通过这个天线，还能截取无线电波里面的能量。

邓中翰说，RFID门票是非常聪明的。"它的好处是防伪。"RFID门票已经广泛在世博、城市地铁，甚至一些重要场合运用，"每次要用这样的卡才能进去，进去之后自动把你个人的信息马上传输到门票的终端，甚至传到安全部门去，看有没有什么样的问题。"

澳大利亚馆内展示的三维电影之一

物联网究竟是什么？邓中翰分析说，从技术角度说，物联网包括三个层次：最底层为信息的获取——通过视频摄像头、传感器、门票、RFID智能身份证等，把信息自动地获取进来；中间是信息连接——通过通信网络，将手机、摄像头获取的信息自动汇总连接起来；最后是信息的处理——通过终端对信息进行技术处理。

在邓中翰看来，物联网本质上是互联网的深度延伸。"我们过去的互联网仅仅存在于媒体、新闻之中，物联网将它

邓中翰　MEETING OF MINDS
GO EXPO WITH ACADEMICIANS

澳大利亚馆内展示的三维电影之二

扩展到我们的生活、交通、电力、工业、农业等方方面面中去，这样的技术正是我们信息化未来的一个最终方向。"

邓中翰说，物联网不仅仅像互联网能起到信息交流的作用，更重要的是起到协助国家管理、城市管理、生活管理、工作管理的作用。

物联网的发展，能给我们的未来生活带来什么样的改变？邓中翰说，有了物联网，我们未来的生活将更加聪明。

"物联网能够智能地、聪明地成为我们生活的助理、工作的助理，成为我们现代化的助理，协助我们整个人类的文明生活走向更加轻松、快捷、自动化。"邓中翰说，物联网将会给人类生活的衣食住行带来全方位的便捷。

不仅如此，物联网还能为我们的未来提供更加安全的生活。"它不仅聪明，同时还能够有效地保障信息安全、交通安全、家庭安全，从而能够给予人类的生活一个全方位的呵护，创造一个更加安全的生活环境。"邓中翰说。

（来源：东方网　2010年9月23日）

第二篇
健康和谐的城市：
医疗 * 卫生 * 安全

MEETING OF MINDS
GO EXPO WITH ACADEMICIANS

城市公共安全和医疗卫生是每一位市民都十分关心的问题。从雪灾到地震，从SARS到甲流，由于人类对自然过度干预，使得自然灾害和疾病流行的频度和强度不断上升。同时，日益攀升的人为事故也都时刻威胁着城市居民的安全和健康。

相约名人堂
与院士一起看世博

院士风采

曾溢滔，医学遗传学家，中国工程院院士。1965年复旦大学遗传学研究所研究生毕业。现任上海交通大学医学院教授、上海交通大学医学遗传学研究所所长，兼卫生部医学胚胎分子生物学重点实验室和上海市胚胎与生殖工程重点实验室主任。1994年当选为中国工程院院士。

曾溢滔院士长期从事人类遗传性疾病的防治以及分子胚胎学的基础和应用研究，是我国基因诊断、血红蛋白疾病研究和胚胎工程技术的主要开拓者之一。他先后攻克了地中海贫血、苯丙酮尿症、杜氏肌萎缩症、血友病和亨廷顿氏舞蹈病等主要遗传病的基因诊断技术，推动了我国基因诊断学科的发展。

20世纪90年代，曾溢滔院士将基因工程与胚胎工程有机结合，在国际上首次克隆了牛类性别决定基因SRY的核心序列，首次提出并成功地通过鉴定胚胎的SRY基因和胚胎移植来控制牛、羊等经济动物的性别，使我国这一领域的研究处于国际前沿。在国内外已发表学术论文400余篇，主编了6部专著，申请或获得发明专利10项。获国家科技进步奖二等奖3次、三等奖2次，上海市科技进步奖一等奖3次，卫生部科技进步奖甲等奖3次，以及何梁何利科技进步奖，并获得全国先进工作者、全国"五一"劳动奖章、上海市科技功臣等荣誉。

曾溢滔　MEETING OF MINDS
GO EXPO WITH ACADEMICIANS

中国工程院院士
曾溢滔

科学与艺术
都需要想象力。

曾溢滔
二〇一〇年五月七日

睿智之光

如今，以基因科学为基础的生物科技在医学等领域得到了广泛的应用，已经成为全球新的经济增长点。但"技术是一柄双刃剑"，生物转基因技术在造福人类的同时，其安全性依然是一个非常严肃的课题。

基因与人类健康
——曾溢滔院士谈21世纪生命科学的发展

21世纪是生命科学的世纪，生命科学将在21世纪的人类生活中占有极突出的位置。原因至少有两条：一是生命科学的发展促进了其他学科的发展；二是生命科学的产业将推进整个世纪的经济发展。生命科学与国计民生关系极大，如医学和药物学是我们健康的有力保障，农牧生物学则可以极大地提高农业和畜牧业产品的数量和质量，为人们提供不竭的衣食之源。其中，医药生物学研

中国船舶馆内展示的海底世界

究既具有深远的理论价值,又具有重大的应用价值,因而成为近年来生命科学领域研究的热点之一。

生物医药产业的过去和现在

生物医药产业的发展经历了三个不同的历史阶段。最早期是天然药物,如中草药,从中提取我们所需要的成分,或加工成中成药,这是第一阶段。但人类并不满足于此,以后通过化学方法合成新的药物。合成的药物有些是没有天然药物的,有些是对天然药物的改进,使它更有效或更廉价,这是第二阶段。第三阶段,20世纪70年代后期,随着DNA重组技术的问世,诞生了基因工程药物,也称基因药物。高产值、高效率的基因药物的出现给药物生产带来了一场革命,推动了整个医药业的发展。

阿根廷馆内房顶上的艺术造型,诠释了阿根廷国旗的主要元素

基因药物的发展也经历了三个阶段:其一是细菌基因工程,即把目的基因通过适当改建后导入大肠杆菌等工程菌中,通过细菌等原核生物来表达目的基因。目前上市的基因工程药物绝大多数都采用这一方法。但是细菌基因工程有两大缺陷:一是细菌本身是一种低等生物,我们把构建好的哺乳动物乃至人类的基因导入细菌里,往往不能表达;二是即使表达了,产品往往没有生物活性,必须经过糖基化、羧基化等一系列修饰加工后才能成为有效的药物。这个过程是相当复杂的,成本和工艺上也有许多问题,因而限制了细菌基因工程的发展。

细菌基因工程的缺陷,使人们想到若把人或哺乳动物的基因直接导入到哺乳动物的细胞株里,能否克服上述缺陷呢？这就出现了第二阶段的基因药物，即细胞基因工程。细胞基因工程解决了两个问题：第一，它能够表达人或哺乳动物的蛋白质；第二，哺乳动物细胞具备对蛋白质进行修饰加工的条件。然而，细胞基因工程也有不足之处，因为人或哺乳动物细胞培养的条件相当苛刻，成本太高，这样就限制了细胞基因工程的发展。

由此人们又想到，是否可以将人们所需要的目的基因导入哺乳动物如鼠、兔、羊、猪的体内，使这种目的基因在哺乳动物体内表达，从而获得目的基因的产品。一个伟大的构想开始有了轮廓：即把人或哺乳动物的某种基因导入到哺乳动物的受精卵里，若导入的基因与受精卵的染色体DNA整合在一起，细胞分裂时，染色体倍增，该基因也随之倍增，每个细胞里都带有导入的基因，而且能稳定地遗传到下一代。这样产生的一种新的个体，称之为转基因动物。转基因动物的问世，为利用新的基因工程手段获得成本低、活性高的基因药物开辟了一条新的途径，基因药物也由此进入了第三发展阶段。

什么是转基因动物

转基因动物是指通过实验方法，人工地把外源基因导

澳大利亚馆内利用模型和光影技术演绎的海洋植物

MEETING OF MINDS
GO EXPO WITH ACADEMICIANS

曾溢滔

入动物的受精卵（或早期胚胎细胞），使外源基因与动物本身的基因组整合在一起，因而外源基因能随细胞的分裂而增殖，并能稳定地遗传给后代。

中国石油馆的吉祥物——油宝宝

利用转基因动物技术，我们可以生产珍贵的药用蛋白，为遗传病患者造福。要借助转基因动物来制造药物，最理想的表达场所是牛、羊等动物的乳腺。因为乳腺是一个外分泌器官，乳汁不进入体内循环，不会影响到转基因动物本身的生理代谢反应。从乳汁中提取的基因产物，产量高、易提纯，而且生物活性稳定，因此称为"动物乳腺生物反应器"。

转基因动物生产药物的优越性

借助转基因动物生产药物具有三大优势：一是成本低。有专家算过，用其他工艺体外生产1克药物蛋白质，成本需800～1 000美元，而利用转基因动物只需0.02～0.5美元。二是效益高。2006年，治疗血管内血凝的首个基因药物抗凝血酶Ⅲ由欧盟批准上市，第一年的利润就是1.52亿美元的产值。第三是产量高。转基因动物可以源源不断地提供目的基因的产物（药物蛋白质），不但产量高，而且表达的产物已经过充分修饰和加工，具有稳定的生物活性，作为生物反应器的转基因动物又可无限繁殖。

德国馆内展示的城市轨道交通

总体来说，通过转基因动物生产药物是一种全新的生产模式，是绿色、环保、低碳、节能的医药产业。

93

相约名人堂
与院士一起看世博

不必担心转基因食品的安全性

"科学技术是一把双刃剑",生物转基因技术在造福人类的同时,其安全性一直受公众关注。我们对生物转基因的安全性问题非常严谨,不能轻易说它安全或者是不安全。从已有的科学知识来看,转基因产品、转基因食品、转基因药品都是安全的。

现在转入的基因都是天然的介质,其实就是平常我们吃的东西。打个比方,我们把从植物或者某种生物里获取的珍贵基因转到一头饲养的动物里生产,其实只是转换一个生产的场所而已。就好比在发达国家生产成本高,他们就把货品放到发展中国家去生产,降低成本,道理是一样的。

从科学层面和国家管理体制层面来看,大家完全没必要担心。现在的技术已经完全能够有效地控制基因在什么地方表达,表达多高,性能怎样。产品出来以后也并不会马上推向市场,我们国家有一个非常健全的审批程序,比起审批普通食品、药品严格得多。到目前为止,所有在国际上已有的转基因作物、转基因药物、转基因食品,还都没有发生过不安全的例子。

澳大利亚馆内利用模型和光影技术演绎的海洋生物

对话院士

生物转基因技术造福人类

创新与求实是科学的灵魂

曾溢滔：科研人员要牢记"求实、创新、责任"这六个字。研究科学就是研究自然界的规律,所以首先应具备求实精神。你需要观察、需要分析、需要实践,将你所看到的现象如实地反映出来,这需要付出艰辛的努力,持之以恒的努力,急于求成、浮夸都不允许,科学来不得半点虚假。

科学家要有一种探索精神。我们不仅要尊重前人得出的结论,更要创新,有超越前人的勇气。我一直认为,创

院士与嘉宾对话

新与求实是科学的灵魂。我们在做科学研究时，任何一个实验都会观察到一种结果，任何一种结论你都可以发表一篇论文。问题是你是否对论文负责？你必须反复实验证明你的结论是能够真正反映自然规律的。

转基因作物应该在可控区里繁殖

世博园内沪上生态家

曾溢滔：在研究转基因作物的时候，我们不仅要提高这种作物的品质，而且也要考虑它对整个环境安全的长远问题。我们现在研究转基因作物，主要是研究如何提高作物的抗病、抗虫、耐寒和耐酸碱度等问题，提高它的产量。

另外，我们也要研究如何提高作物的品质。比方说，现在国家批准转基因玉米转肌酸酶。我们知道动物的饲料里需要磷的补给，所以农民在饲料里添加无机磷，但动物不能够完全吸收，磷作为有害物排泄到土壤、水里，很不环保。现在国家不允许在饲料里添加超量的无机磷，只能添加肌酸，因为肌酸含有大量的有机磷，可以分解成无机磷。但是肌酸要肌酸酶来帮助消化，因此一些动物不能吸收，这样一来动物照样会排泄有害物。所以，现在国家批准生产转肌酸酶的玉米。从这个例子就说明，研究转基因作物也是从环保考虑的。

关于是否影响生物多样性的问题，比如现在70%的棉花是转基因抗虫棉，国家有一个安全条例，转基因作物应该在可控区里繁殖，就和我们现在针对动物的环境保护区一样。

再比如，转基因鲤鱼很大，也许会赶走其他鱼类，所以对这种转基因鱼的生产应在可控区域里，不允许它游到其他河里去。凡是遇到问题，科学家会阻止，政府也会制定相应的法律法规来保护人类的健康和利益，大家可以放心。

曾溢滔　MEETING OF MINDS
GO EXPO WITH ACADEMICIANS

发展转基因技术符合节能环保的理念

曾溢滔：美国的科学家预言，到2020年将有90%的基因药物可以通过转基因动物来生产。

现在，工厂生产药物都是在大车间。然而，通过转基因牛来生产药物，只需要几头转基因牛即可。这样做节约了很多空间。另外，现在总是强调低碳环保，你看，养一头牛多节能、多环保。

转基因还可以改变环境，刚才讲到的肌酸酶玉米，我们国家已经尝试了，而且又有自主知识产权，能减少有毒物质的排放，很环保。

其次，我们现在做了很多高价值的产业，例如转基因花蕊、转基因林木。到那时候，在冬天也能观赏夏天的花。

韩国馆内的阶梯式彩色房顶

相约名人堂
与院士一起看世博

我相信转基因食品是安全的

曾溢滔：有人问我，转基因食品你吃吗？我的回答是，我肯定吃。从科学的角度来看，我绝对相信它是安全的。我到日本访问，电视里，他们的农业部部长在吃转基因食品。他说，观众们，转基因食品是安全的，我现在吃的就是转基因食品。

另外，你问是否有大量的实验能证明它是安全的。我们国家对安全审批的制度是非常非常严格的，我们对转基因产品的审批，需要做很多很多的实验，做到评估的指标科学全面、评估的程序规范严谨、评估的结论真实可靠，最后作出决策的过程是慎之又慎。它是有科学实验依据的。

我举个例子，现在得到安全证书的抗虫水稻，是经过了 11 年的安全检测的。在这 11 年里，科学家做了成千上万次实验来证明它是安全的。比如转肌酸酶玉米的申报，通过 6 年时间的严格评估。这充分体现了中国政府对转基因生产技术慎重的态度。

（嘉宾：明 君、黄淑帧、曾凡一）

游客在意大利馆内抬起头，可以看到一片布满金色麦田的房顶

曾溢滔　MEETING OF MINDS
GO EXPO WITH ACADEMICIANS

视　点

关注"相约名人堂——与院士一起看世博"活动诠释的科技奥秘和世博精彩，从科学传播的视角聚焦世博主题。

上海交通大学教授、中国工程院院士曾溢滔表示，公众没有必要对转基因技术恐惧。他介绍说，我国政府已经建立了相对完善的政策法规，每一项新的转基因作物从研究到推广都要经过严格的评估和审批，转基因食品更是要进行包括成分、毒性、过敏反应等在内的全方位检测。

他认为，对"转基因"技术，坚持发展与监管并重是必要的，恐惧则大可不必。

（来源：解放网　2010年5月8日）

曾溢滔院士在作报告时表示，转基因技术是一把"双刃剑"，它能造福人类，但也会带来很多麻烦。

曾溢滔院士坦言，虽然转基因技术是安全的，但它走向市场化还有很长的一段距离，只有不断完善"法律法规、技术规范和管理体系"，实现安全和环保，才能让转基因技术走得更远。

（来源：新浪网　2010年5月14日）

在讲座上，曾溢滔院士介绍了转基因技术及转基因药物的发展前景。结合世博会，他和曾凡一（国家重大科学研究计划项目首席科学家）都认为，科学与艺术是不可分割的。曾凡一说，"科学始于想象力而完成于逻辑推理，艺术始于逻辑而成于想象力。"

（来源：《文汇报》　2010年5月8日）

相约名人堂
与院士一起看世博

院士风采

陈灏珠,中国工程院院士。现任复旦大学医学院(原上海医科大学)附属中山医院内科教授、博士研究生导师,上海市心血管病研究所名誉所长。1997年当选为中国工程院院士。

陈灏珠院士是我国心血管病介入性诊治法奠基人之一。率先做左心导管、选择性染料和氢离子稀释曲线、选择性冠状动脉造影和血管腔内超声检查,提高了诊断水平;率先用电起搏和电复律治疗快速性心律失常;率先用活血化瘀法治疗冠心病并阐明其原理。他研究出的我国健康人血脂值,现被公认为真正的正常值。在20世纪50年代,他提出了我国心脏病病种变迁、流行趋势和防治对策。

陈灏珠院士是国家重点学科和上海市领先专业学科带头人,上海市心血管临床医学中心主任;世界卫生组织心血管病研究和培训合作中心主任和专家咨询委员会委员;卫生部学位委员会委员和心血管病防治研究中心专家委员会顾问。他先后获国家科技进步奖二等奖2次,全国科学大会重大贡献奖2次;省部级科技进步奖和教学成果奖一等奖6次,其他等级奖11次。曾获上海市优秀科研院所长奖和高等医药教材建设特殊贡献奖,中华医学会"中国介入心脏病学终身成就奖",2009年获上海市科技功臣奖。

陈灏珠　MEETING OF MINDS
GO EXPO WITH ACADEMICIANS

中国工程院院士
陈灏珠

美好生活
健康心脏
陈灏珠
二○一○年七月六日

睿智之光

美好的生活从健康开始，没有健康的身体就无法享受美好的生活。如今，心脑血管疾病已经成为人类的第一杀手，冠心病更是成了上海最常见的一种心脏疾病。

心脏，维持生命活动的原动力
——陈灏珠院士谈如何预防心血管疾病的发生

美好生活从身体健康开始，没有健康的身体无法享受美好的生活。怎样才算健康？一般认为，健康就是身体强壮无病。世界卫生组织（WHO）对健康有明确定义："健康是身体上、精神上、社会适应上的完好状态，而不是单纯的指无病或不虚弱。"可见，健康应包括生理健康、心理健康和社会道德健康三个方面。身体的强壮无病仅是生理健康，却是最基本的一个方面。

心脏是生命的重要器官

心脏和血管构成的循环系统是维持生命的重要系统。心脏的舒张和收缩（心脏跳动）是维持血压和血液在循环系统流动的原动力（泵血机能）。循环的血液将营养物质和氧气送到身体各部，同时带走代谢下来的废物，如果心脏

陈灏珠

MEETING OF MINDS
GO EXPO WITH ACADEMICIANS

活动停止，血液不流动，生命也就终结了。心脏每分钟收缩次数为60～100次，维持血压在90～139/50～89毫米汞柱，每次收缩泵出血液40～120毫升。如果一个人活到80岁，其心脏已经收缩了33亿次，泵出的血液是2.7亿升，因此心脏是勤劳的器官，需要我们好好保护。

心脏病按病因分类可分为两类：一是先天性心脏病，是与生俱来的，在母亲的子宫里就患上的心脏病。在上海，出生成活婴儿中6.78%患先天性心脏病。二是后天性心脏病，是出生后患的，是由环境因素所致的。

澳大利亚馆内展示的环游地球的帆船模型

先天性心脏病可避免

避免胎儿患先天性心脏病是双亲的责任。应避免遗传因素的影响，近亲（包括表亲）不宜结婚；妊娠初3个月内避免各种病毒感染（尤其是风疹病毒）；妊娠期间禁止服用可引起胎儿心脏畸形的药物，如苯丙胺、三甲双酮（抗癫痫）、眠尔通、雌激素等；避免高龄（35岁以上）怀孕，避免早产、营养不良和酗酒，治疗糖尿病，尽量少或不接触放射线。

青少年的心脏易"受伤"

青少年得心脏疾病多半是跟感染有关，最常见的是风湿热引起的风湿性心脏病。据统计，2006年，我国风湿性

心脏病患者约250万人。有风湿热发作者宜用抗生素治疗并连续到成年（10年以上）以预防其复发。不过，随着卫生、营养等条件的改善，上海风湿热和风湿性心脏病已很少见。现在要注意预防病毒、细菌、化学品等引起的心肌炎。青少年平时应注意居住卫生、饮食营养，参加体育锻炼，预防呼吸道感染，以及猩红热、急性扁桃体炎、咽炎、中耳炎、淋巴腺炎、急性链球菌感染。如果患了这类疾病，要及时用青霉素或红霉素彻底治疗。

冠心病的诱因多

中老年常患的心脏病是冠心病，冠心病是由冠状动脉发生粥样硬化引起管腔狭窄甚至闭塞所导致的心肌缺血甚至坏死的心脏病。冠状动脉是主动脉的第一对分支（左、右各一支），是将血液供应心肌的血管。从20世纪60年代开始，冠心病已成为常见病，被称为人类死亡的第一"杀手"。冠心病也已经成了上海最常见的一种心脏疾病，在住院心脏病患者中的比例也在逐年增高。按全国患病比例，20世纪50年代上海仅仅占第五位，60年代已经上升到第二位

城市与绿化

了，80年代和90年代都是占第一位。21世纪以来，情况更加严重。上海人的"心病"越来越重，不能不引起高度重视。

据文献记录，冠心病的诱因有200多种，但年龄增长、高血脂、高血压、糖尿病、吸烟、肥胖等被公认为是引起冠心病的主要危险因素。近几十年来，血脂异常患者数的增多是冠心病患者人群逐年增加的重要因素。这与我们生活条件的改善，生活方式的转变，特别是人们膳食结构向高脂肪、高胆固醇、低碳水化合物转变有关。因此，要预防高血脂首先要养成有益于健康的饮食习惯。

世博馆内的光影世界

饮食要注意食物多样性，以谷类为主，特别是要多吃粗粮，常吃豆类，特别是大豆及其制品。此外，多吃蔬菜、菌类、藻类、瓜类、水果类和薯类，但是适量的鱼、禽、精肉、蛋白、奶等也很有必要摄食。建议不要吃动物内脏、蛋黄、蟹黄、鱼子、动物性脂肪和油炸食品，不酗酒，少吃糖，包括含糖饮料和糖果。同时，注重体育锻炼，中老年人最好选择步行，每天大约走1小时，微微出汗即可。

预防高血压与预防高脂血症有相同的饮食控制的要求，尤其要节制饮酒并参加体育锻炼。同时，学会调控紧张、焦虑、愤怒、抑郁等心理状况，学会心理平衡。掌握好生活节奏，注意劳逸结合，减轻环境压力。限制食盐量，每日食盐低于6克。如已患有高血压者,要长期服药控制血压。

预防糖尿病应适当限制能量摄入和鼓励进行较多的体育活动，防止肥胖。糖耐量损害者，除采取上述措施外，还要特别注意多摄食食物纤维和复合碳水化合物而少食糖。如果已患糖尿病者应予以积极治疗（饮食管理、口服降糖药或注射胰岛素、胰岛细胞移植）并防止发生并发症。

肥胖大致分为两类。一类是脂肪主要堆积在人体腹部，

世博馆内流光溢彩的LED灯光照明

男性肥胖常常是这一类。第二类是臀部脂肪堆积，女性肥胖大部分属于这一类。预防肥胖需要控制进食量，避免高糖、高脂肪和高热量饮食，同时经常进行体力劳动和体育锻炼。如果已患肥胖症者，要长期坚持饮食控制（摄入低于消耗量的低热量饮食）和体育锻炼。切记各种减肥药必须在医师指导下慎用。

我国是世界烟草种植、卷烟生产和消费最多的国家，据统计，目前我国成人吸烟者约有3.5亿人，被动吸烟（二手吸烟）者约5.4亿人，每年大约有近100万人死于与吸烟相关的疾病。如果希望自己健康，就要养成不吸烟的生活方式。我们建议加强宣传，杜绝青少年吸烟；提高香烟的售价。已有烟瘾者要有坚定的意志戒烟，必要时可用药物协助。

健康金桥的四大基石

1992年，世界卫生组织在加拿大维多利亚召开的国际心脏健康会议上，发表了庄严的《维多利亚宣言》，也有人称之"1702宣言"。宣言认为，现有的科学知识足以预防大多数心血管疾病。当前主要的问题是在科学论据和民众之间架起一座健康的金桥，使科学更好地为民众服务。这座健康金桥有四大基石，它们是：合理膳食、适量运动、戒烟限酒、心理平衡。这四大基石构成了健康的生活方式，而健康的生活方式可以使现代人的平均预期寿命延长10年。

陈灏珠 MEETING OF MINDS
GO EXPO WITH ACADEMICIANS

对话院士

美好生活从健康的心脏开始

在参观世博会时，要注意防暑降温

陈灏珠：上海夏季常常闷热多雷雨，加之参观世博会体力支出较大，出汗多，水分丢失快，非常容易引起中暑。而比身体中暑来得更快的是情绪"中暑"。人在高温下，新陈代谢会加快，心率加快，心脏的负担也会加重。此时，人的情绪就变得烦躁、易激动，这种不稳定的情绪又会增加心血管疾病急性突发的风险。我建议，心血管疾病患者在游园时，除了应尽量避免在烈日下长时间步行外，还要注意补充水分，同时要随身携带急救药物。来参观世博会之前，睡眠要充足，如果睡眠不够，也很容易发生中暑。

院士与嘉宾对话

相约名人堂
与院士一起看世博

教你一招，意境联想法

陈灏珠：心理学上有一个比较好的方法，即意境联想法。当人感到非常烦闷的时候，深呼吸一口气，然后自己冥想一下：我们在一个宽阔的海滩边，看着海浪不断地拍打着海岸，一群海鸥忽上忽下……这样，我们的心情就会舒畅。

国庆期间的世博园区

猝死及其预防

陈灏珠：什么叫猝死？猝死就是症状发生以后1小时内患者就去世了。猝死的原因有多种，不光是因心脏疾病，还有很多疾病都可以导致猝死。但是心脏疾病的猝死特别快，因为心脏是生命的重要器官。心脏疾病是引起死亡的最主要原因，各种心脏疾病都可以引起猝死，特别是发生心肌梗死、心力衰竭等。

但有一些猝死会有一些先兆，比如原来反复发生过严重心率失常的患者，他在发作之前可能会感觉心跳快、胸闷、头晕、眼前发黑等。我认为我们需要学习一些急救和心肺复苏的知识，当身边有人发病时可以做到及时、正确地对患者进行抢救，也许就能挽回一个人的生命。

高血压、冠心病患者如何预防血压升高

陈灏珠：高血压、冠心病患者在夏天感觉会好一点。因为无论是高血压还是冠心病患者都怕血管的收缩压升高。如果环境温度低，血管的收缩压就会上升；相反，天气暖和了，血管的收缩压就会下降了。建议夏天不要停药，但是可以减量，因为治疗高血压最好的方式就是用最小剂量的药使得人体的血压达标。

关于主动脉硬化及其治疗方法

陈灏珠：主动脉是从左心室出来的最大血管，主动脉有弹性，如果它的弹性很弱，多半就是由于主动脉硬化所致。但是主动脉比较大，所以硬化以后一般没有什么感觉。主动脉硬化以后，会影响到心脏，使得心脏功能受到影响。治疗主动脉粥样硬化和治疗冠心病一样，要降低血脂和血

在中国船舶馆内展示的海洋石油钻井平台模型

压,因为它没有什么症状,除非主动脉硬化引起动脉瘤。如果有动脉瘤,就要把瘤切除掉,然后再放一根同种的动脉进去,可以是别人的动脉也可以是人工的动脉。现在有新的方法,就是放一个支架进去,把动脉瘤这部分保护起来,避免动脉瘤破裂。人到一定的年龄,主动脉就会硬化,这很难避免。

选择适当的时间服用药物

陈灏珠:一些重要的药物,比如说激素,要选时间服用。很多降低胆固醇的药物是吃饭以后服用的。阿司匹林最好是吃饭以后再服,这样可以避免对胃部的刺激。临床表明,人体血压最高峰是早上7～8点钟,到了下午4点钟的时候,又有一个高峰,然后慢慢下降,晚上血压是最低的。拿我自己来说,我有收缩性高血压,这个是老年人常有的。我早上吃一次降压药,晚上吃一次降压药,这么多年来也没有发生过什么问题。

(嘉宾:李广智)

陈灏珠　MEETING OF MINDS
GO EXPO WITH ACADEMICIANS

视　点

关注"相约名人堂——与院士一起看世博"活动诠释的科技奥秘和世博精彩，从科学传播的视角聚焦世博主题。

陈灏珠院士介绍了作为人体生命器官、在循环系统中承担泵血功能的心脏，在人的一生中不停顿、辛劳工作的数据。没有健康的心脏就没有健康的体魄，也就无法享受美好生活。随后，陈灏珠院士讲述了引起心脏病的原因，提出预防婴幼儿期、儿童青年期和中老年期发生心脏病的对策。谈到心脏卫生时，陈灏珠院士特别强调国际心脏卫生会议《维多利亚宣言》所提出的"心脏卫生四大基石"，即有益于健康的饮食习惯、不受烟草侵害的生活方式、规律的体育活动、良好的心理－社会环境。

（来源：《中山医院报》　2010年7月15日）

卢森堡馆内用盆花装饰的阶梯式走道

演讲后，陈灏珠院士和在场专家就观博者特别是心血管病患者在参观世博会过程中如何预防中暑等问题展开讨论，并与参加此次科普活动的世博会观众进行互动交流，回答他们提出的有关心脏健康的问题，现场气氛十分热烈。上海市科学技术协会副主席俞涛和世博会公众参与馆馆长尼冰出席此次活动。

（来源：中山医院　2010年8月11日）

院士风采

钟南山，著名呼吸内科专家，中国工程院院士。教授，国家级有突出贡献专家，呼吸内科博士研究生导师。现任中华医学会会长、广州市科协主席、呼吸疾病国家重点实验室主任。1996年当选为中国工程院院士。

钟南山院士长期从事呼吸系统疾病的临床、教学和基础研究工作，是近十几年来推进我国呼吸病学专业发展迈向国际前沿的学科带头人之一。通过创制的"简易气道反应性测定法"及流行病学调查，首次证实并完善"隐匿型哮喘"的概念，为世界卫生组织（WHO）所采纳。对我国慢性咳嗽病因谱进行了系统的分析，阐明了胃食道反流性咳嗽的气道神经炎症机制。

钟南山院士先后主持国家"973"计划项目、"863"计划项目、"十五"科技攻关项目、国家自然科学基金重点项目、WHO GOLD委员会全球协作课题等重大课题10余项。在国际学术期刊上发表论文50余篇，在中华医学会等机构主办的国家级杂志上发表论文200多篇；出版专著《呼吸内科学》（全国高等学校医学研究生规划教材）、《内科学》（全国统编教材）、《哮喘：从基础到临床》等16部，获得专利9项。曾荣获国家科技进步奖二等奖、三等奖，广东科技进步奖特等奖、一等奖，何梁何利科技进步奖，吴扬特别贡献奖等20余项科技成果奖。

钟南山　MEETING OF MINDS
GO EXPO WITH ACADEMICIANS

中国工程院院士
钟南山

心态平衡是促进身体健康的关键
钟南山 2010.7.6

睿智之光

"健康是一颗空心玻璃球,一旦掉下去就会粉碎;工作只是一个皮球,掉下去后还能再弹起来。"因此,我们每个人千万不要忽视自己的健康。

关爱自身健康
——钟南山院士谈健康的生活方式

1987版电视剧《红楼梦》林黛玉扮演者陈晓旭,2007年因患乳腺癌去世,年仅42岁。

2009年,著名主持人、央视新闻联播主播罗京因患淋巴肿瘤去世,年仅48岁。

2010年,北京江民新科技术有限公司董事长、中国著名的反病毒专家王江民因突发心脏病去世,享年59岁。

……

如今,英年早逝的优秀人才越来越多。现在的中青年人往往以为自己年轻、身体好,便轻视健康,身体出现异常状况的时候通常都不太重视,到了问题严重的时候才去医院看病。本来早一点治疗就是很小的问题,结果往往拖到问题严重了,才来看病,可是那个时候病情已经严重甚至到了无法挽回的地步。世界卫生组织总干事马勒有一句名言:"有了健康并不等于有了一切,但没有健康就等于没有一切。"

重视亚健康状态

生命有限，健康无价。健康是条单行线，只能进不能退。人应该学会关爱自身健康。世界卫生组织定义的健康，是指全面的健康：身体健康、心理健康、社会适应性良好和道德高尚，这已被越来越多的人所认同。但由于工作紧张、压力大，现在的许多中青年白领均处于亚健康状态。2009年发布的《关于中国城市白领精英人群健康白皮书》显示，76%的白领人群处于亚健康状态，80%在近6个月内产生过忧郁情绪。大部分白领人士的生理年龄比自然年龄要高10～13岁，尤其是30～50岁年龄段的白领人士，老得很快。这种亚健康状态与都市白领快节奏的生活和承受的压力有密切联系。许多白领人士身体各项指标检测正常，但时常睡不着，很容易疲劳、乏力，胃口不好，有时候自觉心跳很快，抵抗力差，常常出现口腔溃疡等疾病。长此以往，日后罹患恶性肿瘤、心脏病、脑血管疾病的风险将高于其他人群。我们要明白，健康是一颗空心玻璃球，一旦掉下去就会粉碎；工作只是一个皮球，掉下去后还能再弹起来。因此，我建议各单位的领导一定要重视员工的定期体检工作，至少每年要有一次体检。

压力过大的工作生活节奏，极易让人产生焦虑、惧怕、烦躁等一系列不良情绪。一旦产生这样的情绪，大脑皮层就会出现反应，随后由下丘脑传至肾上腺。肾上腺可分泌皮质类固醇、肾上腺素。如果激素过度分泌，便会使血压增高、胆固醇上升，并通过大麻酚系统导致免疫力下降。在决定人的健康程度因素中，遗传因素和环境因素只占了15%和17%，医疗条件占了8%，而生活态度、生活方式占了60%。

心理健康是癌症的克星

著名医学哲学家胡天兰德说过："一切不利的影响因素

中，最能使人短命夭亡的莫过于不良的情绪和恶劣的心境，如忧虑、烦躁、惧怕、贪求、怯懦、嫉妒和憎恨等。"人体健康有五大基石：合理膳食、适量运动、戒烟限酒、心理平衡和早防早治。"心理平衡最重要"已被越来越多的研究所证实。

非洲联合馆内的彩色玻璃装饰画

人体内天生的杀伤细胞，是血液白细胞中的淋巴细胞，其中有50亿个（NK细胞）具有抗癌细胞功能，NK细胞对人体的肿瘤细胞有最强烈的毒杀作用，一旦NK细胞发现癌细胞，会立刻与其结合，在5分钟之内NK细胞内的物质就会破坏癌细胞将其杀死。

人体一天可生成3 000个癌细胞，这些癌细胞刚出现便被及时杀灭，因此多数人身上并未生成真正的癌。精神神经免疫学研究发现，NK细胞的战斗力与人的情绪相关，不良情绪会使其战斗力下降20%以上，而乐观、自信等良好情绪能激发它们的活力。换句话说，一个人如果整天心情不好、抑郁、焦虑，他对癌症的抵御能力就会大大降低。

如何保持心理平衡

我的经验是首先给自己的生活设立一个目标。英国科学家在40～90岁的人群里做了一个7年的追踪调查。调查显示，在这一人群中，60%的人有明确的生活目标，被定为A组；5%的人没有明确的生活目标，被定为B组；35%的人对有没有生活目标不确定，被定为C组。结果，7年过去了，B组中有3 000人病死或者自杀，比A组足足高了一倍，而B组患心脑血管疾病的人数也比A组多了一倍。我认为这个例子就是人活着为什么要树立生活目标的最好证明。

"快乐"的心理处方

我们还要掌握以下所说的4种快乐的方法。

知足常乐 我想这并不难理解。我们的生活要有目标，并且执著地追求这个目标，但这并不代表要对自己苛求。因此，我们应该将目标设定在自己可达到的范围内，更要欣赏自己已经取得的成就，学会肯定自己得到的成就，自然就会心情舒畅。

自得其乐 孔子有一句话："知之者不如好之者，好之者不如乐之者"。如果把这句话放到我们的工作中，我的理解是：对于同一份工作，业务能力强的人不如喜欢这份工作的人，喜欢、爱好这份工作的人又比不上能够陶醉于工作中的人。因此，如果我们能沉浸在生活中、工作中，那么我们就能忘却周围很多烦恼，陶醉在自己的快乐世界当中。

助人为乐 喜欢帮助别人的人总能收获好的人缘，人缘好，与周围人的相处就愉快，心情当然比孤独的人要畅快得多。

苦中取乐 祸兮福之所倚，福兮祸之所伏。学会从失败与挫折中寻找积极因素，从而达到新的心理平衡。

曾经有一家科研机构做过一个调查，世界上谁最快乐？最后答案告诉我们：作品刚刚完成，吹着口哨欣赏自己作品的艺术家；正在用沙子筑城堡的儿童；为婴儿洗澡的母亲；千辛万苦开刀后，终于抢救了危重病人生命的外科医生，他们是世界上最快乐的人。总结8个字是：创造，奉献，爱心，善心。

德国馆内融入高新科技的自行车

对话院士

最好的医生是自己

坚持锻炼是身体健康的保障

钟南山：在我的健康词典里面，几十年来都没有离开过两个字——锻炼。我在北京医科大学上学时，练的是田径，我相信自己良好的体质就是从那时打下的基础。虽然我后来离开了竞技赛场，但打球、跑步、游泳……我什么都玩。一般我是周五打篮球、周日打羽毛球。即使再忙，只要有10分钟，我都会抓紧时间锻炼，例如在家跑跑步，我的跑步机就摆在卧室里。

院士与嘉宾对话

钟南山

不过，现在不少人的运动存在一个误区，以为打羽毛球、打篮球，出身汗就已经达到运动的目的了。其实不然，我们还应该关注体质锻炼和功能锻炼。因为人体在30岁以后体质就开始下降；50岁之后，体质就会进入衰老期，因此需要功能锻炼来使人体系统发生功能性的改变。例如肌肉，如果我们能通过举哑铃、俯卧撑等锻炼来保持肌肉的力量，那么肌肉对关节、脊柱的支撑就会增强，也就不会有那么多中青年人年纪轻轻就腰酸背痛了。同样，如果我们通过慢跑增强了自己的耐力，那么心肺功能也就会变得很好。还有柔韧性锻炼，是帮助身体平衡的。

对于一些上了年纪的人来说，我推崇的锻炼是步行。英国曾对1 645名中老年人做过4年以上的前瞻性研究，结果发现，每周步行4小时的人比那些每周步行少于1小时的人，心血管疾病的发病率低60%，病死率低70%。因此，建议那些不适宜做剧烈运动的人，最好每天都留出步行的时间。

心理健康是第一位的

钟南山：心理平衡是最重要也是最难做到的一点。2003年，在抗击"非典"的关键时期，我工作劳累，身体透支。有一天工作到凌晨，第二天又被人约去打羽毛球，当晚便感觉不适。后来确诊心脏发生了小面积心肌梗死并接受了心脏支架手术。这次生病之后，我的心情一直不好，情绪非常低落，很悲观，觉得自己的身体大不如以前。有一天，表哥给我打来电话。他说的第一句话是："祝贺你！"我当时一听有点不高兴，我生病，有什么好祝贺？表哥接着说："之所以祝贺你，第一是因为你这个病没有发生在出差途中，可以很及时地到医院治疗；第二，堵塞的只是很小一段血管，不是重要部位；第三，这件事正好给你一个警告：要注意身体了。"表哥的一席话让我的心情豁然开朗，身体也很快恢复健康了。

合理安排作息时间

钟南山：我在作息时间方面的健康秘诀是，不做废寝忘食的人。每天晚上11点半钟睡觉，早上7点钟起床，很少熬夜。中午一定要休息，但不一定非要睡着。很多流行病学的研究证明，保持充沛的精力很重要，养神不可或缺。我十分赞同邓铁涛教授的养生观点，"养生之道，注意养神"，所以我每天中午会休息半小时。此外，可能是我早年参加竞技体育的关系，因此我养成了想尽办法提高工作效率以节约时间锻炼身体的习惯。做任何事情都要有张有弛，年轻人也不要等到还剩下最后10分钟才匆匆忙忙去赶工作。

建立心理康复服务机构

钟南山：新的医学模式的转变，更加注重病人的心理。在现有的医疗保健体系中，心理安慰、康复服务十分缺乏。比如肿瘤患者，60%的人终日处于极度紧张和恐惧状态，最后是被活活吓死的。专家建言，多组织些康复俱乐

在城市最佳实践区内诠释的健康生活理念之一

部、患者沙龙等心理康复服务机构，让患者人群不过度焦虑，家属也能从中获悉健康的生活方式，防患于未然。

早防早治非常重要

钟南山：大家记住，很多常见病、致命病往往都是看不见的，经常是经过10～15年后才慢慢发展起来。像著名影视演员李媛媛，41岁就死于宫颈癌，太可惜了。其实这种癌症是可以预防的，而且早期发现后的治疗效果非常好。很多人就是对健康不重视，身体出了小毛病不理会，自己扛着，结果小问题就慢慢地变成了大问题，积重难返。李嘉诚说过："人的健康如堤坝的保养，最初发现有漏洞，只要很少力量便可堵塞，但当初不加理会，到崩堤时才作补救，即使花更多的人力、物力也没有用了。"

在城市最佳实践区内诠释的健康生活理念之二

保持充足的睡眠时间

钟南山：我建议：晚上睡觉前最好不要做很紧张的工作，这个非常重要。一般要停止工作起码半小时以上，才去睡觉。否则你情愿晚一点睡。实在睡不着的话我主张用一些安眠药，现在的安眠药副作用很小，偶尔需要时还是可以用的，它可以帮助人们睡一个好觉。

当全职太太究竟好不好

钟南山：我想有的人当全职太太很开心，但是有相当多的全职太太并不开心。特别是在中国，中国人一般男女都工作,有点像西欧地区。西欧国家做全职太太的人相对少一些。全职太太,自己的爱人特别忙,确实需要有一个支持,其实她要是帮助丈夫完成了某个任务,而且做得很好,她自己也会有成就感。一个成功人士的背后常常有一个贤内助,这个贤内助可以是男的也可以是女的。

我们国家一般都是一对夫妇生养一个孩子。我建议,在生养孩子的时候,最好是做全职太太。当孩子大一点之后,我还是主张太太出来做一点工作。自己对生活有一个目标,有一个方向,心情也会好一点。

注意养成科学的生活方式

在城市最佳实践区内诠释的健康生活理念之三

钟南山:"养生明星"之所以红火,关键在于他们抓住了患者乃至健康人群的心理。这我觉得很正常。的确,现代医学有许多解决不了的问题,我们有很多生物现象和疾病原因现在还是未知数,所以患者才会去寻找其他治疗途径。另外,这也暴露了一个问题,我们在科学普及方面的工作做得还不够,像今天这样的科普讲座办得实在太少了。

我国在2002年、2008年分别对慢性病进行过两次统计,统计结果令人吃惊!肥胖超重人数由1.5亿人升至3亿人;Ⅱ型糖尿病患者则由2 000万人升至9 200万人。专家明确表示,80%的疾病是由于生活方式不健康而引发的,因此我们要注意平时养成科学的生活方式。养生究竟是什么,我认为就是"养神"和"养心"。

(嘉宾:白 波、杨志寅)

钟南山　MEETING OF MINDS
GO EXPO WITH ACADEMICIANS

关注"相约名人堂——与院士一起看世博"活动诠释的科技奥秘和世博精彩，从科学传播的视角聚焦世博主题。

在庆祝我们山东卫视建台 50 周年之际，我台《养生》栏目联合中国科协、中华医学会行为医学分会、济宁医学院等单位，在上海世博园公共参与馆举办了"相约世博，与院士一起谈健康"行为决定健康科普系列活动。

钟南山院士作的《最好的医生是自己》的主题演讲，针对性强，通俗易懂，彻底征服了现场的听众。他指出，人体健康有五大基石，分别是合理膳食、适量运动、戒烟限酒、心理平衡和早防早治。这 5 个方面通过我们自身的重视与坚持是完全可以做到的。当然，人类寿命的延长和生命质量的提高有赖于医学科学和技术整体水平的进步，许多疾病正在得到有效治疗或最终治愈。但是，我们在享受医学进步的同时，在环境污染严重、工作和生活节奏加快的今天，我们需要记住，"最好的医生是你自己"。

（来源：山东卫视《早新闻》 2010 年 9 月 16 日）

世博园内展示未来城市绿化的发展

相约名人堂
与院士一起看世博

院士风采

张伯礼，中国工程院院士。天津中医药大学校长，国家重点学科中医内科学科带头人，中国中西医结合学会副会长，中华中医药学会副会长。担任《中国中西医结合杂志》、《中国中药杂志》等20余个国家级核心期刊的副主编、编委。2005年当选为中国工程院院士。

张伯礼院士长期从事中医心脑血管疾病和中医药基础研究，对防治冠心病、心绞痛、慢性心衰、中风、痴呆、高黏滞血症及高脂血症等有丰富经验，并研制出了系列方药，取得了突出疗效。主持血管性痴呆系统研究，主持制定了VD证类分型标准和按平台、波动及下滑三期诊治方案；采用益肾化浊法，治疗VD 360例，显效率39.3%；创立脑脊液药理学方法，揭示了中药对神经细胞保护的作用机制，获国家科技进步二等奖。

张伯礼院士开展了中风病急性期常用治疗方法比较研究，建立了综合治疗方案，获部级科技进步奖一等奖。先后主持2个"973"计划项目："方剂关键科学问题研究"和"方剂配伍规律研究"，创建了以中药组分配伍研制现代方剂的新模式及配伍优选设计方法。张伯礼院士主持的"复方丹参方药效物质及作用机理研究"获国家科技进步奖二等奖。他多年来共获国家科技进步奖5项，授权专利20余项，发表论文200余篇，主编专著10余部。

MEETING OF MINDS
———— GO EXPO WITH ACADEMICIANS

张伯礼

中国工程院院士
张伯礼

中医药学维护健康，
健康让人民生活更
美好！

张伯礼
2010.9.7

睿智之光

了解自己身体的健康状况,建立一套个体化的防治方案,重视自我保健,学会和保持健康的生活方式。如果我们每一个人都能做到上述这些,将大大降低发病率。

发展人的自我健康能力
——张伯礼院士谈如何提高自我保健意识

东汉名医张仲景讲过这么一句话:"怪当今居世之士,曾不留神医药……但竞逐荣势,企踵权豪,孜孜汲汲,惟名利是务;崇饰其末,忽弃其本,华其外而淬其内。皮之不存,毛将焉附?"

"卒然遭邪风之气,婴非常之疾,患及祸至,而方振栗;降志屈节,钦望巫祝,告穷归天,束手受败……举世昏迷,莫能觉悟,不惜其命,若是轻生,彼何荣势之云哉?"

身体是革命的本钱

1800年后的今天,重温这些话,仍很有现实意义。他实际上提出了一个健康为本的道理。身体是革命的本钱,是知识、财富的载体,是一个人为社会、为事业、为家庭所起作用的基础。

张伯礼

千百年来不衰的话题，说来易，做起来难！面对现实状况如何争取健康呢？"往者不可谏，来者犹可追"，不管身体还算健康之人，还是病残之躯，总是还有机会重视今天，把握未来，做自己健康的主人。

医学目的是随着人类历史的发展而变化的。早期医学是简单地以减轻痛苦和挽救生命为目的；近代医学将治病救人、延长生命定为主要目的；而如今，发现和发展人的自我健康能力才是现代医学的目的。

有数据统计显示，我国人口死因的构成排首位的是慢性非传染性疾病，这主要是生活方式引起的疾病。过去人们认为，只要没病就是健康，现在世界卫生组织（WHO）提出健康要具备十条标准：精力充沛，能从容不迫地应付日常生活和工作的压力而不感到过分紧张；处世乐观，态度积极，乐于承担责任，事无巨细不挑剔；善于休息，睡眠良好；应变能力强，能适应环境的各种变化；能够抵抗一般性感冒和传染病；体重得当，身材均匀，站立时头、肩、臂位置协调；眼睛明亮，反应敏锐，眼睑不发炎；牙齿清洁，无空洞，无痛感，齿龈颜色正常不出血；头发有光泽，无头屑；肌肉、皮肤富有弹性，走路轻松有力。

建立个体化的防治方案

自我保健最关键的有4点：要了解自己身体目前的健康状况；建立一套个体化的防治方案；重视自我保健的作用；建立和坚持健康的生活方式。

要了解自己身体目前的健康状况 实际上很多人对于自己的身体状况并不了解，1991年全国对94万人开展的高血压抽样调查及卫生知识水平初步分析显示：仅有53%的人测过血压、44%的人知道自己血压水平，患有冠心病、糖尿病却不知晓者为数更多。尽管已过去了十几年，而这些比例并无太大变化。因此，我们要通过检查身体和咨询，明确自己是大致健康还是有病、有什么病、哪一种是主要

法国馆内水晶球与高科技光影技术

疾病、哪一种是有危险的疾病、疾病轻重程度怎么样等等。

建立一套个体化的防治方案 明白自身的身体状况后，应该在医生指导下，建立一套符合自己具体情况的、有针对性的个体化防治方案，其中包括该病防治的一般原则和要求；有符合自己病情的药物种类、剂量以及几种药物合理联合使用；更包括针对个人饮食嗜好、生活运动、性格情绪等特点而制定的综合防治措施。例如高血压病防治方案既要遵照一般治疗原则即终生治疗、阶梯治疗、综合治疗，又要结合个人具体情况来决定服用哪类降压药、用几种、每天服用几次、每次剂量多少等等，更要有针对性地忌烟戒酒、限制摄盐、减轻体重、保证睡眠、控制情绪。

医学知识是科学的，但它是群体特征的总结，不一定都反映每个人的病症；治病的药物是有效的，但它是针对疾病共性而研制的，不一定都适合每个人的病症；医生是负责任的，但他很难深入每个人的生活和内心世界，往往会得出偏倚的印象。因此，世界卫生组织指出：21世纪最佳的医疗模式是个体化治疗，这是符合个人治疗的健康模式。

重视自我保健的作用 自我保健的要点总结一下，则是：有主动参与精神，相信别人更要相信自己，要随时注意身体的异常变化，要果断地抛弃不良生活嗜好和不良情绪困扰；要有战胜疾病的信心，不要盲目乐观，也不要悲观。

张伯礼　MEETING OF MINDS
GO EXPO WITH ACADEMICIANS

自我保健也要理智和成熟，也就是说医生的话要听，但不迷信；药品要用，但要知道它的两面性；运动要做，但要因人而异，量力而行；广告宣传可以看，但要挤掉中间的"水分"。

建立和坚持健康的生活方式　美国及欧洲地区在20世纪50～60年代，因心血管疾病导致的死亡率逐年上升，而70年代以来，则稳步下降，现在已下降了50%。究其原因是他们在60年代末开始提倡健康生活方式并开展健康教育。科学研究表明，健康的生活方式可以使高血压发病率减少55%，中风和心肌梗死发病率减少50%，肿瘤发病率减少30%。

健康的生活方式

世界卫生组织提出健康的生活方式有4条：合理膳食、适量运动、戒烟限酒、心理平衡。

合理膳食的原则是粗细搭配，不甜不咸，三四五顿，七八分饱。科学建议每日膳食应包括主食250克，蔬菜500克，蛋白3份（奶1袋、肉50克、蛋1个、鱼虾100克、鸡鸭肉100克、豆腐100克，任取其三），水6～8杯。

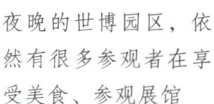

夜晚的世博园区，依然有很多参观者在享受美食、参观展馆

相约名人堂
与院士一起看世博

盛装的游行队伍,吸引了不少参观的游客

最好的运动是步行,每天步行时间要超过30分钟,一周起码5次。整个过程要循序渐进,持之以恒。

谁拥有快乐,谁就拥有健康。不良情绪包括:悲、怒、喜、忧、惊、恐;郁闷、忧虑、惧怕、贪求、嫉妒、憎恨。这些不良情绪如果长期困扰着一个人,那就是最大的毒素,会对人体造成最大的伤害。所以保持平静、安宁、愉快的心态,足以抵消其他不利因素。

心理健康的标准是什么?良好的个性、稳重的处世能力、和谐的人际关系。每个人都应该心地善良、为人谦和、乐观处世、正直无私、喜怒有度、情绪稳定。要有明确的生活目的,较强的自控能力。

面对生活和工作中的困难,要有充分的心理准备,同时要有较强的适应能力。和谐的人际关系应该是包容宽恕、严以律己、助人为乐、与人为善。

人如果每天处在焦虑、不平衡的状态,身体会释放出很多不良的激素,这些都是损害人体健康的。相反,如果每天都是心情很舒畅,有成就感,经常为别人服务并得到别人的感激,你的身体里就会释放出很多有益的激素,所以我们说和谐的人际关系也是健康的基础。

健康的生活方式是文明的标志,自我保健的意识是人群素质的反映。我建议:无论现代化的医院有多好的医生,我们最好不要麻烦他,可以和医生交朋友,但是不要寄全部希望于医生可以救你。医生和患者,大家都应该学一些知识,运用到自己的保健中去,力争不花钱,却获益最大。

张伯礼 MEETING OF MINDS
GO EXPO WITH ACADEMICIANS

对话院士

做健康的主人

积极地预防疾病是健康长寿的好方法

张伯礼：医生和患者的关系，我觉得应该是朋友关系。一名好的医生，应该关心患者，让患者能够少找医生。让人不得病的医生才是好医生，让人不得病的医学才是好医学。很多的疾病，从发生、发展到最后严重的过程也许需要几十年。比如糖尿病，我们都知道得糖尿病几年以后会出现并发症。所以我总是对糖尿病患者讲，除了积极地控制血糖，并在饮食上特别注意外，还要加服一些药，要注

院士与嘉宾对话

重控制糖尿病的并发症。对于患者来说，应该自己知道要吃一些药来预防并发症。有的患者很痛苦，说："我得了糖尿病，我按时吃药，但是眼睛怎么出血了呢？"他觉得很不理解。其实他在5年前就应该知道预防了。血糖高不可怕，可怕的是并发症。所以糖尿病患者一要严格地控制血糖；二要经常做检查，看看血糖是不是稳定。同时，还要注意查一下胰岛的功能，加一些活血的药。如果不愿意吃中药的话吃西药也行，可以预防一些血管病变的出现。糖尿病患者最后会出现微血管病变。高血压患者也是如此，有的患者血压上午最高，有的患者下午最高，这就要改变服药的时间和药物的品种，做到提前服药，让血压不升高。如果要等血压高了以后再让它降下来，还不如提前吃药让它不高更好。这些都是积极预防的理念。

个体化治疗的新概念

张伯礼：其实个体化的治疗，世界卫生组织在20世纪末就认为是一种比较理想的治疗方式，当然它的理论基础是基因学。我希望100年以后，能够研制出一种适合我自己的药，就叫张伯礼药，别人都不能用。根据每个人的基因图谱研制的药，这个才是真正的个体化治疗的药。但是，这个药要假以时日才有可能研制出来。

目前，我们就是根据患者的实际状况和各种因素加在一起考虑治疗方案的。实际上，个体化治疗早在2 000年以前就有一名中国医生提出来了。他叫张仲景，他建议要辨证论治，每个人一

澳大利亚馆内的走道上悬挂的吊灯式屏幕

张方子,这就是个体化治疗。我们现在个体化治疗是指个体化治疗的方案,不是吃什么药,而是吃几类药,要注意运动,要注意配合,要注意整体的预防,这个才叫个体化治疗。这是一个方案,不是药。刚才我们讲高血压,治疗高血压的药种类很多,但是你适合哪一类?这个一般患者不知道。医生要对患者做一些检查,然后进行选择。同时,给药还要注意开始就用一种药,最轻的,以后慢慢再加一种,不行以后再加,是慢慢地加,不是上来就加,加到后来不是停在那儿,还可以减回去。高血压患者需要终身治疗。

膏方的正确食用方法

张伯礼:"文化大革命"以后,膏方始于广东、香港那一带。这十几年来,上海也开始流行。这是非常好的一种保健方式。人体之所以得病,按照中医讲是阴阳失衡、气血失调。所以我们通过调节阴阳,让人体取得一个新的平衡,人体就会维护健康,人体就能不得病。

亚健康状态,是阴阳失衡的外在表现。这种状态,用中药来调理很有必要。

有人问,膏方什么时候吃?冬天吃。膏方需要吃多少时间?一般最少要吃两个月才能达到效果,不用太大的量。中药的很多药效作用都很小,但是它的靶点很广,涉及面很广。所以我们说,很多中药是弱效应的整合,但是要假以时日。

中药材的生长受到环境因素的影响

张伯礼:中药材受气候、土壤条件的影响很大。那么古代的药材与现在的药材一样吗?前几天我正好去农业展览馆看了一个展览。目前,我们发现了600年前的稻谷。科学家把600年前的稻谷拿来与现在的稻谷进行比较发现,里面的各种碳水化合物、矿物质基本相近。从中药的角度来看，只要维持生态条件的、野生的药材基本上与以前没有多大的区别。古代的人参和现代的人参，只要不是人工种植的，基本是一样的。

我2009年去山东临沂，那里山上种的都是金银花。我问当地农民那么多的金银花用什么来浇水？他们说没有浇水，也没有施肥，就靠它自己长。这种金银花质量非常好。所以凡是野生的中药，而且是生长在恶劣环境中的药都是比较好的药。为什么药在东北、西藏都很好？因为那里环境条件恶劣。因为药在这种恶劣的环境中生存，自身要分泌很多抗恶劣环境的物质，而这种物质往往是活性很强的物质。

现在的问题是野生的药材越来越少了，人工栽培的药材越来越多了。人工栽培的这种药是不是能够保证质量？这是我们研究的重点。现在，政府要求我们去全国做中药资源普查，究竟野生的药有多少？人工栽培的药又有多少？要调查清楚。

20世纪70年代，我们做过一个课题。西洋参是生长在高寒地区的，而我们现在在东北种、北京种，甚至在山东、湖南、海南都种。结果发现，越热的地区这种西洋参的有效成分就越低。我认为，如果人工培育，每种药材都要在适宜的地区按照规范来栽培。

（嘉宾：王文健）

世博园区内的绿化

张伯礼　MEETING OF MINDS
GO EXPO WITH ACADEMICIANS

视　点

关注"相约名人堂——与院士一起看世博"活动诠释的科技奥秘和世博精彩，从科学传播的视角聚焦世博主题。

中国工程院院士、天津中医药大学校长张伯礼做客世博园公众参与馆，并与游客们交流了在中西医结合背景下"如何做健康的主人"这一话题。

张伯礼首先告诉大家，自我保健最关键的，就是要了解自己身体目前的健康状况，建立一套个体化的防治方案，重视自我保健的作用，建立和坚持健康的生活方式。

张伯礼认为在医生的指导下，每个人都应该有一套符合自己具体情况的、有针对性的个体化防治方案。"医学知识是科学的，但是它是群体特征的总结，治病的药物是有效的，但是是针对共性研制的，不一定适合每个人的病症。"

张伯礼告诉大家，世界卫生组织提出来的健康的生活方式有4条：合理膳食、适量运动、戒烟限酒、心理平衡。

夜色中，明亮的中国航空馆外形

健康的生活方式是文明的标志，自我保健的意识是人群素质的反映。张伯礼最后建议说："无论现代化的医院有多么好的医生，我们最好是不去麻烦他，可以和医生交朋友，但是不要寄希望于医生来救你。医生和患者，大家互相学一些知识，运用到自己的保健中去，不花钱，收益最大。"

（来源：东方网　2010年9月8日）

相约名人堂
与院士一起看世博

院士风采

　　王陇德，中国工程院院士。1969年毕业于兰州医学院医疗系；1982年毕业于中国医学科学院，获医学硕士学位。历任甘肃省卫生厅副处长、副厅长和厅长，国家卫生部副部长。2009年当选为中国工程院院士。

　　王陇德院士长期在公共卫生领域从事行政管理、流行病学和公众健康促进专业研究工作。提出并领导组建了全国医疗机构传染病和突发公共卫生事件网络直报系统，提高了我国传染病控制工作的质量和水平，有效应对了近年发生的传染病突发公共卫生事件。提出了以控制传染源为主的血吸虫病控制新策略，并组织试点对解决我国湖区血吸虫病反复感染、无法彻底控制的难题进行研究，取得很显著的成效，已在全国推广。王陇德院士还推进慢性病防控策略向"预防为主"转移，提出并组织实施了全国"脑卒中筛查及防控工程"。发表学术论文100余篇，主编多部专著。

　　王陇德院士曾获国家科技进步奖二等奖，中华预防医学会科技奖一等奖、二等奖。2007年，因其在中国艾滋病和结核病控制领域作出的突出贡献，获得了联合国艾滋病规划署颁发的"应对艾滋病杰出领导和持续贡献"奖以及世界卫生组织颁发的结核病控制"高川"奖。

王陇德　MEETING OF MINDS
GO EXPO WITH ACADEMICIANS

中国工程院院士
王陇德

传播保健科普知识
造福人民大众
庚寅秋月
王陇德

相约名人堂
与院士一起看世博

睿智之光

科学养生食谱：每天至少吃四个网球大小量的蔬菜、吃不超过一个网球大小量的肉，每天吃一顿全素菜、吃一顿杂粮，喝500克牛奶，吃一个鸡蛋，以及少量坚果；人体需要多种营养，不同的水果要交替吃……

健康掌握在自己手里
——王陇德院士谈科学的养生之道

慢性非遗传性疾病现在已经成为影响国民健康的主要因素。卫生部2008年做的全国调查显示，慢性非遗传性疾病的患病率已经达到20%，这其中，还不包括没有得到医生明确诊断的慢性非遗传性疾病。

慢性非遗传性疾病，预防更重要

2000～2010年，我国平均每年新增慢性非遗传性疾病病例近1000万人，其中，高血压和糖尿病的病例数增加了两倍，心脏病和恶性肿瘤的病例数增加了近一倍。

2005年，慢性非遗传性疾病（不包括伤害及中毒）诊疗费用已达6188亿元，占总诊疗费用的63.5%。据世界卫生组织估计，我国从2005～2015年，仅仅因为心脏病、糖尿病和脑卒中，损失就将会达到5580亿美元。从这个数字来看，这3种病的年均治疗费用，相当于2005年总卫生费用的45%。

从预防来看，慢性非遗传性疾病的预防显得尤为重要。因为慢性非遗传性疾病靠现在的医学水平是不可能治愈的，只能缓解症状，延缓其发展。而且，国际社会的研究也表明，通过生活方式的调整，可以预防80%的冠心病、90%的Ⅱ型糖尿病、55%的高血压和三分之一的肿瘤，所以预防显得更加重要。

有段时间，张悟本的点击率很高。尽管他后来被证实并没有行医资格。张悟本事件的发生，有几个基础：第一，我国国民的健康素养状况不容乐观；第二，政府并没有占领健康教育的市场，把科学知识教给百姓；第三，医务人员本身没有把这项工作作为主要任务来实施，我国的医学教育里，对于科学保健知识也涉及得很少；第四，因为这些重点的慢性非遗传性疾病目前还不能被治愈，患者就出现"病急乱投医"的现象。

正常范围内尽可能地瘦

合理膳食最重要的就是要把握好摄入量和消耗量的平衡。世界癌症研究基金会和美国癌症研究所集中了全球21位在营养和癌症研究领域非常有造诣的专家，花了5年时间，把全球在这方面研究发表的文献整体研究了一遍，最后提出了8点建议，第一条就与体重有关：正常范围内尽可能地瘦。

世界卫生组织提出的解决营养问题的第一原则就是吃杂食，什么都吃一点，什么都不要多吃。

我曾发表过一篇文章《中国人需要一场膳食革命》，提出了8字方针，就是"调整，维持，控制，增加"，它的主要内涵如下所述。

调整　先吃水果后吃饭。不过，中医讲的虚寒体质的人，老人、儿童、妇女一般不是太适应饭前吃，这类人最好在

在中国船舶馆内展示的海上蔬菜种植基地模型

两顿饭之间吃。另外,像山楂、柿子,不可以在饭前吃。

维持　维持我们好的生活习惯,维持高纤维素摄入,维持食物多样化,水果、蔬菜都是高纤维素。植物纤维素本身不被吸收,所以不含任何热量,还可以调节肠道功能。

控制　控制肉、油、盐,这3种东西都跟慢性非遗传性疾病直接相关的,必须控制。

增加　增加水果、奶、谷物和薯类。

我总结了自己十多年的探索,有这么几句话:

"先吃水果后吃饭,每天一顿全素餐,一斤奶、一个蛋、三个(种)果,限盐少油多蔬菜,粗粮细粮交替吃,合理膳食保健康。"

这些食物,应该怎样直观地来把握?比如自助餐的8寸盘,从总量讲,中等身材的人平平拿一盘,基本上那一顿的热量就差不多了,其中,肉最多不要超过四分之一。

美国科学家对40岁以上中年人提出了把握膳食结构与数量的"10个网球"原则,很直观:不超过一个网球大小的肉类;相当于2个网球大小的主食;保证3个网球大小的水果;不少于4个网球大小的蔬菜。

最常见的养生误区

误区一　鸡蛋里含有大量胆固醇,中老年人不宜食用。我曾经碰到一个公务员,他16年里没吃过一个蛋黄。因为他检查出来血脂高,医生告诉他,蛋黄里胆固醇高,尽量少吃。

这个观点其实不正确。胆固醇是生物膜的重要组成部分，也是合成肾上腺素、性激素的主要原料，它甚至参与维生素D的合成。

什么是生物膜？我们血液中的红血球最外面的这层包膜就是生物膜。我们人体里大概有25万亿个红血球，每天要更新0.8%，也就是说每天有2 000亿个红细胞要死亡重生，这就需要大量的胆固醇构成红细胞膜；同样，性激素，很多中老年人都分泌不足，如果原料再不足，那它的合成就更有问题了。

胆固醇都是我们吃进去的吗？体内的胆固醇主要有内源性和外源性两种。80%的胆固醇，是内源性的，是肝脏自己合成的，而食物中胆固醇的吸收，主要取决于膳食中所含的脂肪含量——猪肉含脂肪比率最高，其次是鸭肉，而虾肉、鱼肉等白肉的脂肪含量比较少，所以我们要少吃红肉、多吃白肉，通过控制食物中的脂肪含量，限制食物里胆固醇的吸收。

蛋黄不是仅仅只含有胆固醇，它还含有大量人体必需的营养素，如优质蛋白、多种维生素、微量元素，还含有重要生理功能的卵磷脂。卵磷脂是帮助神经系统发育和维持它的功能的，它可以维持记忆力、分析思维能力。这些

加拿大馆的外墙设计似一片片枫叶的造型

重要的营养素，大部分在蛋黄中。

误区二 水果是零食，可吃可不吃。中国人非常不喜欢吃水果，特别是男同胞、吸烟的人，大多都不喜欢吃水果。

1980年我去美国学习时，美国癌症协会刚做了一个对100万人追踪观察10年的健康调查材料，我用这份材料分析进食水果与肺癌死亡的危险度。结果发现，吃水果每周5天以上和每周2天以下或者不吃水果的人群相比，常吃水果的人具有很低的肺癌死亡率。

水果中含有非常好的对健康有益的成分，比如大量的可溶性的维生素，所以，我们要改变饮食习惯，一定要增加水果的摄入。

吸烟患者最好尽快戒烟，如果暂时戒不了，就尽量多吃水果，降低发病危险。

误区三 植物油多吃无妨。中国人有个习惯，炒菜油少了不香；而且很多人认为，植物油多含不饱和脂肪酸，不会加重动脉硬化，多吃无妨。

其实，人体内的糖类、脂肪、蛋白质是互相转化的，如果摄入热能过多，就会转化成脂肪储存起来。

植物油每100克含有约3 766千焦热能，动物油也是含热能的，从热能的角度讲这两者没区别。而且，植物油的热能是同等重量猪肉的2倍，热能非常高。

中国营养学会推荐，每个人每天摄入的植物油的合理量应该是25克，事实上，现在全国每天人均摄入44克，而北京市的居民每天平均摄入植物油高达83克。

要把北京居民多摄入的植物油完全消耗掉，需要慢跑一个小时或者快走1.5小时，其实很少有人有这么多的运动量，所以这些油就给增肥作了很多"贡献"。

误区四 爬山是中老年人最好的锻炼。很多中老年人很喜欢爬山，认为爬山对人体很有好处。

其实中国有句俗话"人老先老腿"，很多老年人行动不方便主要是大关节、膝关节出了问题。据我们调查，55岁以上的人，85%有一个或者多个骨关节退行性病变。

登山或者爬楼时，关节有一个从屈曲到伸直的过程，单关节的负重是身体重量的3～5倍，对关节损伤很大，加上很多人又有关节退行性变化，过度负重活动会加速其退化和磨损，出现关节疼痛的症状。

误区五 "闻鸡起舞"。早晨锻炼，对中老年人好不好呢？

首先，凌晨地面废气不易排走，早上6点钟左右是空气最不好的时候，加上植物在夜里和人一样，吸入氧气，呼出二氧化碳，所以，早晨空气中含氧量相对较少，特别是在树林里。

其二，很多老年人的心血管都有一定的硬化或者斑块，而冬天、初春、深秋的早晨比较冷，冷风的直接刺激会造成血管痉挛，很容易发生心脑血管突发事件。北京曾调查过10年的脑卒中情况，结果发现，每年1月份的发病率比7月份高40%，明显就是气温的影响。

其三，人一夜没有喝水，早上的血液是比较黏稠的，而且早晨也是血压最高的时段，所以，医生们常把早晨比喻成"魔鬼时间"。临床统计显示，早晨是心肌梗死的高发期，尤其是早晨6～9点钟，心肌梗死的发生率是最高的。

所以，"闻鸡起舞"对中老年人不合适。下午4～5点钟，外界的气温，以及我们肌体内部的状况都最适宜于锻炼。

对于上班族来说，另一个比较好的锻炼时段就是晚上9～10点钟。

对话院士

慢性非遗传性疾病的防治

慢性非遗传性疾病在中国的发展速度惊人

王陇德：拿卫生部部长陈竺的话来讲，如果现在慢性非遗传性疾病流行的状况不改变的话，30年之内，中国的慢性非遗传性疾病就会发生"井喷"现象，这说明我国对慢性非遗传性疾病的预防已刻不容缓。

我们存在的主要问题有这么几个方面：首先，需要进一步加强政府的重视。以往一些政府官员认为慢性非遗传性疾病影响的是某一个人，不是政府的事情。所以对于健

院士与嘉宾对话

王 陇 德　MEETING OF MINDS
GO EXPO WITH ACADEMICIANS

沙特阿拉伯馆内展示
的现代城市生活

康教育、健康知识宣传方面政府给予的投入和支持力度是不够的。这就是造成国民健康素养低下的一个非常主要的原因。其次，就是对于科学健康知识的传播这方面的管理认识不足。应该说，科普，首先要强调科学性，不能什么都普及。但是我们现在对市场的管理非常不严格，什么人都可以去宣传。其三，是我们医务人员本身的保健知识也很贫乏，造成了要么不讲，要么讲的是错误的事实。这个问题在《2020健康战略》里已经明确提到。卫生部要设立一个专项，首先给医务人员传授这方面的知识，特别是临床大夫。同时，我们还要强调向社会广泛宣传一种观念，就是"健康是掌握在您自己手里的"。大家一定要树立健康的观念。

慢性非遗传性疾病必须及早防治

王陇德：中国有一句俗话："冰冻三尺，非一日之寒"。慢性非遗传性疾病的发生，在我们体内不是一天就形成的，它有一个缓慢的发病过程，许许多多的慢性非遗传性疾病从我们中年甚至青年时期就已经开始了。关于健康的四大基石，没有区分年龄段。像骨质疏松，我们年轻的时候，如果在膳食和锻炼等方面多加注意,你的骨量的分值就比较高,你在中老年阶段钙的排出就会低、慢。另外,现在这些慢性非遗传性疾病的发病已趋年轻化,比方说北京有家医院,是一个专治心血管疾病的专科医院,现在就诊的患者里,45岁左右的中年人占了60%。在那里,因心脏疾病而猝死的最年轻的患者只有33岁。因此,我们中青年人绝不要认为慢性非遗传性疾病是老年人的"专利",我还有一点本钱,还可以多"晃"几年。我们一定要改变这个意识,及早地防治慢性非遗传性疾病,这样,对我国国民的危害才会有很大幅度的下降。

夜晚,在世博大道上游行的花车

每人每天要吃一个鸡蛋

王陇德:刚才,我说了吃鸡蛋的重要性。我建议,每人每天一定要吃一个鸡蛋。鸡蛋蛋黄里胆固醇确实比较高,一个鸡蛋大概含有200毫克胆固醇。而我们现在推荐的胆固醇摄入量是每天300毫克,所以吃多了,肯定胆固醇超标;但是,控制好吃鸡蛋的量,对身体一定是有利的。

我们有一部分人,他的遗传作用比较强。但是,遗传的作用在保健里仅仅占15%左右。大多数人还是要遵循普遍规律,而且这些规律是在大量数据统计的基础上逐步形成的,因此我们才能向社会推荐。个体的现象是存在的,但是不能代替一般规律,不能以个体现象来指导我们的群众。

(嘉宾:杨志寅、白 波)

王陇德　MEETING OF MINDS
GO EXPO WITH ACADEMICIANS

视　点

关注"相约名人堂——与院士一起看世博"活动诠释的科技奥秘和世博精彩，从科学传播的视角聚焦世博主题。

上海世博会每天吸引着几十万人参观，真可谓老少咸集。园中更是美食纷呈，精彩节目不断，令人流连忘返。刚经历夏季高温，秋风在带来凉爽之余，也带来更大的日夜温差。当中国工程院院士钟南山、王陇德、张伯礼等医学专家走进世博园时，都不约而同地提醒游客：在欣赏世博园中目不暇接的精彩之时，切莫忘了自己身体的承受底线。通过"相约名人堂——与院士一起看世博"讲坛，他们为公众带来许多中肯的保健建议。

人们对于如何"健康地吃"，还存在许多认识上的误区。比如，很多人不吃蛋黄，因为惧怕胆固醇。其实，胆固醇是生物膜的重要组成部分，每个细胞都用得到。同时，胆固醇还是合成某些激素的主要原料，对于中老年人的健康维持相当重要。尽管人体所需胆固醇大多由身体内部合成，但还需从食物中摄取20%左右。更有趣的是，胆固醇的吸收还与人体进食的脂肪有关，如果不摄入脂肪，吃下再多的胆固醇也不吸收。"一天吃一个鸡蛋，不会明显影响血液的胆固醇水平。"王陇德说，"倒是摄入脂肪含量高的肉类，如猪肉，会让人体吸收进更多的胆固醇。"

对于自带食物进世博园的游客，王陇德建议带一些不易腐烂变质的蔬菜、水果，尽量不要用鸡蛋、肉类填饱肚子。同时，在享用园区内的美味时，也注意不要吃得过于油腻，植物油与动物油一样，过量食用也会加重动脉硬化，"摄入83克植物油，至少得慢跑一小时才能消耗掉"。

（来源：《文汇报》 2010年9月25日）

相约名人堂
与院士一起看世博

院士风采

贺林，遗传生物学家，中国科学院院士。1996年起任中国科学院研究员，先后担任中国科学院上海生命科学中心（上海脑研究所）、上海生理研究所和营养科学研究所室主任；2000年起任上海交通大学教授、Bio-X研究院院长；2007年起担任复旦大学教授、生物医学研究院院长。2005年当选为中国科学院院士。

贺林院士揭开了第一例孟德尔常染色体遗传病，率先完成了A-1型短指（趾）症致病基因精确定位、克隆与突变检测，发现了IHH基因的3个点突变是致病的直接原因。发现了得到国际公认的世界上第一例以中国人姓氏"贺—赵缺陷症"命名的罕见的恒齿缺失的孟德尔常染色体显性遗传病，并成功地定位了该致病基因。

贺林院士建立了世界上最大的神经精神疾病样品库，利用这一样品库较系统地分析了COMT等50多个候选基因与精神分裂症间的关系，发现其中10个左右是中国人群精神分裂症的易感基因。证实了在汉族人群中APOE4是老年性痴呆的高危因子以及在血管性痴呆中也起了重要的作用，发现了APOE ε4是胎儿期因碘缺乏引起的智力缺陷的风险因子，在精神疾病的营养基因组学和药物基因组学研究方面取得了重要进展，证实了人出生前的营养缺乏会显著增加成年后精神分裂症的发病风险。

贺 林　MEETING OF MINDS
GO EXPO WITH ACADEMICIANS

中国科学院院士

贺　林

基因探秘

造福人类

贺林

2010.9.14

睿智之光

也许将来有一天，人们到医院看病或到药店买药，除了说明自己患了什么病需要什么药以外，还必须说明自己姓什么，然后将会得到一瓶贴有自己姓氏标签的药。

揭示生命的遗传规律
——贺林院士谈基因和人类基因组

生命究竟是什么？在我的概念中，生命就是一根"线"，当我们从线的这头走到那头的时候，我们就完成了整个生命过程。这条线虽然不是很长，但是想走完它也不是那么容易。高兴或者幸福感占这根线极少的部分，大部分时间充满了坎坷和艰辛。

基因学的诞生

我们人类的生、老、病、死实际上全部是由我们的基因决定的，或者说由基因组决定。DNA双螺旋运转了我们所有的基因信息。当我们出生的那一瞬间，已经决定了我们的生老病死。生命始终就是沿着这条线走，目前这条线看起来充其量在100年左右，但是能活到这个时间的真是寥寥无几。生命线的真正主导者是基因或者说基因组。

为了找到这个主宰生命的东西，人类经过了很多年的

贺 林

MEETING OF MINDS
GO EXPO WITH ACADEMICIANS

努力探索，却一直没有找到明确的结果，一直到1865年，孟德尔通过豌豆实验发现了生物遗传的基本规律。1856年，从维

节能减排、可持续发展的理念要融入现代都市人的生活当中去

也纳大学回到布鲁恩不久，孟德尔就开始了长达8年的豌豆实验。孟德尔首先从许多种子商那里，弄来了34个品种的豌豆，从中挑选出22个品种用于实验。它们都具有某种可以相互区

分的稳定性状，例如高茎或矮茎、圆粒或皱粒、灰色种皮或白色种皮等。

孟德尔通过人工培植这些豌豆，对不同代的豌豆的性状和数目进行细致入微的观察、计数和分析。经过8个寒暑的辛勤劳作，孟德尔发现了生物遗传的基本规律，并得到了相应的数学关系式。人们分别称他的发现为"孟德尔第一定律"和"孟德尔第二定律"，它们揭示了生物遗传奥秘的基本规律。但是他研究的内容在那个时代没有得到任何人的认可。1900年，3位学者在同一年的不同时间的同一本杂志上，分别发表了他们的发现，结果证明了孟德尔的发现，也就是著名的孟德尔工作的再发现。

1911年，摩尔根提出了"染色体遗传理论"。1925年，摩尔根在果蝇身上发现4对染色体，并鉴定了约100个不同基因。并且由交配试验而确定链锁的程度可以用来测量染色体上基因间的距离。摩尔根发现，代表生物遗传秘密的基因确实存在于生殖细胞的染色体上。

1953年，科学家沃森和克里克指出，遗传的基本物

151

越南馆内藤木结构的环保建筑材料与现代科技相结合

质——脱氧核糖核酸(DNA)具有一种微妙的双螺旋结构。这一重大发现为探讨遗传的化学基础开辟了一个新纪元,引起了生物学的一场伟大革命,其结果是在此后不久就完全阐明了遗传密码问题。由于这一伟大的科学成果,沃森和克里克获得了诺贝尔奖。

人类基因组研究至今派生出很多学科:技术开发、计算生物学、基因组学与社会学等。

疾病与基因有关

基因会给我们带来一些不必要的麻烦。恶性肿瘤、心血管病、脑血管病、糖尿病等被我们视为复杂疾病,它们其实都是由基因或者基因组决定的。更使我们吃惊的是,人类的精神疾病也是由基因决定的。我国的精神疾病患者超过总人口的2%,但由于其病因复杂,科学家一直没有确凿的定论,但大多数精神疾病都是基因突变造成的,换句话说,精神疾病患者的基因都是异于常人的。每个人都有

贺 林

一本属于自己的"基因天书",里面存储着海量的个人基因信息,它因人种等因素的不同而不同。

研究发现,大多数精神疾病患者都是与他的遗传背景有关,但不一定能在出生后马上发现。更糟糕的是,按目前的研究治疗水平,我们对于精神疾病是无法根治的。经过我们的研究发现,利用改变其基因的方式,可以治疗或预防精神疾病。比如,孕妇在怀孕期间,如果发现有家族精神疾病史,应及时抽取"羊水"进行基因检测,一旦发现有问题,孕妇则可以通过补充营养等方式,进行有针对性的预防,以减少其发病几率。

药物也可以有"百家姓"

刚才提到,疾病等都和基因的个性化有一定关系。个体的基因差异导致问题产生不一致性。如果我们仔细观察一下,就会发现在这个世界上绝对没有两个一模一样的人。因为他的父母把他们分开了,所以不会一模一样。同样,这个世界上也不会有两片一模一样的叶子,这就是世界的多样化。

灯火辉煌的大都市

我的同事生了一对双胞胎,我们很难辨认谁是谁,但他们父母就可以很准确地把他们认出来。有这样一句话:在这个世界上,没有一辆摩托车可以满足所有人的体重,也同样没有一双鞋可以满足所有大小的脚,也没有一种药品或食品可以适应所有的基因型。这就告诉了我们一个基

本原理,个性化有多么重要。

比如分子诊断,过去分子诊断非常简单,取样之后,显微镜一看,写一个结果便可。现在新的方法就完全不一样,所有的基因组学的方法全部用上了。了解了个人的具体情况可以使我们的诊断更好、更快、更便宜。

另外,随着现代医学的发展,传统的医药设计正在酝酿着一场根本性的革命,将从目前药物生产主要依据患病人群共性的设计思路,走向今后根据不同人群、甚至不同家族或个体的遗传特征来设计的新路,即医药个体化或医药家族化。

这一发展趋势目前已在世界范围内形成了一门新兴学科——药物基因组学,并引起了世界各国医学界的高度重视。欧洲的一些国家和美国等相应的管理机构已纷纷颁发文件,国际著名的大制药公司也竞相投入巨资,制定发展计划。10年前,我就提出了药物也有"百家姓"。

在日常生活中我们常常发现,患了同一种病的不同患

高架通道边的绿化

贺 林　MEETING OF MINDS
GO EXPO WITH ACADEMICIANS

者，吃了同一种药，疗效却往往并不相同。而大量的事实也证明，疾病的易感性有着明显的家族倾向。据一份调查表明，中国百家姓中的前100个姓氏覆盖了整个中国人口的87%。因此，传统的医药设计如果能根据不同家族或个体的遗传特征来设计，不仅能提高病患的治愈率，还能降低中国本土药品的个人开发成本。

个人可望拥有基因身份证

目前，可以进行基因检测的疾病涉及行为疾病、癌症、结缔组织疾病、内分泌疾病、泌尿生殖系统疾病、免疫系统疾病、生长发育疾病以及与血液、牙齿、眼睛、胃肠、心脏、肝脏等有关的疾病。目前的基因检测仍然只是初步阶段。

虽然现在有了全人类的基因组图谱，但是每个人的基因组仍有不同之处。由此科学家提出，能不能为每个人建立一张"基因身份证"。这样的身份证就如同指纹一样不会被复制、仿造和遗失，它具有唯一性、终身性、保密性、延展性、便捷性。今后，医生可以根据每个人的基因身份证进行个性化营养配方、个性化医药建议，并对疾病与寿命进行预测。

人类基因组约有30亿个碱基对，虽然测序成本一直在下降，但是测定一个人的全基因组图谱的成本仍然十分昂贵。诺贝尔奖获得者沃森认为，如果把成本降到1 000美元，将来也许会有更多的人能拥有自己的个人基因组图谱。

绿色植物"点缀"城市建筑

相约名人堂
与院士一起看世博

对话院士

基因探秘与医药个体化

医药个体化是发展趋势

贺林：药物"百家姓"也被称为医药个体化，目前在西方十分流行，几乎没有一家医药公司不在做这方面的研发工作。然而在中国，情况则完全相反。原因是由于中国制药业在这方面的观念和意识还跟不上，中国的制药业，一直跟在人家后面走。我希望再过10年，我们再在一起谈这个话题的时候，中国的药物"百家姓"会有所进展。

院士与嘉宾对话

贺林　MEETING OF MINDS
GO EXPO WITH ACADEMICIANS

中国制药业如何走出困境

贺林：前不久温家宝总理提到了七大新兴产业。这说明政府已经意识到它们的重要性，并且希望把它们做好。很多事情往往是在"怎么样做好"这个环节上没有把握住，最后导致资金浪费了，却什么也没有落实。做一个规划，一定要严谨，要仔细考虑周全，才能把这一"拳"打出去，不能乱打。我在想，我们首先要总结过去60年走过的路，为什么到现在为止，中国的制药业还这么弱？中国全部医药产值加在一起比不过国外一家公司的产值。这么一大笔资金投下去，怎么样用好它？这才是关键所在。

精神疾病患者的遗传及其相关性

贺林：中国的精神疾病患者很多，而且状况不是很好。1996年我回国的时候，在中国不仅精神疾病患者受到歧视，而且精神科大夫同样受到歧视。于是，我就开始做一些事了，到处"摇旗呐喊"，呼吁政府应该重视精神疾病的卫生工作。经过这些年的"叫喊"，还挺管用的。从我们的角度来说，主要研究遗传及其相关性，当然还有环境跟它的关系。我们有一个很著名的研究项目，即研究"三年自然灾害"的例子。结果发现，在那个时候受孕并出生的孩子，长大成人后，其精神分裂症的患病率是其他时期出生孩子的一倍多。这就证明了环境因素对精神疾病的影响。最近我们正在进一步研究，经过全基因组的关联分析，首先看清究竟在整个基因组中哪些基因出了问题，然后在这个基础上往下继续做研究，就会有很好的进展。

（嘉宾：姚诗煌、秦胜营、张发明）

德国馆内展示的人类文化发展的"纪录者"、"传承者"——书籍

相约名人堂
与院士一起看世博

视点

关注"相约名人堂——与院士一起看世博"活动诠释的科技奥秘和世博精彩，从科学传播的视角聚焦世博主题。

中国船舶馆内展示的
海上风能发电模型

2010年9月14日，上海交通大学Bio-X研究院贺林院士应邀在世博园公众参与馆参加了由中共上海市委宣传部、上海市科委、上海市科协主办，太仓市委、市政府等单位协办的"相约名人堂——与院士一起看世博"活动。在活动中，贺林院士作了"基因探秘，造福人类"的主题演讲。他用翔实的例子和生动的比喻讲述了基因及基因组的研究历史，提出了合理使用基因技术造福人类的设想。演讲结束时，他在屏幕上写下了"基因探秘，造福人类"的院士寄语。

在与观众的互动环节中，贺林院士深入浅出地回答了各类问题，强调了在"基因医学和基因营养"时代的健康问题的特殊性，特别指出了由于目前突出的医药和营养无序化状态所导致的麻烦和可能的解决方案，今后的基因身份证很可能会在健康的有序化管理方面发挥重要作用。

贺林院士表示，对于曾经出任上海申博科学形象大使，为上海申博成功出过一份力的他来说，今天的活动有着非常特别的意义。

（来源：上海交通大学新闻网　2010年9月14日）

贺 林　MEETING OF MINDS
GO EXPO WITH ACADEMICIANS

"也许将来有一天，人们到医院看病买药，除了说明自己患了什么病需要什么药，还必须说明自己姓什么，然后将得到一瓶贴有自己姓氏标签的药。"10 年前，中国科学院院士、遗传生物学家贺林就提出了药物也有"百家姓"。

贺林院士告诉记者，据一份调查表明，中国百家姓中的前 100 个姓氏覆盖了整个中国人口的 87%。因此，传统的医药设计如果能根据不同家族或个体的遗传特征来设计，不仅能提高病患的治愈率，还能降低中国本土药品的个人开发成本。

贺林院士说，"中国的医药行业一直走得不是那么理想，特别是中国的制药业，一直跟在人家屁股后面走。我希望再过 10 年，我们再在一起谈这个话题的时候，中国的药物'百家姓'会有所进展。"

（来源：东方网　2010 年 9 月 15 日）

夜幕中，高架通道上的伞篷七彩斑斓、如梦如幻

相约名人堂
与院士一起看世博

院士风采

谢礼立，中国工程院院士。1960年毕业于天津大学土木系；现任中国地震局工程力学研究所名誉所长、研究员、博士生导师和哈尔滨工业大学土木工程学院教授；中国地震工程联合会会长，国际地震工程学会副主席。1994年当选为中国工程院首批院士。

谢礼立院士一直从事地震工程与城市防灾研究，涉及强地震震动特征的观测、分析、模拟与应用，工程抗震设防标准，城市防震减灾能力及其评价和抗震设计规范的研究和编制。是中国强震观测与分析领域的奠基人之一。他主持的唐山三维场地影响台阵被国际同行推荐为国际试验台阵；由他主编的《建筑工程抗震性态设计通则（试用）》是我国第一部推荐性的设计标准。

1993～1998年，谢礼立院士主持国家自然科学基金会"八五"重大基金项目"城市与重大工程减灾基础研究"，并先后参加国家自然科学基金"九五"重大项目和国家基础研究规划项目。2000年曾被邀请为主持国家自然科学基金会"十五"优先支持领域研讨会的会议主席，2000年在第12届世界地震工程会议上被邀请作特约报告，2001年在中国召开的中美新世纪地震工程研讨会上和2002年在香港召开的国际现代建筑技术大会上作主题报告。

谢礼立 MEETING OF MINDS
GO EXPO WITH ACADEMICIANS

中国工程院院士

谢礼立

世博会给人们带来了新的理念、新的知识、新的生活方式。
祝上海世博会成功！

谢礼立
2010-09-17

相约名人堂
与院士一起看世博

睿智之光

2008年5月，我国汶川发生7.6级地震，死亡失踪人数88 000余人；2010年2月，智利发生8.8级地震，地震能量增大了16倍，死亡失踪者只有721人。2010年4月，我国青海玉树发生7.1级地震，人口3万的玉树县死亡人数超过2 000人；4个月后，新西兰发生7.2级地震，地表横向移动3.5米，30万人口的城市却无一人死亡。

安全了，生活才能更美好
——谢礼立院士谈土木工程的防灾减灾

上海世博会主题是"城市，让生活更美好"。我认为，只有安全了，生活才能更美好。如果我们的城市不安全，就算科技再发达、经济再繁荣，我们的美好生活也是很难兑现的。

人类远没有摆脱自然灾害的困扰

回首两年间，中华民族经历了汶川地震和玉树地震两次重大灾难，举国上下的每一颗中国心无不沉痛哀悼。中国是这样，外国同样如此：1985年11月13日，位于哥伦比亚托利马省的内瓦多德尔鲁伊斯火山两次爆发，大量的岩浆和石块吞没了火山周围的几个城镇，造成2.5万多人死亡。2006年8月29日，美国卡特里娜台风以每小时200千米的风速席卷而来，造成1386人伤亡，直接经济损失1250亿美元。2010年8月上旬，巴基斯坦连续暴雨引发巨型洪水灾害，巴基斯坦有五分之一的国土面积被洪水淹没，有2000万人（相当于巴基斯坦人口总数的九分之一）受到水灾不同程度的影响，死亡人数超过1500人。可以说自20世纪50年代以来，灾害损失呈直线上升的趋势，每10年伤亡人员即增加50%。这惊人的数字向世人宣告，灾害对人类的危害呈愈演愈烈之势。

意大利馆内展示的高科技跑车

灾害日益猖獗的主要原因

自然灾害对发展中国家造成的损失远大于发达国家，其人员死亡数为发达国家的100倍，损失的GDP则为发达国家的100～1000倍。自然灾害加剧的原因归纳起来主要有以下几点：第一，人口急剧增加，而且主要集中在发展中国家；第二，都市化趋势增长，人口加速密集，损失加剧；第三，新技术在发展，新兴工业在崛起，社会易损性在同步增加；第四，许多国家重发展，轻环保；第五，世界各国各部门间相互依赖性在不断增强；第六，在已发生过自然灾害的地方，时过境迁，灾害过后重蹈覆辙；第七，与贪污腐败，偷工减料密不可分。

有人会问，大家都在往城市化发展，为什么自然灾害对发展中国家造成的损失远大于发达国家呢？我们来做个比较。发达国家城市数量在增加，但城市人口密度不增加，而发展中国家是城市人口密度增加，城市数量不增加。发

卢浦大桥、南浦大桥桥面底下的LED照明装饰灯光

达国家老城规模不扩大，增加的是新城新设施，而发展中国家老城规模在扩大，设施相对在减少和变旧。发达国家城乡人口比例不增加，支持城市的力量不减少，而发展中国家城乡人口比例增加，支持城市的力量相对减少。发达国家城、乡和贫、富差别在缩小，而发展中国家则在拉大。发达国家基础设施不断在更新，而发展中国家的许多地区基础设施老化、超负荷运行。这些原因加起来，自然灾害对发展中国家造成的损失就会远大于发达国家了。

灾害是可以减轻和预防的

唐代医学家孙思邈说过：大医医未病之人，中医医欲病之人，下医医已病之人。这句话精辟地说明了预防为主的重要性。对于自然灾害也是如此。汶川大地震死亡失踪人数88 000余人；2010年2月，智利发生8.8级地震，地震能量增大了16倍，死亡失踪者只有721人。4月，青海玉树7.1级地震中，人口3万的玉树县死亡人数超过2 000人。4个月后，新西兰发生7.2级地震，地表横向移动3.5米，30万人口的城市却无一人死亡。同样是强震，造成的结果却有天壤之别，关键是如何预防灾害的发生。只要我们采取有效措施，我们的灾害损失是可以减轻的。

什么措施可以减轻灾害所造成的损失呢？只要我们能够真正地做到A、B、C，我们的灾害损失就可以减轻。A是防灾意识（Awareness），指在兴建城市、工程时就要考虑到潜在的自然灾害，如不可在有地层大裂缝的地方兴建城镇或各种基础设施。中国古代就有造屋避开迎风山坡的说法，这就是最原始的防灾意识。B 指灾前措施（Before the Event），如灾害预报、工程抗灾、防灾预案、避灾演练等。C 则指协调合作（Coordination & Cooperation），主要在灾难发生后，尽力挽回损失。

中国有全世界最完善的防震减灾法系、最强的地震管理体系、最大的防震减灾队伍和设施、世界上地震预报唯一的成功先例，震后恢复重建水平世界一流。既然有很好的条件，为什么交不出一份满意的答卷？人们要问，中国的减灾工作怎么啦？难道我们只会救援和重建？难道只会慰问和开追悼会？问题到底出在哪里？我认为，新中国成立60年来的最重要的教训是不能将最有效的防震减灾措施有效地做在下一次大地震发生之前，以致一次又一次地重复出现严重的生命财产的损失。

土木工程灾害是自然灾害的最大元凶

什么是最重要的措施？地震灾害是不可抵御的天灾还是人类完全可以掌控和避免的？引起损失的并非"老天爷"，而是人类自身——我们所建造的房屋、桥梁、设施，并未针对可能发生的潜在破坏性的自然现象采取适当的预防措施，以致在这些现象出现时失效，进而酿成损失和灾害，称为"土木工程灾害"。

土木工程给人类带来了无限的文明，也给人类带来了无限的灾难。国内外发生的地震无不证明，土木工程方法必然是防震减灾的最有效措施；汶川、玉树两次地震再次证明，地震灾害的主要属性是土木工程灾害。无论是地震、台风，或某些地质灾害，无不首先是破坏了土木工程设施，然后才肆虐于人类。土木工程灾害的主要机制是：不当的选址、不当的知识、不当的设计、不当的施工、采用不当的材料，导致土木工程不能抵御各种可能发生的载荷而失效乃至破坏，最终形成社会的灾害。因此，要改变观点，

高楼林立的现代大都市，如何防灾减灾是城市建设中的一个大问题

坚持预防为主，坚持采用土木工程的方法防灾，包括场地选择、场地安全性评价、抗震设计（包括概念设计）、合理施工、正确使用和维护、及时加固。

只要设计合理、施工得当，一个很普通的草房子或者砖木房子，也可以抵抗烈度为11的大地震。在汶川地震的极震区，一所农民建造的砖土瓦房经受住了11度的烈震，屹立在废墟中，房屋的主人只是在建造的时候非常认真，没有偷工减料。毛泽东曾说过"世界上怕就怕认真二字"，在"认真"面前，强震也无可奈何。相反，土木防灾不到位，即使是钢筋混凝土，也一样倒塌。

从土木工程防灾角度来看，无需地震预报。目前，科学家已经掌握了设计建筑"不倒房屋"的各种土木工程技术。有了这些技术，即使地震来临，也可能避免家毁人亡。

我认为，我们的防灾减灾工作最大教训是没有将"土木工程防灾"放在预防工作之首，要彻底解决减轻和预防地震灾害的问题，只能依靠土木工程的方法并辅之以其他灾前和灾后的防震减灾措施，同时要开展积极的灾害防御工作。安全和美好的生活是人类追求的最终目标，也是各国政府不可推卸的神圣责任。只有安全了，生活才能更美好！让我们共同努力，把我们的世界建设得更安全，更美好。

谢礼立　MEETING OF MINDS
GO EXPO WITH ACADEMICIANS

对话院士

减少自然灾害造成损失的有效措施

在世博园里，体验一次"地震"

谢礼立：地震发生的时候，你一定会感觉非常恐怖，身边的人会被抛起来。我经历过一次7.2级大地震，震完之后会使你心发慌，特别是你躺在床上，感觉更害怕。世博会的地震体验屋很逼真，当然人工模拟和真的还是有区别的，首先是环境有限；第二，地震来了以后，其实是各个方向都在运动，而体验屋还是比较简单一些。不过，经历过一次体验和没有经历过体验还是大不相同的，所以有这种设施非常好。这种设施很多国家都有，会让老百姓特

院士与嘉宾对话

相约名人堂
与院士一起看世博

别是学生去体验。这样的话,以后真正遭遇地震,就不会很慌张了。

大家知道,地震像一匹野马,如果你不会骑马,一下子就会被它掀翻。如果你的房子设计得非常好,不管发生多大的地震,只要房子能牢牢地抓住地表,就不会倒下来,它们始终是一个整体,这样的房子就是抗震的。

提高房屋的抗震能力

谢礼立:现有的房屋设计要多考虑承受竖向荷载。要想防震抗灾,得增加抵御横向荷载的设计,并采用不同的设计方法,增减不同的材料和截面,以抗御不同级别的地震。如此一来,势必增加建筑成本。一般来说,抗震烈度为 7 度的建筑造价要增加 8% ~ 9%;抗震烈度提升到 8 度,成本增加 15%。但这种成本投入,非常值。原因一是保证住户生命安全;二是增加房屋寿命,提升增值潜力。都市里的高层建筑投资都很高,因此至今世界上没有一栋 25 层以上的楼在地震中倒塌过。

改变观念,未雨绸缪

谢礼立:我们要从更广的视角来认识这个问题。首先,人们对地震的认识还很不够。现在说一个地区不会发生几级以上地震,是根据我们有限的知识判定的。过去判定唐山不会发生超过 6 度的地震,结果却发生了 11 度地震。所以我们人的认识有很多局限,不要以为上海不会发生大地震就觉得很安全。第二,上海的外滩有很多很漂亮的建筑,这些建筑的寿命和土地使用期早已超过了,但是没有人建议要把它们拆掉。如果我们的房子都能作为无价之宝保留下来,这就是非常值得骄傲的事情了。

谢礼立　MEETING OF MINDS
GO EXPO WITH ACADEMICIANS

老百姓如何了解住房的抗震能力

谢礼立：普通老百姓要买房子，怎么知道这房子抗震强还是不强？第一，请专业人员来帮你判断，最好请政府监督部门经过监察以后，公示出来，告诉老百姓这房子有没有进行抗震设计，能抗多少级地震。第二，如果装修当中随意改动房屋的结构，是一件很危险的事情。千万不要轻易地改动房屋里面的结构，非要改动的话，要请专业人员帮你详细地论证，并征得主管部门批准才能改动，否则就是违法的，也是不安全的。

加固、改造旧建筑，防患于未然

谢礼立：我们国家早就有抗震设计标准和规定。但是这里有一个实际问题，这个规定只适用于新建的建筑，至于一些建成的老建筑，这个规定就不起作用了。现在恰恰相反，地震发生以后造成的灾害，很多都是老的没有经过抗震设计的建筑。我建议，组织专业人员到每一个可能发生灾害危险的地方，对一栋一栋房子进行检测，对于确有

文莱馆将热带雨林作为入口处的主展项，展现文莱特有的自然环境

土木灾害隐患的房子应采取相应措施，及时加固或改造，防患于未然。

日本的防灾经验值得我们学习

城市多功能船舶码头

谢礼立：日本的经验，就是积极地防御。他们非常重视土木工程建设。20世纪60年代初期，日本的科学家推测在东京附近的东京湾要发生8级大地震。于是，日本政府就开始一直准备预防这次大地震的发生。政府官员问科学家，你说发生8级地震，什么时候发生？我们已经准备好了，每个细节都考虑好了，就等待地震的来临了。从这一点来看，日本非常值得我们学习。第一，他们把工作做在灾害发生之前，也就是地震之前。第二，他们采取了非常严格的措施，立了法，违法必究，绝对不允许有任何腐败和偷工减料的问题发生。而且，每个细节都考虑得很周全。概括他们的经验有两条：第一，走在灾害发生之前，做好预防工作。第二，立法严格，按照法律规定的制度执行，一丝不苟。任何国家和地区如果都像他们这么做了，都会收到成效的。

土木工程灾害导致地震中人员伤亡

谢礼立：如果做好准备工作，应该可以达到零伤亡，因为所有的伤亡都是由于土木工程灾害造成的，而不是地震造成的。地震不会直接造成人员的伤亡，人员伤亡都是房子震坏后造成的，房子盖好了，地方选好了，地震来了以后房子就不会坏，也不会有人员伤亡。

（嘉宾：许琦敏）

谢礼立

MEETING OF MINDS
GO EXPO WITH ACADEMICIANS

视 点

关注"相约名人堂——与院士一起看世博"活动诠释的科技奥秘和世博精彩，从科学传播的视角聚焦世博主题。

中国工程院院士、地震与防灾工程专家谢礼立做客"相约名人堂——与院士一起看世博"活动时表示，造成灾害损失的元凶不是地震，不是泥石流，不是滑坡，而是"土木工程灾害"。

此外，谢礼立表示，据一组统计的数据，自然灾害对发展中国家造成的损失远大于发达国家，"人员死亡数为发达国家的100倍，损失的GDP则为发达国家的100至1 000倍！"

谢礼立告诉记者，只要我们能够真正地做到A、B、C，自然灾害就可以减轻，即"Awareness——要有防灾意识；Before the Event——坚决贯彻预防为主的方针；Coordination 和 Cooperation——要协调和合作"。

（来源：东方网　2010年9月17日）

"各类土木工程，是地质、气象灾害的主要载体。大量人员伤亡、财产损失常常不是地震、泥石流、滑坡、海啸等造成的，而是不合理的土木工程建筑所为。"中国工程院院士、地震与防灾工程专家谢礼立日前做客世博园公众参与馆"相约名人堂——与院士一起看世博"时，揪出了各种灾害背后的真凶——不合格的土木工程。

（来源：《新民晚报》　2010年9月20日）

意大利馆内房顶上悬挂着的彩色艺术椅子

院士风采

阿兰·卡彭（Alain Carpentier），心血管外科和器官移植科专家，法兰西科学院院士。现任纽约大学Mount Sinai医学院教授，加利福尼亚大学Edwards生命科学研究中心科学顾问。曾任法国国家科研中心外科技术实验室研究员，巴黎六大心脏移植研究实验室主任，法国国民教育、科研和技术部医疗卫生委员会主席。

1965~1968年，阿兰·卡彭院士分别与J.P.Binet，Ch.Dubost等人先后合作完成首例人类心脏主动脉瓣膜异种移植手术、首例人类心脏二尖瓣异种移植手术、首例人类心脏瓣膜生物移植手术等多项用于心脏治疗的开创性手术，开辟出人类治疗心脏瓣膜疾病的新途径。

随后，阿兰·卡彭院士又探索出一系列新型心脏疾病治疗技术，如心房血管治疗新技术、心脏主动脉瘤剥离术、瓣膜生物补形术、心肌成形术、人造心室植入手术、冠状动脉搭桥术、利用桡骨动脉作心肌血运重建术、心脏动脉瘤剥离术、治疗与心肌血运重建新技术、电脑辅助开心外科手术等先进技术。著有《头部与颈部解剖学》、《Broussais医院心血管外科现状》、《心肌成形术》、《器官移植》、《心脏生物辅助治疗》、《瓣膜重建外科》等多部论著。

阿兰·卡彭　MEETING OF MINDS
GO EXPO WITH ACADEMICIANS

法兰西科学院院士
阿兰·卡彭

（阿兰·卡彭：中法友谊万岁。）

睿智之光

看过《屋顶上的轻骑兵》这部电影的人都知道,传染病在医疗并不发达的时期是非常致命的。如今,传染性疾病对人类的危害已不像从前那么严重了。但心血管疾病对人类健康的危害仍然非常致命。近年来,随着科学技术的发展,人类在心血管疾病诊疗方面已经取得了令人惊喜的成绩。

预防和治疗心脏疾病
——阿兰·卡彭院士谈科学技术的进步推动医疗技术的发展

众所周知,心脏是人体最重要的部分之一,它能促进人体的血液循环,就像泵一样。因此,我们必须高度重视心脏、心血管的健康。今天,我将告诉大家如何预防与治疗心脏疾病。

心脏如同一块"肌肉"

首先,我们来了解一下心脏的结构,它如同一块肌肉在不停地舒张和收缩。心脏的二尖瓣和三尖瓣可以确保心脏在舒张的时候让血液流入,收缩的时候将血液挤出,而有些疾病或因素可能会影响到二尖瓣、三尖瓣的健康。

不久前,医学上诊断心脏病的手段还非常有限,仅有

阿兰·卡彭

听诊器与心电图两种方式，治疗药物也非常单一。然而，我感觉中国人非常幸运，因为中国人还可以使用中草药来治疗心脏疾病，千百年来一直延续至今的中草药越来越被西方医学所重视。但我认为无论使用西药，还是中草药，都是不够的。因此，今天我希望和大家共同分享近年来医学界所取得的巨大成果。

造影术的临床应用

在众多诊断心脏疾病的新技术之中，影响力最大的就是"造影术"的发明。造影术可以帮助我们非常清晰地看到心脏的内部活动。比如，为了更好地了解冠状动脉内部情况，就可以使用冠状动脉造影术。人体冠状动脉起初是完全正常的，血流也非常顺畅。随着年龄的增长或不良生活习惯的作用，冠状动脉里就会积累一些溶质，造成血流不畅。病情发展到最后就非常严重了，它可能造成心脏供血不足，甚至引发死亡。因此，医生可以通过造影术看到

人类生存与蓝色海洋息息相关

冠状动脉血管内部的情况,分析出到底是什么东西把血管堵住了。

心脏疾病诊断技术日新月异

我们来了解一下医生给病人做冠状动脉造影的情况。医生先用一根细导管深入病人心脏内部,然后在一个适当的位置注射液体,通过造影术就可以看到冠状动脉血管内部的状况。我们可以从影像中观察血管的形状,来判断血管中是否有沉积物。因此,这项科技革新为病人带来了福音,医生可以及时发现阻塞动脉的沉积物或肿块。

我们从心脏结构图中观察到如同阀门一样的二尖瓣、三尖瓣,现在我就介绍一项与心脏瓣膜有关的技术——心脏超声术,医生可以用它来观察心脏瓣膜的情况。首先,医生先让病人吞下去一根很细的、顶端装有超声设备的导管,然后再通过超声波来观察二尖瓣、三尖瓣的运动。如今,我们已经拥有了三维技术,影像就更加清晰立体了。医生通过这些技术可以非常清晰地观察到心脏、冠状动脉的内部情况,为准确、有效地治疗疾病提供了帮助。

夜幕下,变幻多彩的卢浦大桥之一

心脏疾病的治疗方法

接下来我们再谈一谈如何治疗心脏疾病的问题。近年来,在治疗方面最重

阿兰·卡彭

MEETING OF MINDS
GO EXPO WITH ACADEMICIANS

要的技术革新是"器械疗法"。医生可以利用一根细导管深入到心脏动脉阻塞的部分，当这个导管到达了正确的位置之后，将细导管撑起来，撑起来之后的导管就像一个小球。这样病人的血流较以往就更加通畅了。有时血管内的"垃圾"沉积可能非常严重，不能仅仅靠小球来治疗。这时就要依靠其他方法将血管沉积物去除，这样血流就可以恢复正常了。

夜幕下，变幻多彩的卢浦大桥之二

我们再来了解一下心脏瓣膜疾病的治疗。如今，心脏瓣膜疾病非常多。如果一个病人的心脏瓣膜疾病非常严重，我们可以用人造瓣膜来代替。今天我们有一项非常好的技术——微创手术，将问题瓣膜去除，建立新的瓣膜结构，这种手术所造成的创面要比传统手术方法小一半，又能缩短治疗时间。

在以往，瓣膜置换手术相当耗时，而且手术创伤大。如今，微创手术不仅可以缩短手术时间，而且可以减少损伤。在微创手术过程中，外科医生不直接使用眼睛观察心脏，而是借助摄像头与显示屏呈现整个手术进程。另外，我们还可以使用机器人来完成手术，只要切开几个洞，机器人的手臂就可以直达病灶，这为医学带来了进步与福音。无论是微创手术，还是机器人技术，其最终的目的就是要缩小创口，减少病人的失血量和身体损伤。

预防医学为人类心脏健康带来福音

我告诉大家一个好消息，如果能充分发挥"预防医学"的作用，就可以避免一些手术的风险。所谓预防医学，就是指能及时发现引发心血管疾病产生的风险因素，避免疾

在澳大利亚馆内展示的早期澳大利亚人的生活

土耳其馆展示的新石器时代的陶罐

病的发生与发展。比如，心脏中血栓形成的因素。通过预防医学的研究，我们可以了解到要控制哪些因素、哪些有害的行为，来防止心血管疾病的发生或发展。也就是说，通过控制日常生活中引发疾病产生的因素，就可以防止疾病的发生。例如，通过控制吸烟行为来避免疾病。

虽然目前医学发展非常迅速，但还存在一些不确定的因素。然而预防医学的研究会告诉我们哪些因素会引发疾病。每一种疾病或者说每一种不好的生活习惯，包括抽烟，都对于引起心血管疾病有一个风险指数。引起心血管疾病的不良生活习惯包括抽烟、缺少锻炼、肥胖或者超重、糖尿病、高血压、胆固醇超标等，这些因素均可以促使心血管疾病的发病率增高。我建议大家要经常去体检，测量自己的血糖、血压是不是正常。如果发现异常，就可以及时让医生来治疗。

如今，科技与医学的发展，使得很多复杂的、以往不能治疗的心脏疾病也能得到有效的诊治。我还想告诉大家，预防医学给大家带来的福音，可以帮助我们通过控制不良的生活习惯来预防疾病的发生。预防医学最重要的意义在于人类可以参与到自身疾病的控制与治疗过程中。

阿兰·卡彭　MEETING OF MINDS
GO EXPO WITH ACADEMICIANS

对话院士

关爱健康从呵护心脏做起

患者如何选择人工瓣膜

阿兰·卡彭：机械瓣膜是一种比较传统的、用合成材料制作的瓣膜；生物瓣膜产生于机械瓣膜之后，是通过一些生物技术制成的。机械瓣膜的好处在于它的寿命较长，弊端在于会产生血栓。当然，现代医学可以利用药物或其他的治疗手段降低风险，但是这个风险仍然存在。生物瓣膜跟机械瓣膜正好相反，它的寿命较短，但风险比机械瓣

院士与现场听众对话

膜低了不少。其实,现代医学还没有达到完美的境界,究竟用什么样的瓣膜,可能不是心脏外科医生所能选择的。因为,传统的机械瓣膜可能会给病人带来一些风险,可能会造成大脑疾病,但是如果我们选用生物瓣膜的话,就意味着将拥有更高的生活质量。我认为,心脏外科医生的职责可能更多的在于告诉患者及其家属采用哪种治疗方法,它的好处和弊端各自在哪里。

作为医生要站在患者的角度来思考

阿兰·卡彭:我们经常听到一些患者说,我现在病了,不知道要干些什么,希望医生能告诉我应该要做些什么。我认为最关键的是,作为医生要站在患者的角度来思考,也就是要有一个切身为患者考虑的方式。同时,我们也要考虑到患者平时的爱好、职业等各种因素。要采取一些措施使得患者在手术后或者治疗后的生活质量能够大大提高。

中西医应该相互借鉴

阿兰·卡彭:中西医治疗的目的都是一样的,都是为了治病救人,只不过它们在治疗方式上有所区别。我非常愿意看到医学在治疗方面的多样性。中国不仅有传统的中医,而且有越来越多的人来学习西医。西方社会主要用西医的手段进行治疗,利用中医治

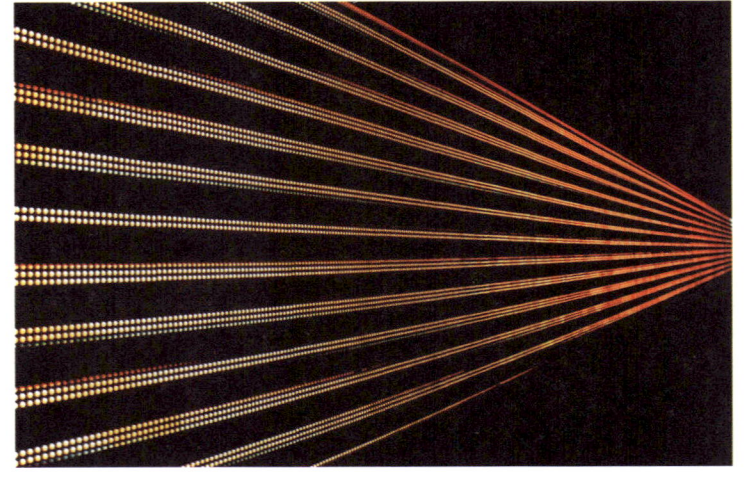

城市最佳实践区内展示的由电脑控制的光影图像

阿兰·卡彭 MEETING OF MINDS
GO EXPO WITH ACADEMICIANS

病就很少。今后,西方社会应该借鉴中医的治疗方法。我的一个同事研发了一些抗癌药物,他近几年来对中医药非常感兴趣,并从中获得了很多灵感。他现在所研制的一种抗癌药物非常有效,他所选用的这种草药都是从非洲马达加斯加岛上采摘到的。

抽烟等不良生活习惯容易引发心脏疾病

阿兰·卡彭:我有一个朋友,抽烟抽得很厉害,他一生都在抽烟,却活到了95岁。所以,有些人就认为如果没有家族遗传的基因或者缺陷的话,就可以继续抽烟。这种认识是不对的,因为有很多人对抽烟的危害不重视,过了一段时间,他去体检了或者是发心脏病了,那就要去医院做很多、很复杂的治疗和诊断了。从我们的预防医学角度上来讲,致病的因素其实有很多种,如果只有一种致病因素(比如抽烟)可能影响不大,但是几个致病因素综合起来,影响就非常大了。我觉得我们医生的职责就是将这些医学知识告诉人们,让他们自己在生活当中学会按照医生的建议去做,这是他们自己的责任。我觉得医学的作用不是给大家上一堂教育课,而是要告诉大家这些致病因素,把这些信息传递给大众。

(嘉宾:史春琳、现场听众)

世博园里展示低碳环保理念,倡导大家使用环保袋

视 点

关注"相约名人堂——与院士一起看世博"活动诠释的科技奥秘和世博精彩,从科学传播的视角聚焦世博主题。

随着 21 世纪科学技术的高速发展及其在医学各领域的普遍推广,人类在心血管疾病治疗方面的突破是令人惊喜的。今天下午,法兰西科学院院士、心血管外科专家阿兰·卡彭做客公众参与馆,向观众详细介绍了近年来心血管疾病在预防和治疗中的"新武器":冠状动脉造影术、超声心动图、器械疗法、微创手术。

(来源:东方网　2010 年 9 月 23 日)

法国巴黎庞比杜医院心脏科名医阿兰·卡彭和制造空中客车的欧洲航天防卫公司(EADS)里面的一批科学家,在高度机密的情况下进行了 15 年时间的研究,研制成功一个人造心脏。这个人造心脏与人类心脏大小相当,可以完全替代人类的心脏,从而拯救数千名心脏疾病患者的生命。由于这个人造心脏利用应用在导弹上的电子感应器来控制心跳和血液流通,所以它可以几乎完美地仿照人类心脏的跳动模式,让患者可以和正常人一样进行血液循环。科学家还巧妙地运用特制的纤维把它包裹起来,以避免人体免疫系统产生排斥作用,尤其是避免产生血栓塞的现象。

阿兰·卡彭对外宣布,他们已将这项新科技用在小牛和羊的身上来试验这个人造心脏,并取得了成功。希望能在 2～3 年内,该人造心脏可以对患有严重心脏疾病的人进行临床试验。如果顺利,可望在 2013 年正式用作医疗用途。

阿兰·卡彭称自己研制的是世界首个真正"完全可移植的人造心脏"。首先,它扫除了制造人造心脏道路上一块主要的拦路石——血栓问题。阿兰·卡彭利用自己在人造心脏瓣膜领域具有世界水平的权威专业知识，通过对"生物假体性"猪软骨进行非凡消毒，并且精确复制出与人类心脏同样的血流，从而降低了血栓形成的风险。

据悉，目前已运用于临床的人造心脏，平均只能延长患者几个月的生命。美国丹佛无机医药公司从 2001 年起连续 6 年共帮助 14 名患者进行人工心脏移植手术，他们术后的平均寿命不足 5 个月，其中两人在手术过程中死亡，存活时间的最长纪录为 17 个月，出现最多的情况是因为血栓或感染造成的副作用，导致患者病情恶化。阿兰·卡彭提出，人造心脏一旦能规避血栓所形成的风险，那么将大大延长患者的寿命。同时，避免血栓的形成，就意味着接受"世界最先进人造心脏"的患者可以不用像以前的人造心脏移植者那样，依靠抗凝血剂度过余生。

另外，这个人造心脏最具有革命性意义的特点在于，它装有电子传感器，能针对患者处在静坐、爬楼梯或是轻快迈步等不同状态的情况下及时作出反应，自动调节血压、血流速度以及心率。例如在移植者走路时会加快心率，休息时放缓心率。阿兰·卡彭说："研制这种心脏的初衷就是要让那些原本只能过着从床头走到扶椅的生活的心脏病患者过上正常的社会生活。他们甚至可以奔跑，不过可不是去跑马拉松。"电子传感器的另一个作用就是对人造心脏的运作情况进行及时的监控和诊断，以节省患者频繁地跑医院做常规检查的时间。

目前，接受人造心脏移植手术的患者通常只有半小时时间洗澡或完成一些别的任务，然后他们不得不为缠在腰间的便携式电池或植入体内的电池充电。而阿兰·卡彭的这款人造心脏唯一的体外部分是一个有 5 小时燃料使用期限的电池，比之前的人造心脏电池耐用了许多。

（来源：零七艺术网　2008 年 11 月 6 日）

院士风采

范立础，桥梁结构工程与桥梁抗震专家，中国工程院院士。1955年毕业于同济大学。现任土木工程防灾国家重点实验室学术委员会常务副主任。近50年来，主要从事桥梁与结构工程领域的教学和科研工作。2001年当选为中国工程院院士。

唐山地震后，他在国内首次编写了桥梁杆系非线性地震反应分析程序；20世纪80年代，他率先建立了我国大跨度桥梁及城市复杂立交工程的抗震理论和计算方法；90年代，他提出两水平的大跨度桥梁抗震设计方法，率先开展了桥梁减隔震和抗震加固技术研究，开发研制了一、二代橡胶抗震支座；进入21世纪，他提出了基于寿命期和性能的大跨度桥梁抗震设计方法，解决了我国大跨、高墩桥梁抗震和减震关键技术，开发研制了大吨位全钢双曲面球形减隔震支座。这些成果已应用于上海卢浦大桥、东海大桥、苏通长江大桥等50余座重大桥梁工程。

曾荣获国家科技进步奖一等奖1项，交通部科技进步奖特等奖1项，省部级科技进步奖一等奖5项、二等奖6项、三等奖2项。

范立础　MEETING OF MINDS
GO EXPO WITH ACADEMICIANS

中国工程院院士
范立础

城市建设防灾减灾与防治越是必须予以重点研究的重大课题

范立础
二〇〇九.九.四

睿智之光

当各种自然灾害发生的时候,对人类造成伤害最大的元凶往往是各种土木工程设施,因此在城市的建设过程当中,结合多灾害防治进行工程设计和建设是一个非常现实的问题。城市的排水问题、建筑物使用寿命、抗震能力等都是值得研究者和设计者关注的。

城市建设中面临的问题
——范立础院士谈城市建设与多灾害防治

多灾害有人祸也有天灾,它包括水灾、火灾、飓风、地震等自然灾害,以及战争、恐怖袭击等人为灾害。当各种自然灾害发生的时候,对人类造成最大伤害的往往是各种土木工程设施。

20世纪土木工程技术出现了3个高潮

预计到2050年,世界各地城市的面积将占到地球陆地面积的40%。城市建设、城市功能、城市规划、城市救灾就将成为人类在城市建设中的各类大问题。我们知道,20世纪土木工程技术出现了3个高潮。第一个高潮开始于20年代后期,也就是第一次世界大战之后,美国的经济进入

范立础 MEETING OF MINDS
GO EXPO WITH ACADEMICIANS

大萧条后的复苏时期。那时，高层建筑、高速公路和大桥工程等建设迅速发展。第二个高潮就是在第二次世界大战之后，欧洲的经济复苏时期，亚洲的"四小龙"开始崛起；到了60年代，世界各地开始建造大型的跨海大桥工程等。之后，桥梁、隧道、城市高楼、电视塔等各种建筑不断出现。第三个高潮就是从80年代开始，中国的改革开放时期，全国各地土木工程建设发展迅速。在这种时候，必须强调要树立结构物多灾害防治理念。一般来说，结构物多灾害几十年会碰到一次，有的间隔时间很长，但也有的间隔时间很短。地震有大有小，山洪爆发也是一样，有时候是特大洪灾，有时候是大洪灾，所以我们要坚持多层次预防的原则。对于不同的结构，我们设防的原则可能不一样，对重要的结构，或者是对投资极大的结构，我们应该从最高的设防点来设防。

法国馆内的绿色植物与现代城市装饰设计相结合

注意四大风险

大家不要以为我们中国的建筑质量不太好，建筑物会出现倒塌事故，其实外国也一样。比如法国的戴高乐机场，同样发生了著名的倒塌事故。所以对于任何一个重大工程，我们始终要注意4个风险：规划风险、设计风险、施工风险、运营风险。如果规划出了差错，就会产生风险。在不该造桥的地方造了桥，这座桥就有倒塌的风险。所以首先要规划好，规划工作非常重要，在做规划时就要去分析它的风险。第二是设计风险，如果考虑不周，施工后的风险

中国人保馆对世博会运营期的风险形成一个无缝的保障计划"安全网"

就会很大。设计时没有把大风的影响考虑进去，施工完成后大风一来就会出现倒塌的风险。第三是施工风险，如果施工材料有问题，工程的质量就很难保证。像这样的反面事例在我国的工程建设中还是屡有发生的。第四是运营风险，施工完成后的工程结构还要考虑到它在运营中的风险。所以，土木工程在规划设计时一般都要做风险评估与保险。统计资料表明，截至21世纪初，历史上发生的各种自然灾害已经毁灭了全世界52个城市。这个数字是非常惊人的。其中，地震毁坏了27个城市，占了一半还多一点。所以地震已经成为土木工程设施中多灾害防治里面一个非常突出的灾害。

2001年美国发生"9·11"事件，世贸大厦倒塌了；2004年印度洋发生大海啸，印度洋海岸的各个城市都受到了不同程度的破坏……发生灾害之后，可能对城市造成巨大的破坏。因此，政府的救灾机构在城市建设之时，就要在城市抗灾的标准、城市土木工程的抗灾标准、城市现代化救灾的设备、城市基础实力的保障等方面做好深入细致的预防工作。

重大复杂工程的全寿命机制

以上海的路桥建设为例，我们已经建成了7条黄浦江隧道，计划东海二桥在2015年开始建造等等。在实施这些重大工程项目之时，都必须保证它们能够保障上海城市的未来安全。因此，我们的眼睛要紧紧盯在工程质量和安全上。人要讲寿命，其实工程结构也要讲寿命。工程结构的寿命是按100年来计算的。现在我们设计的这些重大工程项目如果按照100年的寿命来设计，那么对这些工程各方面的要求将非常高，还需要考虑多灾害的防治工程，因此，必须要对这些工程进行创新设计。

目前，我们的设计规程中还没有使用寿命这一项，只有临时结构和永久结构之分，但是这个所谓的永久结构没有设定年限。其实，对工程寿命的设定是非常重要的一件事，比如设定使用寿命50年的工程应该怎么样建设和施工，设定使用寿命100年的工程又应该怎么样建设和施工，这是有很大差别的，这就叫重大复杂工程的全寿命机制。另外，还有重大的地下结构和防护工程。这种工程的使用寿命肯定要更长久，因为地铁造在地底下，如果只有30年的寿命，那就很有问题了，过30年又要挖了，安全就不能得到保障。因此，这类工程的结构必须要加强。

城市的生命安全及其应急机制

我在德国的一个小城镇里，参观了他们的一个抗震救灾机构。在一幢房子的中间有一个圆房子，全是玻璃的，有5层，也就有5个领导。一旦这个城市发生地震，5个领导马上进入岗位，外面一圈是走廊。这5个领导在当时就要发出指令。人们一旦得到临时的指令，马上就可以进行救灾工作。德国有一个救灾的集中机构，而我们上海这么大的城市却没有这样的救灾机构。我们一般是市长召开紧急会议，把地震局局长找来商量。然后，地震局局长还要回到自己的办公室传达上级指示。在这段时间里，大量的市政灾害造成的破坏将越来越大。而且，这个原生灾害发生了以后，接着还会发生次生灾害。有些伤者如果没能及时抢救，必然会失去生命。因此，我们说，城市的生命安全及其应急机制是非常重要的。

对话院士

桥梁抗震技术与科学规划

城市建设应当结合灾害防治

范立础：我们在城市建设中，应当结合多灾害防治。因为在城市化建设中，对任何一个重大工程而言，自始至终都存在着四大风险，即规划风险、设计风险、施工风险、运营风险。以设计一个木桥为例，你的设计必须要让它具备防火性，还要让它在一个安全的地方建设，不要让它被人为破坏等。

院士与嘉宾对话

要对工程中可能出现的问题进行风险评估投保

范立础：当前，国外采取较多的是"保险"措施，即开发商或建造方向保险公司预先支付一笔保险金，对于工程中可能会出现的问题进行风险评估投保，一旦发生问题，由保险公司进行理赔。国外的这个方法值得借鉴。

匈牙利馆内房顶的灯光艺术

我们应该在工程质量安全、耐久可靠上做文章

范立础：在21世纪城市防灾的战略中，我们应该在工程质量安全、耐久可靠上做文章。人类讲寿命，结构也讲寿命。某个工程建筑结构是按100年设计的，这个建筑就是100年的寿命。如果按照100年的寿命设计，那就势必要提高建造的要求，它必须实现创新设计。另外，更要考虑多灾害的防治。

现代城市的十大发展趋势

范立础：当前，全世界各大城市具有十大发展趋势：第一，城市交通一体化；第二，城市环境园林化；第三，城市管理法制化；第四，城市居民知识化；第五，城市产业服务化；第六，中心城区再造化；第七，城市信息数字化；第八，社会活动国际化；第九，城市发展个性化；第十，区域城市共生化。

对照上述十大发展趋势，我们上海的城市建设和发展还有相当大的差距，需要我们去努力、去改善。比如上海的公共交通还没有做到换乘非常方便,城市的绿化率也很不够,城市居民的知识水平还有待于大幅度的提高,另外,在中心城市的改造方面也存在方方面面的问题。

目前的土木工程建设究竟如何来预防地震

范立础:将来发生地震,地震波究竟是怎么样的?谁也不知道。但是,我们可以通过已经发生过的地震波来计算,以此作一个参考。我们的实验台是一个非常精密的仪器,它可以模拟3个方向的震动,感觉就与地震时一样。所以,如果能够收集到很多的地震波,我们就可以不断地进行实验。当然每实验一次,要花费很多的资金。

日本每年都要发生地震,他们已经习以为常了,一般的地震他们都不公布,只有特大地震他们才公布。由于上述实验具有一定的科学性,可以解决一些防灾问题,于是他们就把真的房子放在实验台上,用不同的地震波去震动它。如果房子倒了,再重新设计建造;如果房子不倒,这种房子就是可以建造的。

(嘉宾:王绍博)

亚洲联合馆二的也门馆内展示出排得密密麻麻宛如蜂巢的小窗,每一扇窗户仿佛都在讲述着一个一千零一夜的故事

范立础

MEETING OF MINDS
GO EXPO WITH ACADEMICIANS

视　点

关注"相约名人堂——与院士一起看世博"活动诠释的科技奥秘和世博精彩，从科学传播的视角聚焦世博主题。

中国工程院院士、桥梁结构工程与桥梁抗震专家范立础做客公众参与馆，谈及城市建设与多灾害防治两者的关系，他这样说道："我们在城市建设中，应当结合多灾害防治。"

范立础院士告诉记者，在城市化建设中，对任何一个重大工程而言，自始至终都存在着四大风险，即规划风险、设计风险、施工风险、运营风险。

对此，国外目前采取较多的是"保险"措施。范立础院士表示，如果发生灾情导致建筑物倒塌，而开发商逃跑了，那还有先前的预付款可以对市民的损失进行赔偿。

"多灾害有人祸，当然也有天灾。"范立础院士告诉记者，据截至20世纪末的一项数据统计表明，历史上各种自然灾害毁灭了世界各池52座城市，其中地震毁灭的城市有27座。因此，在21世纪城市防灾的战略上，"我们应紧盯在质量安全、耐久可靠上。我们人类讲寿命，现在大家可能又听到一个新词，结构也讲寿命。某个工程建筑结构是按100年设计的，这个建筑就是100年的寿命。如果按照100年的寿命设计，那就势必要提高建造要求，因此它必须实现创新设计，同时要考虑多灾害的防治。"

（源于：东方网　2010年9月24日）

2010年3月19日，我校郭重庆院士、范立础院士等一行10人参观考察了正在建设中的上海世博园，为我校世博总体项目管理团队送去慰问。我校科技处、世博研究中

相约名人堂
与院士一起看世博

在匈牙利馆内的"冈布茨"（均质平衡器）是场馆里最夺人眼球的展品

心等同志陪同参观。

郭重庆、范立础院士一行重点参观了世博规划展示厅、世博轴、中国馆、世博中心和日本馆等场馆。站在世博园最大单体建筑世博轴的10米平台上，上海世博会工程建设总体项目管理负责人、我校经济与管理学院乐云教授详细地介绍了世博园区内的工程建设，以及我校承担世博总体项目管理工作的相关情况。

两位院士充分肯定了管理团队多年来为上海世博会顺利召开作出的贡献，并表示在世博会运营期间，将继续支持团队在设施保障、环境管理等方面的科学研究。

（源于：同济大学科技处　2010年3月25日）

2010年1月11日上午，国家科学技术奖励大会在北京人民大会堂举行，同济大学共有6个项目获奖。在同济大学主持的项目中，范立础院士领衔的《大跨、高墩桥梁抗震设计关键技术》项目获得国家科技进步奖一等奖，这是同济大学的历史性突破，也是2010年上海市唯一的一项一等奖。

范立础告诉记者，唐山大地震后，他的老师、当时的校长李国豪院士给他布置了一个课题：研究桥梁抗震技术。没想到，对这个课题的研究就花去了30多年的时间。30年来，范立础院士带领研究团队坚持抗震理论和应用技术的创新研究，首次提出了基于桥梁寿命周期和性能的抗震设计方法。

目前，这一抗震设计新方法已经被国家行业标准采用，

范立础 MEETING OF MINDS GO EXPO WITH ACADEMICIANS

并应用于多座国家重点桥梁工程的抗震设计中,突破了经济合理地保证大桥抗震安全的关键技术难题。

汶川地震中,四川雅泸路高速公路上30余座桥梁完好无损,这得益于一种成本只有几千元的弹塑性抗震挡块。挡块基于项目中的高墩和非规则桥梁抗震技术设计,设置于桥墩和桥台上,犹如挡块卡在每节桥梁端两侧,可以有效防止落梁、合理分配桥梁高低墩间的横向的震力,其总成本尚不及整个大桥造价的1%。

同时,项目开发研制出的大吨位双曲面全钢减隔震支座,最大竖向承载能力达8 000吨,突破了我国大型桥梁减隔震技术的应用瓶颈。2008年6月通车的苏通长江大桥跨径1 088米,是世界上跨径最大的斜拉桥。其5 000米长的引桥共105个桥墩,应用支座400多套,直接节约工程造价约3.9亿元。

据统计,我国正在建设的400米以上大跨度桥梁为23座,本项目研究成果直接应用于16座,占70%。成果已被国家行业标准《公路桥梁抗震设计细则》采用,并分别应用于世界最大跨度拱桥——上海卢浦大桥、国内第一座跨海大桥——东海大桥、世界最大跨度双层斜拉桥——武汉天兴洲公铁两用大桥等30余座国家重大桥梁工程中,解决了我国重大桥梁抗震设计的关键技术难题,取得了重大的社会效益和经济效益。

(来源:《我的大学》杂志上海编辑部 2010年1月18日)

匈牙利馆建筑外墙上的木套筒随风飘动,犹如在春风中荡漾的水波

相约名人堂
与院士一起看世博

院士风采

高金吉,设备诊断工程专家,中国工程院院士,博士生导师。1966年毕业于北京化工学院;1993年清华大学工程力学博士研究生毕业,并获工学博士学位。1988年被评为国家级有突出贡献的中青年科技专家;1992年获国务院政府特殊津贴;1999年当选为中国工程院院士。

高金吉院士原任中国石油辽阳石油化纤公司副总工程师,教授级高级工程师。2001年到北京化工大学,任学术委员会副主任、机电工程学院院长、名誉院长,创建诊断与自愈工程研究中心、北京化工大学美国PAC无损检测联合实验室、北京化工大学挪威船级社风险分析联合实验室等;2004年组建化工安全教育部工程研究中心,任中心主任,建立国家危险化学品生产过程故障预防及监控基础研究实验室;成立中国石油远程监测诊断(北京)中心,并任中心主任。

高金吉院士曾获部级、国家级科技进步奖和教学成果奖多项,国家发明专利4项;参与撰写专著2部,在国内外发表论文90余篇。在国际学术界首次提出"故障自愈"的学术理念,受到国际同行的关注,被世界工程资产管理学会聘为特别会员,并担任第三届世界工程资产管理及智能维修学术大会(WCEAM-IMS2008)主席。

高金吉　MEETING OF MINDS
GO EXPO WITH ACADEMICIANS

中国工程院院士
高金吉

提高城市防灾减灾
能力，共建美好家园。

高金吉

二〇一〇年十月十二日

睿智之光

生产企业总是存在风险的，它能给社会带来福祉，也可能给社会带来灾害。本质安全化就是利用技术和监管手段控制风险，防止引发事故，或使其不致造成伤害和损失。本质安全化的设备、设施和技术工艺需要内在的能够从根本上防止发生事故的功能。

降低风险，促进企业本质安全
——高金吉院士谈企业安全生产

对于一座城市来说，任何生产活动都是一把双刃剑，在为城市创造财富的同时，其存在的风险也对城市提出了挑战。1986年，苏联的切尔诺贝利核电站爆炸事故，对周边地区造成了史无前例的危害。所以，一座城市需要安全生产，科学家则要研究工程安全科学。什么叫工程安全科学呢？即研究工程活动中，人机过程环境系统故障，事故发生发展及其防治、根除的规律。

降低人为失误风险

2005年11月13日，中国石油吉林石化分公司双苯厂发生爆炸，造成的直接经济损失将近7 000万元，间接经济损失7亿元。爆炸后产生的部分泄漏物经过下水管道进

高 金 吉　　MEETING OF MINDS
　　　　　　GO EXPO WITH ACADEMICIANS

入松花江，造成大面积水体污染。

　　爆炸的原因是什么呢？主要是工人的误操作引起了这起事故，一个原本应该先关闭的蒸汽阀门没有关上，结果导致管线过热发生了爆炸。为了避免此类生产安全事故的发生，需要企业实施本质安全化过程。

香港馆的中层，透过玻璃幕墙，可以看见一串串"中国红"的灯饰

　　何谓本质安全？本质安全最早是由一位英国工程师在1911年提出来的。本质安全是指通过设计等手段使生产设备或生产系统本身具有安全性的功能，即使在误操作或发生故障的情况下也不会造成事故。具体包括失误——安全功能（误操作不会导致事故发生或自动阻止误操作）、故障——安全功能（设备、工艺发生故障时还能暂时正常工作或自动转变安全状态）。

　　所谓安全，就是无危则安，无损则全，风险是可能性的大小再加上危险的后果。如果可能性很小，风险也小；如果后果小，风险也小。相反，如果很容易发生事故或者导致的后果很严重，风险就很大。所以本质安全就是事故可能性为零，或者危害为零，或者两者都为零。

　　现在生产企业总是存在风险的，本身不可能是本质安全的。企业本质安全化，就是利用技术手段消除和控制风险，防止引发事故从而不产生伤害，将可能造成的危害后果降为零。一项国外研究，统计了18家化工厂，统计数据表明，设备造成事故原因占40%，过程占20%，人的因素占40%。因此，由人的因素引起的事故还是比较多的。我国大型石化企业出现的事故，80%与人的因素有关。

为了做到受人为因素影响后，不造成损失或者不发生事故，企业需要应用本质安全化。本质安全的设备、设施或者技术、工艺需要含有内在的、能够从根本上防止发生事故的功能。这样一来，即使人为失误了也不会发生事故，故障出现了以后也有保证安全的功能，设备、设施和技术工艺发生故障损害时还能够维持工作，或者恢复正常的工作状态。

企业本质安全化六大技术

工程灾害是可以控制的，生产安全取决于控制能力。促进企业本质安全化的新技术一共有6项。

第一，危险与可操作性分析。对于一个复杂的系统，发现问题比解决问题更重要。美国在1995年颁布法规，对所有化工厂进行危险与可操作性分析以及安全评价。全美超过25 000个厂家每两年需要进行一次评估。这也是美国通过多次惨痛的教训而总结出来的经验和做法。

如何进行危险与可操作性分析？一个是准备，对所有的案例要举一反三，过去出事故的要进行分析，然后划分单元，要选节点，即找一个操作的点。分析此点如果脱离了正常的情况会出现什么后果，再进行危险分级，并提出应如何采取相应的措施。最后是报告，分析评价整个过程。

在分析吉林石化的事故中，研究人员

由绿色植物装饰的阿尔萨斯案例馆

高金吉　MEETING OF MINDS GO EXPO WITH ACADEMICIANS

将其分为5个步骤,并模拟其中一些步骤颠倒后,可能发生的问题。另外,把所有的爆炸原因进行了归类,包括物理爆炸和化学爆炸的原因,一共发现了46种可能性。把这些都列出来后,就便于大家进行危险性分析时作借鉴。

城市的发展需要安全的保障

第二,事故预防与安全保护系统。世界卫生组织提到不应该以疾病为主要研究对象,而是健康。应该研究怎样不得病,传统的中华医学提倡治未病,这个理念是非常重要的,对安全生产来说,也是非常有用的,应该有三级预防。第一级预防,事故原因预防,防发生,针对故障和事故原因,采取根本性的预防措施,设计要本质可靠。第二级预防,三早预防:早期发现、早期诊断、早期整治。第三级预防,对于已发生的故障采取及时有效的措施,防止故障发展和扩大。一个工厂设计要本质可靠,尽量考虑周全。

第三,故障与非正常情况的治愈调控。当一台机器发生问题,就需要紧急停车进行维修。但如果在停车之前,就采取措施,就既能保证不停工,还能保证安全。这里可以引入"自愈"概念。机器的控制功能相当于人的"大脑",动力功能相当于人的"内脏",软件功能相当于人的"五官",操作功能相当于人的"四肢",结构功能相当于人的"躯体",自愈系统则相当于人的"免疫系统"。机器具备的自愈调控,能在装备系统运行中实时检测,分析可能产生故障的条件及早期故障征兆,采用诊断预测、智能决策、主动控制的方法使装备系统不具备产生故障的条件。

第四,网络化监测预警和故障诊断系统。通过网络化节点,监控设备的运营状态,出现问题可以进行预警。这里可以引入物联网概念。物联网是人与人、人与机器、机器与机器、人与自然之间多重联系的网络。物联网在安全监管方面可以大有作为。

在城市最佳实践区内,可供游客互动的视听设备

第五,基于风险和状态的智能维修。美国通过风险分析的办法,少量投资就能取得很好的效果。风险分析有几种。在我们开发的一种基于风险和状态的智能维修系统中,可以对人员伤亡、生产损失、环境影响进行定量评估,最后给出维修建议。

第六,基于防灾减灾指数的监控监管。如何降低故障的概率就是防灾,降低事故的损失就是减灾。建立一个能科学反映生产企业安全状态的指标和防灾减灾指数的企业动态安全评价体系,有利于企业改进安全状况和政府进行有效监管。此外,实施问责制,既要问领导的责任,也要问其他人的责任。

高金吉　MEETING OF MINDS GO EXPO WITH ACADEMICIANS

对话院士

技术、制度、人才，一个都不能少

保证企业生产安全，人的素质是最重要的

高金吉：不是把这些技术都用了以后就可以绝对保证安全。技术发挥的好坏，和企业的监管、管理有很大关系。例如，美国走过很长的工业化道路，其间也发生了很多重大安全事故，所以防范措施更加严格。而我国，特别是一些民营企业，安全生产意识还很淡薄。所以，除了使用先进技术以外，要加强管理、人员培训、监管、全员责任制。换句话说，提高人的素质是最重要的。

院士与嘉宾对话

充满异域风情的埃及馆挂毯

城市化进程更需要保证安全

高金吉：原来的郊区随着城市扩大变成市区，化工厂的风险变大了。如果出了问题对居民的影响大了，后果就严重了。我发现过去有类似的情况，比如在河流城市旁边建化工厂，我觉得还是要进行风险评估，如果这个企业出现的危害特别大，周围人口密集度高，可能就要付出一点代价，让企业搬迁。企业则要积极寻求办法，通过降低风险，提高企业本质安全化水平。我们要进行风险分析，研究哪些环节会出问题，怎么预防，做到尽量不出事。此外，预防措施也很重要，就像医生要治未病，预防发生事故。现在的技术越来越多，也可以保证安全。

化工产业的规划是非常重要的

高金吉：对上海这样一个国际化大城市，化工生产是它的支柱产业，所以必须发展，因此规划是非常重要的。从长远来看，如何建立化工工业园，如何能够统一规划，

高金吉　MEETING OF MINDS GO EXPO WITH ACADEMICIANS

逐步地把城市附近的化工企业移出去，加强对安全的监管，加强领导力量，是非常重要的；要全员进行培训，建立责任制；再有就是每个企业除了统一规划以外，要加强技术投入，加强风险的控制，也就是靠技术进步。对一些比较小的厂，有的可能在技术控制、仪表等方面都比较差，要加强监管、人员培训，尽量少失误，确保生产的安全。

重视人的素质可以减少事故的发生

高金吉：我觉得建筑工程也是一个复杂的系统，它包含了人、吊车、装备、运输、脚手架等。各个行业有不同的安全措施，首先要在管理上重视安全，能够保证安全的投入，保证机器设备的及时维修，总之安全第一。

其次，我觉得严格管理也是非常重要的。要建立全员责任制，进行人员培训，提高全员素质。过去，在建筑工程上出现了不少事故。我们要对这些事故案例进行认真的分析和总结，吸取教训，采取相应的措施来确保安全。人的因素还是第一位的，把人的管理、监管都重视起来，可以减少事故的发生。

阿尔及利亚馆内由电视屏幕组成的"地板"

（嘉宾：耿　挺、伍登熙）

相约名人堂
与院士一起看世博

视 点

关注"相约名人堂——与院士一起看世博"活动诠释的科技奥秘和世博精彩,从科学传播的视角聚焦世博主题。

  城市半径越来越大,原先设在郊区的化工企业赫然挤进了居民区,如何才能确保安全?昨天,上海世博会对"更美好生活"的探讨启动新话题,在公众参与馆"相约名人堂——与院士一起看世博"的讲坛上,中国工程院院士、设备诊断工程专家高金吉为现代城市的"新疾"开出药方:近居民区化工企业须安全评估,先进技术加上高度责任感才能防灾减灾。

  在论坛上,来自上海各区县安全生产部门、化工企业的代表,把化工企业的自身发展与百姓安全形成的诸多矛盾,一一"抛向"了高金吉。高金吉则以一个科学家的坦诚与严谨,用事实做了回答。

  目前,上海重化工企业每年的产出达到3 000亿元,是全市的支柱产业之一。上海内环线以内已无重化工企业。但近来,关于化工企业规划的讨论却日益激烈,很多市民不理解,为何将这样的化工企业设在小区附近,而事实上,化工企业的位置或者早年并没有问题,只是在城市发展过程中"不适应"了。

  2005年,北京化二爆炸事故发生后,北京市很快做出决定,将包括化工厂、焦化厂在内的污染企业全部搬迁到五环线以外。可是,短短几年时间过去,北京的五环以外也是楼房林立,小区遍布……这样的尴尬,在上海每一天都在上演,摊大饼式发展的城市,让居民离这些化工企业越来越近,它们两者的安全防护距离也变得越来越近。

  除了将正在规划中的化工企业继续外移外,更重要的是要让现有居民区中的化工企业不扰民、不伤民。高金吉表示，新安全法规的实施迫使更多的化工企业进行安全评估，增强安全措施，如果评估结果认定企业风险系数较大，那就必须搬迁，如果评估认为企业风险可控，那就需要加大投入、加强应急预警，通过先进技术加上高度责任感来防灾减灾。

"在世博园中，就有很多原先重污染企业完美变身的例子，比如现在的船舶馆原先是江南造船厂，宝钢大舞台也由上钢三厂特钢车间蜕变而来，这样的经验化工企业也可以借鉴。"

（来源：东方网　2010 年 10 月 13 日）

"我们国家的大型石化企业，他们出现的事故 80% 和人的因素有关，都是人为事故造成的。"中国工程院院士、设备诊断工程专家高金吉 12 日作客世博会公众参与馆"相约名人堂"时说。

高金吉院士演讲的主题是"降低风险，促进企业本质安全"。高金吉院士介绍说，根据国外对化工厂事故的统计，由设备原因造成的事故占 40%，过程占 20%，由人的因素造成的事故占 40%。在国外，人为因素造成事故的比例已经不低了。而高金吉给出的中国的事故统计数据却更加骇人："我们国家的大型石化企业，出现的事故 80% 与人的因素有关，都是人为事故造成的。"

高金吉院士还详细介绍了 6 种促进企业本质安全化的新技术：危险与可操作性分析、事故预防与安全保护系统、故障与非正常情况的治愈调控、网络化监测预警和故障诊断系统、基于风险和状态的智能维修、基于防灾减灾指数的监控监管。

（来源：东方网　2010 年 10 月 12 日）

相约名人堂
与院士一起看世博

院士风采

邱蔚六，中国工程院院士。曾任原上海第二医科大学口腔医学系主任、口腔医学院院长、附属第九人民医院院长等职。现为上海市临床口腔医学中心主任，上海交通大学口腔医学院名誉院长，口腔颌面外科教授，主任医师，博士生导师。2001年当选为中国工程院院士。

邱蔚六院士在国内首先对颞下颌关节强直伴发OSAHS患者行手术矫治。他倡导"综合序列治疗"，使口腔鳞状细胞癌的平均5年生存率有所提高。他曾30多次出访国外和讲学。1989年他作为特别演讲者，应邀在美国第71届口腔颌面外科年会上作了《头颈部肿瘤的处理——中国的经验》的专题报告，是中国学者在该年会作专题报告的第一人。

邱蔚六院士主编专著10余部，协编20本；在国内外杂志上发表论文300多篇。邱蔚六院士擅长颌面部肿瘤与整复外科。曾获国家发明奖、科技进步奖3项；22项24次获部市级科技进步奖一、二、三等奖和何梁何利科技进步奖。其中"游离前臂皮瓣软腭再造术"及"经关节镜滑膜下硬化疗法治疗颞下颌关节脱位"均获国家发明奖，后者被国外专著引用。2009年获中国口腔颌面外科华佗奖及由国际口腔颌面外科医师学会颁发的最高奖项"杰出会士奖"。

邱蔚六　MEETING OF MINDS
GO EXPO WITH ACADEMICIANS

中国工程院院士
邱蔚六

健康，需要"面子工程"。
美好的生活需要
城市让生活更美好。

邱蔚六　二〇一〇·八

睿智之光

口腔疾病可以引起全身疾病，全身疾病也可以发生在口腔内。严重的口腔疾病甚至影响到人的面部发育，造成面部畸形。口腔颌面部完整是人体健康的重要标准，同时，也是一个国家文明程度和人们生活水平的反映。

美好生活需要"面子"工程
——邱蔚六院士谈口腔颌面部整形和修复治疗

2010年上海世博会是一个高科技交流的盛会。这次世博会，我们着眼于未来的生活。我认为我们也需要像世博会一样健康、文明，同时我们也要有高科技的支撑来改善我们的生活。城市生活是美好的，人必须是健康的，如果人不健康，生活就不会美好。

颌面部完整是人体健康的重要标准

世界卫生组织对人类的健康提出了10个标准。前5个标准，都是属于精神方面的，我们很多老百姓对心理问题不够重视，表现在我们不敢主动去找心理医生。老百姓生病以后，你叫他去看心理医生，他会认为我不是精神病，看什么心理医生。

后面 5 条大家可以看到，都是躯体的健康，包括体重适中、身材均匀、动作协调等。特别是第 8 条，"牙齿清洁，无龋齿，不疼痛，牙龈颜色正常，无出血现象"。口腔颌面部完整是人体健康的重要标准，同时也是一个国家文明程度和人们生活水平的反映。我国各类口腔错合畸形（俗称天包地、地包天及牙齿不齐等）发病率在 60% 以上，而英国、美国等发达国家几乎已经看不到口腔错合病例了。牙痛也是病，口腔疾病可以引起全身疾病，全身疾病也可以发生在口腔内。牙齿不齐不仅"有碍观瞻"，更可能会引起关节炎；蛀牙或牙周疾病会引起感染及并发症，有可能形成胸腔肿瘤、脑瘤和全身败血症等。而且，白血病、淋巴瘤等全身疾病也都会在口腔内有所表现。

口腔健康会影响你的面部发育，这关系到一个人的社交功能。首先是对面容的影响，如果面容有问题，总是不能给人以美感。同时，它还影响很多生理功能。比如我们说话，没有牙齿，音就发不清楚。人要吃东西，吃东西的第一个动作是咀嚼，咀嚼需要牙齿，没有牙齿也会影响人的消化功能，另外，吞咽功能没有牙齿也不能完成。其次是呼吸功能的影响，口腔、鼻腔都是上呼吸道的门户。颌面骨的畸形最后会造成一些肺部、心脏的并发症。因此，保持颌面骨的正常功能和它的外形是非常重要的。

换脸，技术上已经没有问题

对于"面子"的修复，如今有非常先进的现代科学技术，比如说数字医学，包括 CT、磁共振、CAD、CAM 技术等等，这些现代化医学手段都是理工医交叉的结果。中国的面部修复术在国际上是一流水平的。在最近 20 年里，我们有了计算机外科，可以在电脑上模拟，比较精确地重塑人的骨头，再利用工科做成模型。

在知名导演吴宇森导演的电影《变脸》中，人们见识到了令人难以置信的"换脸术"。事实上，"换脸术"不只

是电影中的虚幻特技,迄今为止,全世界公开发布的换脸手术已有10余个,中国也在其中。从技术上讲,已经没有问题。但目前实行的异体移植换脸术仍有争议,患者自身、亲属如何面对这个截然不同的人脸?司法机关如何认定新的人像?因此,换脸术在伦理、法理上还有问题需要解决。

再生牙根技术有望临床应用

目前,牙齿掉了,就只能依靠假牙、种植牙等技术来解决咀嚼问题。最近几年,关于再生牙的报道时而见诸报端。据我了解,利用干细胞再生牙根的技术已经在动物身上进行了实验,也许这种技术将有希望很快应用到临床。不过,再生的牙冠,也就是大家看得到的牙齿,目前还要依靠人造。尽管只能再生牙根,但这将成为患者的福音。利用干细胞再生的牙根与人身体自己生长的牙根没有区别,它是人体

的一部分，甚至有神经直接连接大脑，能够告诉人体咬合时的感觉。

修复性外科和美容外科不同

有人认为，修复性外科和美容外科是一回事。其实，美容外科学是修复性外科学的一个分支，是相对在畸形不是很严重的情况下进行美学修饰和再塑造的科学。而修复性外科又称整复外科或成形外科，其治疗包括整复和再造两方面，以各种组织移植为主要手段来修复不同原因造成的组织缺损或畸形，以改善和恢复生理功能和外貌为目的。我形容美容外科是锦上添花，而修复性外科是雪中送炭。作为我们医生来讲，或者作为患者来讲，以后都要把这个问题搞清楚，不能混淆。

对话院士

重视口腔健康问题

我热爱医生这个职业

邱蔚六：我从小就开始立志学医。这里也有一个机遇，我父亲受过枪伤，我在医院陪了他半年，所以我一直想做一名外科大夫。医生的确是救死扶伤、给人以快乐的职业。医生跟其他的职业不一样，学习时间非常长，在国外要真正成为专科医生需要十几年，我们国内的医学院虽然是5年制，但是真正成为一个成熟的外科医生也需要很长时间的磨练。我一直深爱我的工作，并把它作为自己一辈子的

院士与嘉宾对话

职业，因为我觉得，患者需要我。

现在，我快80岁了。但是，我觉得我还能做许多事情，至少我可以给年轻人许多建议。

全腭裂的预防和治疗

邱蔚六：关于先天性缺陷，病因还不是很清楚。遗传占了一定的比例，但是全腭裂不像神经系统疾病的遗传性那么明确，它不是由单一因素决定的。我曾经很担忧，国家取消了婚前检查，然而有一些疾病很明确是会遗传的。尽管每个人结婚的权利不能被剥夺，但是有明确遗传性疾病的夫妇应该不生育。当然，全腭裂不仅仅是遗传性问题，因此婚前检查只是一个方面。

现在大家公认怀孕早期最好不要感冒，特别是不要吃一些所谓禁忌的药物，这些对先天性畸形的发生是有很大关系的。我一直认为，上海应该有这么一个机构，凡生出来是全腭裂的婴儿，马上跟我们医院联系，我们马上开始收治患儿。因为全腭裂治疗是一个综合治疗过程，不是一次手术能够解决的。我们可以指导母亲应该怎么对待患儿、怎么喂养患儿。还要做好心理上的辅导，帮助父母和患儿克服心理上的自卑感。

爱护口腔卫生，预防口腔疾病

邱蔚六：一直以来，"牙疼不是病"似乎是不少人的习惯思维。如果遭遇口腔疾病，相当部分的人选择"忍一忍，熬过去"。其实，口腔疾病会引起全身疾病，全身疾病也会体现在口腔疾病中。爱护口腔应该注意什么？每天保证2~3次的刷牙是最基本的，同时要选用合适的牙膏和牙刷。有人问，什么才是适合个人的牙膏和牙刷呢？那就必须在医生的指导下选用。

其次，爱护口腔不单单是正确刷牙、选择牙膏等问题。比如下颌骨关节，跟吃东西的关系很大，吃小核桃等硬东西就要适可而止，否则容易导致疾病。吃苹果的时候最好切成一块一块地吃，不要大口去咬，以免增加下颌骨关节的负担。你别小看这个关节，它是人体负重最大的一个关节。

另外，吸烟等不良习惯也是口腔疾病的诱导因素。研究证明，由吸烟引发口腔癌的比例较高。

坏习惯要改，好习惯则要培养。大家每年都会体检，其实牙齿也需要体检。我建议，每半年或一年就要做一次牙科检查，这对早期发

瑞典馆门口的儿童游乐区

现口腔疾病大有帮助。我还建议政府能够将中老年补牙、种植假牙等纳入医保范围，为大家解除后顾之忧。

口腔癌与不良生活习惯

邱蔚六：口腔癌最多见的在口腔黏膜处，这些黏膜都可能并发癌症。除了这些以外，全身所有的癌症都可能发生在口腔里或者颌骨、面部软组织里。比如说恶性黑色素瘤，皮肤上的发生率最高，但是口腔黏膜处也会发生。另外，口腔癌可以转移到肝脏、骨头里，全身的癌症也可以转移到口腔里。从癌症的角度来讲，口腔是人体的一部分，因此口腔癌与全身其他组织的癌症基本上是一样的。现在癌症的治疗方法很多，但预防还是最重要的。

吸烟与口腔癌的关系很大。在印度、斯里兰卡、巴基斯坦等国家，口腔癌的发生率较高。经证实，这与这些地

区人们习惯嚼食槟榔有关。这些都是不良习惯引起的癌症。当然也有病毒的关系，我们也专门研究过病毒与口腔癌的关系。

正确认识美容外科

邱蔚六：首先有一个概念一定要明确，美容外科绝大多数是属于锦上添花。第二，美容外科有一个哲理，每个人对美的标准都不一样，你看她美，他看她美。外国人和中国人的审美标准也不一样。但是有的时候会碰到很多麻烦，有的人没有征求家属的意见就来做手术了，做完手术以后，他家属接受不了，让我们改回去，我们哪里有这么大的本事。所以做美容外科手术千万要谨慎，它是一个锦上添花的东西，做手术的每个人要有很充分的思想准备。现在，医疗纠纷里美容外科占很大的部分。另外，就是一定要找经过特别训练的有资质的美容外科医生来做手术，因为不是所有的外科医生都可以做这样的手术。

医患关系，需要相互理解

邱蔚六：医疗纠纷涉及到医患关系。我承认，这几年我们在医学教育方面，特别是人文教育方面，在市场经济的影响下有些偏差。另一方面，我们患者的要求也比以前高了，有些要求目前的医疗水平还达不到。大家都要互相理解，这一点很重要。

现在，医生也有怨言：一个门诊，半天看了六七十个人，我看专家门诊每次只看15个人，也因为时间太短，不能跟患者讲得很清楚，很容易产生误会。关键还是要大家互相理解。当然，医生也要提高技术及注意服务态度，这个也是非常重要的。

（嘉宾：张志愿）

相约名人堂
与院士一起看世博

视 点

关注"相约名人堂——与院士一起看世博"活动诠释的科技奥秘和世博精彩,从科学传播的视角聚焦世博主题。

邱蔚六是我国口腔医学界的领军人物,中国工程院院士,中国口腔颌面外科、口腔颌面修复重建外科的开拓者之一。今天,他做客世博公众参与馆"相约名人堂——与院士一起看世博"活动,畅谈"能够让生活更美好"的"面子工程"。

早在20世纪60年代,邱蔚六即致力于口腔颌面部肿瘤切除术后缺损的立即修复;70年代,他在本领域率先引

世博园内展示的无土培养植物技术

进显微外科手术。如今,他和他的学生们依然在孜孜以求地探索着这项技术。

在知名导演吴宇森导演的电影《变脸》中,人们见识到了令人难以置信的"换脸术"。事实上,"换脸术"不再只是电影中的虚幻特技。"迄今为止,全世界公开发布的换脸手术已有10起左右,从技术上讲,已经没有问题"。在邱蔚六看来,目前实行的异体移植换脸术仍有争议,"自身、亲属如何面对截然不同的人脸,司法机关如何认定新的人像,换脸术在伦理、法理上尚有问题"。

邱蔚六告诉记者,据他了解,利用干细胞再生牙根的技术已经在动物身上进行了实验,而要运用到临床就需要

邱蔚六 MEETING OF MINDS
GO EXPO WITH ACADEMICIANS

进一步的探索。"怎么样保证一颗再生的牙齿功能健全、位置准确，还有待研究。"他说，"牙根的重生技术已经是很大的突破，但要让牙冠也实现重生还有很长的路要走。"

爱护口腔应该注意什么？东方网记者请邱院士给网友支招。邱蔚六说，每天保证 2～3 次的刷牙是最基本的，同时也要选用合适的牙膏和牙刷。"什么才是适合个人的牙膏和牙刷呢？那就必须在医生的指导下选用。"

另外，吸烟等不良习惯也是口腔疾病的诱导因素。"吸烟引发口腔癌的比例较高"，邱蔚六"现身说法"，希望大家和他一样"放下屠刀"。他还告诉记者，在印度、斯里兰卡、巴基斯坦等国家口腔癌的发生率较高，经证实这与这些地区大众嚼食槟榔的生活习惯有关。

坏习惯要改，好习惯则要培养。"大家每年都会体检，其实牙齿也需要体检。"邱蔚六呼吁市民，每半年或一年就要做一次牙科检查，这对早期发现口腔疾病大有帮助。而作为院士，他表示也会积极地建议政府，希望能够将中老年补牙、种植假牙等纳入医保范围，为大家解除后顾之忧。

（来源：东方网　2010 年 10 月 9 日）

国家电网馆内展示的原始自然资源与城市化进程中地球的变化——电与城市

第三篇
绚丽多彩的城市：
科技 * 人文 * 社会

MEETING OF MINDS
GO EXPO WITH ACADEMICIANS
2010 EXPO

在社会科技进步与社会发展高度一体化的过程中，科技与社会的融合可以直接改变人们的生活。城市房屋、电网的建设，汽车、飞机的通行，网络、电话的连接，等等，使得每一位社会公民都能得益于科技社会的进步与发展。与此同时，科技与文化在城市中的交融，共同推动了人类社会的进步。

相约名人堂
与院士一起看世博

院士风采

林宗虎，蒸汽工程专家，中国工程院院士。1957年上海交通大学研究生毕业。1980～1982年任美国迈阿密大学访问教授。曾任国家自然科学基金评审组成员，国家科技奖励机械评委会评委，流体机械国家工程研究中心学术委员会主任，锅炉煤清洁燃烧国家工程研究中心和动力工程多相流国家重点实验室学术委员会委员，中国电机工程学会锅炉专业委员会副主任，中国工程热物理学会副理事长，中国工程热物理学会多相流专业委员会主任，美国《国际工程流体力学》期刊国际顾问等职。现任上海理工大学能源与动力工程学院院长，《中国工程热物理学报》副主编等职。1995年被选为中国工程院院士。

林宗虎院士曾获得国家自然科学奖三等奖、国家科技进步奖二等奖各1项；国家教委科技进步奖一等奖等省部级奖10项；持有美国专利1项、中国专利16项；已在国内外发表论文150多篇，出版科技著作22部。

林宗虎院士于1988年被授予国家级有突出贡献中青年科技专家称号；1989年被授予陕西省优秀科技工作者称号。

林宗虎　MEETING OF MINDS
GO EXPO WITH ACADEMICIANS

中国工程院院士
林宗虎

低碳 创新
共同 奋进
林宗虎
2010年7月5日

相约名人堂
与院士一起看世博

睿智之光

2010年上海世博会成为"节能减排、低碳生活"的一个最佳实践区、一个示范基地。而要创建一个繁荣、富强、和谐的低碳经济社会，是一个艰难的、创新的过程，需要大家的共同努力。我们每个人都要自觉地做到节约能源和资源，为建设低碳经济社会贡献自己的力量。

节能减排，倡导低碳生活
——林宗虎院士谈低碳技术及其在世博园区的应用

随着人类社会经济的发展以及大量化工能源的使用，地球上以二氧化碳为主的温室气体浓度逐渐加大，这将导致全球气温持续变暖。在过去的100年里，地表的温度平均上升了0.74℃，海平面上升了0.17米。科学家预计到21世纪末，全球的地表温度平均上升接近4℃，海平面上升了0.4米。地球上气温系统的这种变化就会导致冰川消融、海平面升高、自然灾害频发。这一切将对人类的生活、生产和健康带来很大的危害，尤其是一些小的岛国，他们将面临国土被淹没的危险。因此，只有通过发展低碳技术，带动低碳经济的发展，才能够实现人类的可持续发展。节能减排，倡导低碳生活是2010年上海世博会的宗旨。

林宗虎 MEETING OF MINDS
GO EXPO WITH ACADEMICIANS

低碳技术的类别

总的来说，低碳技术可以分为五大类：一是各行各业的节约能源和提高效益的技术；二是二氧化碳气体的捕集和利用技术；三是不产生温室气体的新能源利用技术（包括太阳能、水能、风能、生物质能、海洋能、地热能等）；四是提高森林及土壤的碳汇功能技术；五是资源节约和循环利用技术。

非洲联合馆内展示的非洲集市

首先我们来看第一类，各行各业的节约能源和提高效益的技术。通过一系列的节能措施及其提高效益的技术，可以减少化石能源的使用，使得二氧化碳的排放量大幅度减少。我国的工业部门有3个耗电、耗能的大户，比如发电厂75%是通过燃烧煤炭来发电的。如果这些发电厂都采用新型技术，即采用超临界压力发电机组、整体煤气化联合发电机组及其配套的节能技术来发电，其发电效率将提高5%~10%。一家发电厂的年发电量为100千瓦·时，大概一年要烧掉200万吨煤，要排放出600万吨二氧化碳。如果将这家发电厂的效率提高10%，就可以节能减排60万吨二氧化碳。又比如冶金工业等，它们也是耗能大户。如果它们都能采用高能效的工艺和先进的节能技术，就可以让它们的耗煤量显著下降。我们知道在这些行业里，它们的高耗能比例占到它们生产总量的四分之一左右。建筑行业也是耗能大户。而建筑行业的低碳节能技术主要是采用节能材料，采用光伏发电与建筑设计的一体化，还有LED器件；采用屋顶和外面的绿化技术，还有先进的热泵及冷热电联供技术。通过采用这些技术，建筑行业的能耗可以降低70%。交通业也是耗能大户。目前,我国的交通业普遍采用的低碳技术有混合动力汽车、燃料电池汽车、纯电瓶汽车等。与此同时,在我国的一些大中型城市中,我们还要特别强调发展公共交通系统。

第二类是节能技术,也就是二氧化碳气体的捕集和利用技术。比如发电厂排出的气体大部分是二氧化碳,我们怎样把发电厂排出的二氧化碳以及大气中存在的二氧化碳捕集起来加以利用,这就是解决二氧化碳排放的重要技术。这个技术就是把二氧化碳从气体中分离出来,然后把它加压;待加压以后,供工业用或者是储存在地下和海洋里。目前,我国已经有几个油田正在使用这项技术。二氧化碳气体的捕集有物理、化学等方法。

第三类是新能源的利用技术,它包括太阳能、风能、生物能、海洋能等。现在,太阳能和风能已经得到比较广泛的应用。在我国,太阳能热水器的普及率很高,但是太阳能和风能的开发和利用也有不足之处:首先是不容易储存,从而导致其使用范围受到限制;其二是太阳能和风能都具有间隙性。目前,还有一种新兴的能源,那就是生物质能量,生物质能量就是依靠植物吸收二氧化碳和水,并且在阳光下生成一种新物质,它的生长过程是吸收二氧化碳,最后能制成各类固体的、液体的、气体的燃料。这些燃料燃烧后排出的二氧化碳量和它吸收的二氧化碳量大致相等,因此,这是一种零排放的能源物质。这种能源物质的储量大、品种多,把它制成固体、液体和气体后可以存储起来运输,它完全是可以替代化石能源物质来应用的。而且,它与化石能源一样不是间隙性的,因此这种能源也是一种大有发展前景的和可再生的能源。

第四类是低碳技术,它包括提高森林的增长量技术、增加土壤的有机质技术,以及改善水土流失技术。我国政府最近宣布,增加4 000公顷的森林种植面积,以提高森林吸收二氧化碳的能力。其实,土壤吸收二氧化碳的能力也非常大。土壤的固碳能力比大气高 2～3 倍，目前，由于大量使用化肥，土壤的固碳能力已达不到上述标准了。将来，人们可以将化肥直接放在植物的根部，而不是将大量的化肥施放在土壤里，这些其实就是低碳技术。

第五类是资源节约和循环利用的技术。比如城市里的一些旧建筑，不要把它们马上炸掉，而是先要看看它们还有没有利用价值，那些遗留下来的建筑材料是否还可以继续利用。另外，还可以利用工农业生产中产生出来的废料，比如垃圾就是一种很好的能源物质，如果我们把全国产生的垃圾量都利用起来，就可以抵 5 000 万～6 000 万吨标准煤的热量。

低碳技术在世博园区的应用

在世博园里，我们首先看到的是各种建筑物。在各种建筑物里，我们还看到了大量的太阳能光伏电池与建筑一体化的技术。比如我们的中国馆、世博中心，以及南市老电厂屋顶上面都可以看到光伏电池和建筑一体化的设计。它们组成的发电系统的容量达到 4.68 兆瓦，每年可发电 408 万千瓦·时，可以减排 4 000 吨二氧化碳，与不是一体化建筑相比较，节约成本 30%。在世博会里，人们看到最多的是 LED 照明器件的使用。在世博永久性建筑一轴四馆里面，广泛地采用 21 世纪新光源技术——LED 照明技术。使用 LED 照明技术照明，具有节电、环保、寿命长、热量低、多色彩等优点，采用 LED 照明技术的举措，使世博会成为世界 LED 照明技术示范基地。在外国馆，新能源和 LED 照明技术也得到了广泛的使用。比如德国馆，它的背面有一大片太阳能板，为其馆内提供能源。德国馆里有一个 1.23 吨重的金属球，哪一边参观者发出的叫声高，金属球就往哪一边倾斜。在这个球体上面布满了 LED，它们发出不断变化的彩色光影。瑞士馆的外墙也布满了太阳能电池板，白天可以吸收太阳能，晚上用于 LED 灯光的供电，

使得瑞士馆的外墙光影的变化丰富多彩。

另外，世博园的各个建筑物都采用自然通风、自然光照和自己遮阳的低碳技术。比如中国馆，它的最高部分叫做"斗冠"。大家可以看到，"斗冠"上有一层一层的造型，这些造型能够起到遮阳的作用，可以明显地减少进入中国馆内的热量，从而降低了给中国馆室内降温所需要的能耗。还有主题馆、世博中心、演艺中心、德国馆等，这些建筑物本身都具有遮阳的功能。演艺中心、世博轴采用了江水源的热泵，就是利用黄浦江中的水来加热和制冷，相比利用燃气锅炉制热可以节省30%的运行费。在制冷时，由于黄浦江水的温度比空气温度低4～5℃，所以制冷效率可以提高7%。此外，世博园区里还广泛利用冰雪冷的空调技术来制冷。所谓冰雪冷就是在晚上用电负荷不太大的时段进行制冰，白天再融化这些冰来制冷，使得场馆内空气温度下降，也使得用电负荷在一天24小时内比较均匀。在世博园区内，大家可以看到各种建筑物采用了形式多样的节能墙体，因为，节能墙体的导热系数比较小，还能够保温。

在世博园区里，我们能够看到一些可以透光的特殊的水泥。在这些水泥中含有光照纤维，室外的光可以透入室内来，这样就可以节省光源。还有一些场馆里，使用节能的门窗结构，它们都是紧密型的，可以防止漏风漏热。在这些节能门窗上，用的是节能玻璃。节能玻璃是中空的双层玻璃，它比一般的玻璃节能效果要好得多。还有一些世博场馆的屋顶墙面上采用绿化的方式，我们还可以看到好多垂直绿化的墙面，这一类型的生态墙在夏天可以隔热，降低墙面温度；在冬季也不影响墙面泄热，还可以降低风速，延长外墙的使用寿命。

上述这些综合的环保节能技术和措施，使得世博园内各个场馆都可以做到节能减排，具有真正意义上的低碳世博示范作用。比如世博中心的建筑节能，总的节能效率可以达到 62.8%。预计此馆每年可以节约 2 000 多吨标准煤。

在城市最佳实践区案例馆里面,我们可以看到沪上的生态人家、零碳馆,以及未来的低碳技术住宅等。还有一个很重要的节能减排部分是世博园区里的交通工具,园区内有 1 000 多辆由我国研制的清洁的能源汽车,包括使用燃料电池的观光车和大客车、超级的电容概念车,以及混合动力车等。由于在园区里使用这些清洁的能源汽车,使得园区内的公交运营达到零碳排放、园区外围达到低碳排放的目标。另外,在世博园区里有计划地进行绿化,栽种大量的速生林,这种速生林在 2~3 年后就可以长成大片树林了。园区内还种植了大片的灌木绿化带,以增加森林和土地碳汇的功能,从而改善大气的环境。

2010 年上海世博会的特色之一,是在园区规划和设计建造的初期,非常注意保护、利用和改造原有的老厂房、老建筑。比如江南造船厂、上钢三厂等,其中的一些老建筑都得到了很好的改造和利用。再比如园区内许多房子和道路都是利用旧的混凝土建造或修建的,一些旧的钢结构也在建筑和设计中被充分地利用起来了,还有把垃圾填埋后所产生的沼气都回收起来进行发电。

世博园内的主题广场

我们知道,要创建一个繁荣富强、和谐的低碳经济社会,是一个艰难的、创新的过程,需要大家的共同努力。2010 年上海世博会成为"节能减排、低碳生活"的一个最佳实践区、一个示范基地。因此,我们每个人在日常生活和工作中都要自觉地做到节约能源和资源,为建设低碳经济社会贡献自己的一份力量。

对话院士

上海世博会是低碳节能的示范园区

新技术、新能源在上海世博会后的发展趋势

林宗虎：我国正面临全球最大的城市化、城镇化的发展阶段，75%能源在城市里被消耗掉了，要解决高耗能的问题就必须先从城市着手。因此，新型技术、能源在城市日常生活中的运用就显得至关重要。

新技术、新能源在刚刚诞生之时，我们首先要为它们找到使用途径。因此，新技术、新能源的发展肯定会遇到障碍。但是，创新不仅仅是指对新东西的发现，更是要想出新的办法来克服难题。如果因为新东西有缺点就弃之不用了，那么创新就没有意义了。

世博园里有许多低碳节能技术

林宗虎：在世博园里，我发现无论是建筑方面还是动力方面，到处都有低碳的技术。比如建筑方面，世博园里的各个场馆都采用自遮阳的建筑方式，供电方面都采用太阳能与建筑一体化的建筑形式。由于世博园区就在黄浦江边，所以还采用了江水源热泵来加热和制冷。总体来说，在世博园区内，采用了大量的低碳节能技术。

世博园里的低碳节能技术将被广泛应用

林宗虎：世博园里的这些低碳节能技术，很快就会应用到人们的日常生活中去。比如，太阳能热水器现在已经很普及了，好多人都在使用。但是，每家每户都把自己的太阳能热水器放在室外，远远望去，非常凌乱，影响整体美观。将来，把太阳能热水器与建筑屋顶一体化设计，就会让建筑物变得既整齐又美观，每家每户能统一利用太阳能来提供热水。

国外有一种零碳排放的房子

林宗虎：国外有一种房子为零碳排放，也就是说这种房子的屋内冬暖夏凉，不花1分钱水电费，供暖、照明等所需能源全部自给自足。这种房子的太阳能屋面利用光伏板和热力电力转化器收集电能，给建筑照明提供源源不断的电力，有的甚至连窗户都能发电。朝南的房间里装有保温系统，在白天充分吸收热量，晚上转化为热能用以保暖。而且，电热联产系统还会将热能转化为电能。这种零碳排放的房子还设有雨水收集系统，将屋檐流下的雨水导入储水器，用来浇灌植物、冲洗马桶等，而太阳能热水板负责家用热水的收集。

世博园内纯电动公交车

林宗虎：在世博园区内的交通方面，推广应用纯电动公交车，以确保园区内公共交通的零排放。电动汽车是以车载电源为动力，用电机驱动车轮行驶的。这种汽车对环境污染的影响相对比传统汽车要小，因此，它的前景被广泛看好。

（嘉宾：燕　爽）

视　点

关注"相约名人堂——与院士一起看世博"活动诠释的科技奥秘和世博精彩,从科学传播的视角聚焦世博主题。

无论是中国馆,还是世博中心、主题馆,处处可见太阳能光伏电池与建筑一体化设计。这些太阳能光伏电池年平均发电408万千瓦·时,每年可减排二氧化碳4 000吨,与非一体化设计相比,可节约成本30%。

世博会是一个世界各参展国竞相通过新能源、新技术、新材料的运用,展现绿色、节能与环保的大舞台,世博会对节能环保理念的倡导与传播,对低碳经济发展模式的交流与实践无疑是划时代的。

今天,中国工程院院士、上海理工大学能源与动力工程学院院长林宗虎来到了世博会公众参与馆"相约名人堂——与院士一起看世博",并与大家分享了关于"低碳"的话题。

在世博演艺中心和世博轴,我们能看见采用江水源热

世博园内展示的"伦敦,低碳之都"

林宗虎

MEETING OF MINDS
GO EXPO WITH ACADEMICIANS

泵的技术。江水源热泵比燃气空调制热时可省30%运营费，制冷时可提高制冷效率7%，采用冰蓄冷空调技术，显著降低用电负荷。

在世博园区，这样的例子数不胜数。园区里1 000多辆我国研制的清洁能源汽车、大量速生林和绿化带、节能墙体、透光水泥、节能门窗结构、节能玻璃、外遮阳、屋顶墙面绿化等各种新型节能建材，处处有着"低碳"科技的踪影。

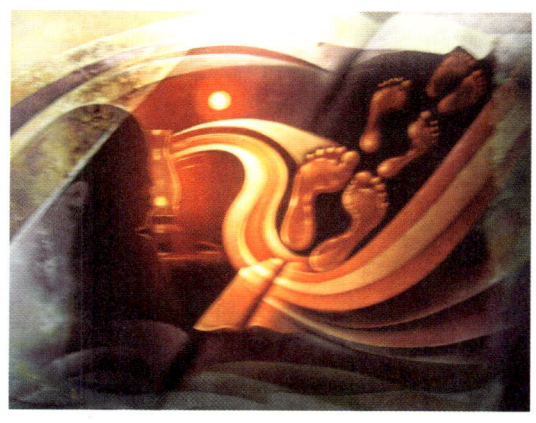

人类文明的足迹，引领我们走向未来

（来源：东方网　2010年7月5日）

7月5日上午，我校组建"名师高徒"组合，将课堂搬至世博园，以城市最佳实践区为教材，为未来工程师们讲授"低碳、生态、能源"这精彩的一课。在世博园区里的特殊课堂上，同学们在老师的带领下，充分领略世博的精彩，把握专业领域内的科技前沿。通过看世博的"门道"，名师引导未来工程师们寻找创新灵感，深入思考自己肩负的责任与使命。下午，"名师高徒"组合来到公众参与馆，与中国工程院院士林宗虎和胡壮麒面对面，参与"相约名人堂——与院士一起看世博"活动，展开了一场以低碳科技与"后世博"时代的工程教育为主题的时空对话。

这支名师队伍里有新能源、新材料领域的教授，有热能、制冷及低温、医疗器械、环境与建筑等工程领域的专家博导、全国教学名师，有大学科技园经理，有低碳环保主题实践团队指导老师，还有亲自参与网上世博、世博园降温技术与空气治理等项目研究的专家。未来工程师们除了是在相关专业领域学习的大学生外，还有致力于科技创业的学生和校友。

（来源：上海理工大学网　2010年7月6日）

相约名人堂
与院士一起看世博

院士风采

胡壮麒，材料学家，中国工程院院士。中国科学院金属研究所研究员、博士生导师。

胡壮麒院士历任中科院金属研究所学委会主任，高温合金与特种铸造研究室主任，快速凝固非平衡合金国家重点实验室主任，中国金属学会高温合金专业委员会副主任等职。现任中国机械工程学会理事等职务。

胡壮麒院士长期从事高温合金、镁合金和亚稳材料的研制及其他新材料和新工艺的研究。主要研究非平衡凝固和在约束条件下的定向凝固和快速凝固，通过控制凝固过程研究溶质的非平衡再分配和相析出规律，研究快速凝固的热流、溶质捕获等基本问题，发展出一系列性能优异的新材料，包括高温合金、定向结晶和单晶合金、金属间化合物和亚稳材料等。曾参与创建并领导快速凝固非平衡合金国家重点实验室，1997年被国家评为优秀实验室。在国际杂志上发表论文500余篇，出版著译作12部。

胡壮麒院士曾获国家科技进步奖一、二等奖各1项，国家自然科学奖三等奖1项，中国科学院科技进步奖及自然科学奖7项，何梁何利科技进步奖，中国金属学会高温合金学术委员会授予的杰出贡献奖等奖项。

胡壮麒　MEETING OF MINDS
　　　　GO EXPO WITH ACADEMICIANS

中国工程院院士
胡壮麒

世博是低碳
经济和绿色
制造的典范

胡壮麒
2010年7月5日

相约名人堂
与院士一起看世博

睿智之光

新型材料的发展对工农业生产、军工业生产以及日常生活中的节能减排工作起到了很大的作用。我们期待着这些新型材料以及由这些材料开发出来的高新技术产业进一步推动上海经济社会的发展。

低碳生活从节俭做起
——胡壮麒院士谈新材料在节能减排中的作用

随着社会经济的快速发展，城市人口迅速增长，随之而来的就是资源和能源的短缺，因此节能减排就成为了人人都关心的一个话题。在这里，我们来谈谈两种节能减排的新型材料。

镁合金材料及其应用

我国的科研工作者对钢、镍和镍合金、钴合金的研究比较多，在镁合金的研究方面，我们的起步比较晚。目前，镁合金的重要性得到了大家的认可，无论是军事工业还是民用产品上，都需要镁合金。因此，科研工作者都开始加强这方面的研究工作。镁，是一种很轻的金属，比较不同的材料我们可以看出，比重较重的是铅，它的比重是

胡壮麒

MEETING OF MINDS
GO EXPO WITH ACADEMICIANS

11.35；比铅轻一些的是铁，它的比重是7.88；而镁的比重只有1.74，它是这3种材料里最轻的一种。有些镁合金的比重只有1.81，比铁、钢、钛、钛合金甚至铝合金都要轻。镁的比重轻、强度高、刚度高，它的阻尼性特别好，可以作为抗震动的材料。而且镁合金的导热性能好，切削性能好，铸造性能也很好，具有电磁屏蔽的能力，还可以作为绝缘材料。

非洲联合馆内的木质装饰屏风

我国的镁资源分布广泛，从西北地区一直到东北地区，镁资源非常丰富。因此，我国现在正在积极开展镁合金的研究工作。比如镁合金可以用于军工业，制造武器。如果一个士兵背上几十千克重的武器，就不能在战场上迅速跑动起来。由于武器很重，运输也会发生困难。现代战争都是立体式、全方位的战争。坦克需要用直升机吊运，如果坦克很重的话，吊运就会成问题。从军用的角度考虑，武器的重量需要减轻，所以镁合金在军工业上可以发挥很大的作用；从民用的角度考虑，汽车现在越来越普及了，如果把汽车自身的重量减轻，就能达到节能环保的效果。比如汽车上的好多铝合金零件都用镁合金来代替，汽车的重量就会变轻，也就跑得更快了，还能节能省油。如今在德国和法国，规定在生产每辆汽车时，必须使用一定量的镁合金材料。将来这个指标会逐渐升高，并以此来减轻汽车的重量，做到节能省油、低碳环保。除了上述在工业与军工中的应用外，镁合金在新兴的生物医药材料中也有广泛的应用。比如一种人体植入材料——可降

相约名人堂
与院士一起看世博

解镁合金心血管支架经植入动物体内实验在2009年已经获得成功。这种镁合金支架随着人体内血管结构重塑的完成，可以通过缓慢有序又无毒害作用的方式在人体内完全降解，避免了目前临床使用的不锈钢支架和钛合金支架需要二次手术或长期存留于血管内，从而导致患者血管壁内膜增生及再狭窄的发生。这对由意外事故导致伤残者，或者是患有先天性心血管疾病的婴儿、青少年等具有非常重要的治疗意义。

国家科技部有一项支撑计划，就是要资助从开发生产镁一直到使用镁合金的全过程的各个项目。我国每年产镁50万~60万吨，其中的三分之二用于出口贸易，因此我们国内镁的使用还是处于不高的水平。镁合金在汽车工业中已经被大量应用，如果镁合金代替钢，汽车的重量就可以减重40%；如果镁合金代替汽车中的铝合金，汽车的重量可以减重25%。所以镁合金在汽车工业中的应用范围是相当广泛的。我们生

世博大道上的装饰画与绿化

产的高速列车，可以大量使用镁合金，同样，摩托车和自行车也可以使用镁合金。重庆大学就自行生产了一辆摩托车，它的整体材料都是用镁合金来做的。在汽车工业中，按照汽车每减重100千克，每千米油耗可以减少0.7升来计算，汽车自重减轻10%，其燃油的效率可以提高5.5%。比如德国的宝马汽车，都是用镁的复合材料来做的。

但是，镁合金并非是十全十美的材料，它也有一些必须要克服的缺点。正如前面我们提到的其他材料，包括航空材料如镍合金等，它有优点，也会有缺点。这些都需要

我们不断深入地去探索和研究。首先，作为高强韧性的材料，镁合金的强度还不够。如果新型的镁合金材料能够兼具铝合金材料的一些特性，提高其强度，那么，它就可以用来代替铝合金材料。这也是需要我们去研究的一个课题。其次，作为耐热的材料，镁合金也存在一些问题，如一旦温度提高，镁合金的一些优良性能就会降低。所以如何提高镁合金的耐高温特性也是我们需要研究的一个方面。另外，镁合金要成为一种易成形的材料，也是不够理想的，镁合金材料变形比较难，可塑性不高，还有一点就是镁的耐腐蚀性能不够理想，这些都是目前限制镁合金材料广泛使用的难题。

我们目前在改善镁合金的可塑性方面做了一些研究，也取得了一些进展。比如我们利用脉冲磁场技术来改善其可塑性。据研究发现，在脉冲磁场条件下，镁合金的延伸力、可曲性都提高了。在实验中，首先把镁合金变成一定的晶粒，经过脉冲磁场以后发现，晶粒变得很细、很均匀。晶粒细化后，镁合金的可塑性提高了，它的可曲性和延伸力都得到了很大的改善。

关于镁合金方面的研究课题很多，在这里只是举了几个例子，相信在不久的将来，我们还会攻克很多难关来提高镁合金的成形性及其力学性能。

亚稳材料及其应用

所谓亚稳材料，就是不稳定的、不平衡的一种材料。目前，全世界正在广泛地研究这种新型材料。它包括非晶、微晶和纳米晶，关于纳米晶大家都很熟悉了。今天所讲的亚稳材料，大家可以了解一下它的功能：在一种液体的表面覆盖着一层蜡，如果把我们所要介绍的这种亚稳材料放上去，这层附着在表面的蜡就全化开了，没有了。因此，这种特殊的亚稳材料，可以化解油井表面附着的蜡。我国有很多大型油田，在石油里面含有蜡，在抽油时，油井会被堵死，油抽不出来了，除蜡过程一般需要一个星期。如果不除蜡，只要三个星期到一个月的时间，油井就会被封死。比如辽宁省的盘锦油田由于附蜡太多，本来石油产量可以更高，结果开采三四个星期，就要停产除蜡，影响了石油产量的提高。如果我们用亚稳材料在油井底下接一段，这样油井在一年内都不需要除蜡，可以整年连续生产，不仅石油产量大大提高，而且节省了成本。现在，许多油田都在试用这项技术。经试用发现，在没有采取防蜡措施之前，油井一般每月需要清洗一次，用了防蜡工艺后，在 5 个月内没有发生产量下降的问题，说明该项技术的防止积蜡效果是非常明显的。

我们把这种亚稳材料部分运用到汽车的柴油机里，结果发现，有明显的防止积蜡效果。但是，我们把它运用到汽油发动机里，效果却不明显。我们做了对比试验，结果发现空车减少能耗 6.12%，加载后减少能耗 3%；排气检测结果表明，加了亚稳材料后汽车不冒黑烟了，因此可以改善汽车对环境的污染；如果把亚稳材料加在军用坦克的发动机里，坦克也不冒黑烟了，这样的坦克在作战中就不易被敌方发现。因此，这种亚稳材料既节能又减排，有广泛的利用价值。

从这个意义上说，所谓新型材料也可以这样来理解，比如要把钢材料的强度提高，这样使用钢筋的数量就可以减少。把钢材料的质量搞上去，也是节省钢材料的一种方法，这就是节省能源。请计算一下，生产 1 吨钢材料需要耗费多少能源、多少辅助材料。再比如，我们每年差不多要生产 10 亿吨水泥，而水泥的生产过程也是很浪费能源的。如果我们能把水泥的质量搞上去，就能减少能源的消耗。因此我认为，节能减排其实是一个很广义的概念。

总而言之，发展新型材料，对工农业生产、军工业生产以及日常生活中的节能减排工作起到了很大的作用。因此，我们期待着这些新型材料以及由这些材料开发出来的高新技术产业将会进一步推动上海经济社会的发展。

胡壮麒　MEETING OF MINDS
GO EXPO WITH ACADEMICIANS

对话院士

新能源在上海世博会后的发展趋势

低碳生活从节俭做起

胡壮麒：如果大家能尽量少开车，就可以省下汽油；如果在用餐的时候，不要点那么多菜，那么我们的资源就可以节省下来。低碳生活要每个人从点滴做起，哪怕是每天少使用一些时间的电灯，都是为低碳生活作出自己的贡献。

培养学生亲自实践、勇于创新

胡壮麒：教师要引导学生创新，培养学生亲自实践、勇于创新的意识。回忆当年，自己曾在国外大学见到的课堂氛围，与我们国内很多大学上课讲公式、下课做习题不同，他们更加注重学生亲自去做、去体验、去发现。

（嘉宾：燕　爽）

院士与嘉宾对话

视 点

关注"相约名人堂——与院士一起看世博"活动诠释的科技奥秘和世博精彩,从科学传播的视角聚焦世博主题。

世博会城市最佳实践区将低碳这一主题演绎得淋漓尽致,低碳科技作为低碳经济的有力支撑,其发展创新有赖于每个人的努力。胡壮麒院士在演讲中指出,随着经济的发展,不少人富裕了起来。于是,越来越多的人拥有了自己的汽车,越来越多的人住进了大房子,越来越多的人开始"下馆子",然而在人们富起来的同时,浪费的现象也开始出现。

在院士与观众互动的环节中,林宗虎、胡壮麒两位院士更是关切地指出"后世博"教育在"后世博"时代发展中的重要意义。社会加快经济发展方式转变和经济结构调整对工程教育提出了更高的要求。

从事相关领域专业学习、研究的部分上海理工大学学生、校友们,以"未来工程师"的身份,坐在台下,和两位院士共话"后世博"时代发展的热门话题。针对"后世博"效应对工程教育的影响,上海理工大学科技园总经理王慧波则更深一层地提到从事科技创业的大学生如何充分利用科技园这个平台把握"后世博"时代所蕴藏的经济机遇,从谋求自身发展做起,影响"后世博"时代的发展,让"未来工程师们"卓越起来。

如何用低碳科技推动低碳经济的发展也是在场嘉宾和观众共同关注的话题。两位院士表示,创新仍旧是关键——通过技术创新、管理创新,才能实现低碳经济的进一步有效发展。

活动期间,林宗虎、胡壮麒两位院士也向大家介绍了

胡 壮 麒　MEETING OF MINDS
GO EXPO WITH ACADEMICIANS

低碳科技在世博园区和日常生活中应用的典范和自己的科研心得，令在场的"未来工程师"和观众们受益匪浅。

（来源：《科技日报》 2010年7月12日）

7月5日上午，中国工程院院士、亚太材料科学院院士、世界著名材料学家，我校百年首批杰出校友、中国科学院金属研究所胡壮麒研究员受聘为我校名誉教授。校长许晓鸣出席受聘仪式，并为胡壮麒院士颁发名誉教授聘书和"上海理工大学杰出校友"纪念铜牌。人事处、科技处、校友处、校办及材料学院有关领导、师生代表参加仪式。

仪式上，胡院士回顾了他于1948～1952年在沪江大学（上海理工大学前身）化学系的求学经历，畅谈了他毕业后在中国科学院金属研究所立志科研强国58年的奋斗历程与成就，表达了对母校的拳拳之心和支持母校材料学科快速发展的真诚愿望。仪式结束后，胡院士为材料学院师生作了题为《高温合金的几个问题》的学术报告并参观了材料学院实验室。

胡壮麒院士作为我国高温合金研究领域的组织者和领导者，长期从事高温合金和非平衡合金研究，参与创建和领导了快速凝固非平衡合金国家重点实验室；发表500多篇学术论文，出版12部学术著作，获得包括国家

印度馆内精美的艺术茶壶

在世博园内展示的装饰画

科技进步奖一等、二等奖,国家自然科学奖三等奖等数十项研究成果奖励;先后获得何梁何利基金科学与技术进步奖、国务院特殊津贴、辽宁省劳动模范等多项荣誉称号;培养了100多名博士研究生,其中两名学生的论文获全国百篇优秀博士论文。2006年,胡壮麒院士当选为上海理工大学百年首批杰出校友。

(来源:上海理工大学网 2010年7月6日)

在胡壮麒院士八十寿辰之际,由材料与冶金学院、研究生院、轧制技术及连轧自动化国家重点实验室(RAL)、材料电磁过程研究教育部重点实验室(EPM)联合主办的"胡壮麒院士学术思想研讨会",于近日在我校召开。

胡壮麒院士系东北大学名誉教授,中国科学院金属研究所研究员,是享有盛誉的科学家和卓有成就的教育家,同时也是我校人才培养、科学研究的长期、密切的合作伙伴。与会学者回忆了与胡院士的学术交往,对胡院士渊博的学识、崇高的学术品德、对工作认真负责的态度给予了高度评价,并对胡院士的学术研究思想进行了探讨。

王国栋院士在发言中谈到了胡院士对RAL重点实验室的起步和发展,给予了非常无私的重要的指导,也正是在他的带领下实验室完成了第一个重大项目。在工作中,胡院士那科学严谨的工作态度让大家深有感触。胡院士研究工作中所有的数据都是以实验结果为依据,以自己亲自动手干出来的东西来说明问题。正因为这样,才使得胡院士这么多年来一直有创新成果。

郝士明教授总结了胡院士学术研究的三大特点。第一,胡院士是一个科学家,他把国家的需要放在第一位,研究方向紧密结合国家的需求,充分体现出爱国科学家"位卑不敢忘忧国"的崇高境界;第二,胡院士经历了材料学形成、发展、不断成熟的历程,在高温合金研究领域具有很高的地位,并具有相当的话语权;第三,他非常注意自己研究领域以外的相关领域的科学研究。他积极地联合其他院士进行镁合金的研究,并扶植了沈阳工业大学的镁合金研究所,为国家材料科学拓宽研究领域作出了贡献。

在众多发言中,大家无不为胡院士严谨的科学作风、勤奋的工作态度和非凡的人格魅力所折服,而80岁高龄的胡院士在发言中则表示非常乐于与东北大学继续学术研究和人才培养方面的合作,作为名誉教授仍希望多为东北大学带博士生,多为国家培养后备力量。胡院士还对我校人才培养工作提出了更高的要求和希望。大家纷纷表示要以他为榜样,传承他的事业,衷心祝愿老先生健康长寿,继续加强合作与交流,共同发展我国的材料科学事业。

(来源:东北大学新闻网 2009年9月15日)

相约名人堂
与院士一起看世博

院士风采

　　郭重庆，机械制造工艺与设备、设施规划与设计专家，中国工程院院士。1957年毕业于哈尔滨工业大学。现任同济大学教授，国家自然科学基金委员会管理科学部主任，中国工程院工程管理学部副主任，中国机械工业联合会专家委员会委员，中国机械工程学会理事，《管理科学学报》主编。1995年当选为中国工程院院士。

　　郭重庆院士长期从事工程项目的设计、咨询及产业发展战略研究。曾担任世界银行上海机床项目及世界银行沈阳工业改革项目总设计师，通过企业制度的改革、生产合理化的改组及生产现代化的改造，实现了企业整体改革、改组及改造。曾在机械工业部第六设计研究院从事工程项目设计和咨询工作40余年，担任30多项国家及部重点建设项目总设计师工作。1989年被授予"中国工程设计大师"称号。

　　郭重庆院士曾荣获国家科技进步奖1项，部科技进步奖5项，国家优秀工程设计金奖1项，国家优秀工程设计银奖3项，机械部优秀设计一等奖3项。出版了《先进制造技术》、《全球化时代的中国制造业》等专著。

郭 重 庆　MEETING OF MINDS
GO EXPO WITH ACADEMICIANS

中国工程院院士
郭重庆

这是一个服务引领
事业发展的时代，
让时势者为俊杰。

郭重庆
2010.

睿智之光

上海的经济转型实际上是一个文化问题，是一个商业环境的氛围和政策价值取向问题。上海要发展、上海要转型，服务文化、创新文化、创业文化、商业文化、海纳百川文化缺一不可。

面向未来，发展生产型服务企业
——郭重庆院士谈后世博上海的发展

世博对于中国和上海来说是一次机遇

自从1933年芝加哥世博会首次围绕一个"主题"展示后，世博会不再是对"物"（商品）的崇拜，而成为世界对人类共同关注问题的一个表达平台。世博会逐步演化为超越种族、超越国界、超越文化、超越信仰的一次次全球性的"全家福"。它传达了一个地球、一个家园，彼此尊重，和谐相处，与环境友好的可持续发展的理念。在当今世界纷争不断、人类生存环境日益遭受危机之时，世博会尤显珍贵。

对中国来说，怎么高估世博会的价值都不为过。正如20世纪70年代东京奥运会、大阪世博会和90年代汉城奥运会、釜山世博会，将二战后初出茅庐的日本、韩国推到了世界舞台的前列，进入21世纪的北京奥运会和上海世博

郭重庆　MEETING OF MINDS GO EXPO WITH ACADEMICIANS

会也定会将一个崛起的中国推到世界舞台的前台。

"城市，让生活更美好"，这是多么现实的一个主题。现在全世界有一半以上的人居住在城市，在发展中国家，城市化进程正在不断加速，这正如诺贝尔奖得主斯蒂格列茨所言，21世纪有两大看点：中国的城市化和美国的高新技术。中国正在迎来人类历史上最大规模的人口大转移，这既是一个中国二元经济转型的发展机遇，也是一个巨大的挑战。究竟该如何应对，还没有一个明晰的思路和对策。

全球化正在改变着世界政治经济格局。世界改变了中国，中国也改变了世界。改革开放30年，中国恍如经历了欧洲从文艺复兴运动到今天的400年历史进程，世界在进步，中国也在进步，人们需要相互沟通，相互理解，不要无知，不要偏见。世博会正搭起了一个沟通平台，通过入园观摩到媒体网络传播，全球同此凉热，让梦想推动中国和世界走向未来。

后世博，上海发展何处去

目前，上海正面临诸多内外挑战。首先，国际贸易环

世博园区安检通道

相约名人堂
与院士一起看世博

境随着金融危机日益趋紧，全球化进程或放慢速度，甚至面临倒退，国际贸易保护主义抬头，出口导向的上海外向型经济受到挤压。其次，西方高消费、高负债的生活方式和高杠杆比、高收益回报的金融行为偏好以及国家主权债务的膨胀或将受到抑制，流动性短缺，外需不振的局面难以短期恢复，上海GDP增长乏力或将成为常态。此外，西方发达国家"再制造化"的企图，或将减缓产业转移。

中国的资源、能源、环境消耗型的发展方式被诟病，但发展方式的转型尚乏善可陈，国际上一股唱衰中国经济的所谓"后中国时代的到来"正刺激着中国人的神经。由"富士康事件"而引发的中国劳动力从无限供给到短缺的"刘易斯拐点"的不期而至，更触发了上海经济转型的紧迫性。另外，制造业的空心化是世界大城市发展中必然要面临的问题，上海也无法幸免。可以说，上海正处于一个痛苦的发展转型期。

上海在经历了连续十几年两位数增长以后，按常住人口计算的人均GDP已超过1万美元，进入了一个新的发展阶段——后工业化阶段。与周边城市相比，工业，特别是制造业已不再具有发展优势，工业投资逐渐减少也成必然。基础设施投资因世博会而达到一个峰值后，也失去了动力。比如，上海两个机场可承接年近1亿人次的客流吞吐量，5亿吨的世界级大港，420千米的轨道交通，均已属世界前列。后世博阶段钱往哪儿投，没有项目支撑，唯独依靠房地产投资是无法持续的，而后续的服务业发展也跟不上来。

上海同样摆脱不了投资拉动经济增长的模式。缺少了投资，上海发展减速也成必然。曾寄希望于浦东这个"引擎"，近年也显疲态，高技术产业没有获得人们预期的回报，浦东经济总量现在只及深圳的一半，天津滨海新区近期赶超浦东也不是一件意外的事。上海，这个曾经引领中国经济"风向"的城市究竟该怎样继续发展，是人们所关注的。

郭重庆　MEETING OF MINDS
GO EXPO WITH ACADEMICIANS

上海经济发展是否会陷入一个新的低迷期

从20世纪90年代初到今天，连续十数年的高速增长以后，上海经济的发展已经到了一个节点，原有的路径依赖已经无法持续，上海面临新的发展战略的思考：今后上海的战略定位究竟应该是什么？

上海要不要搞高技术产业？答案是肯定的。我认为，发展产业的选择应顺应市场配置资源的基本原则，政府不宜过多干预或主导，特别是前景不明的技术，要顺从市场。沪商历史的辉煌和今天的沉寂形成显明的对比，尽管上海还有一批精明能干的国企管理者群体，但由于体制的局限,他们难以"放得开"，上海的经济转型呼唤领袖型企业家的主导和引领。

世博园内的参观游客

上海需要振奋精神，需要有所作为，不然就可能被边缘化、被矮化，沦为一个中国经济高速发展的旁观者，国内外一些城市的沉浮案例很多，上海20世纪80年代也曾经历过低迷的10年，发展缓慢，上海必须警惕陷入新的低迷期。

上海优先发展产业的选择

上海优先发展产业的选择一直是争论的一个焦点。上海要不要继续搞制造业？仁者见仁，智者见智，难以取得共识。如今上海绝大多数的产品竞争是成本竞争，包括高技术产品，这也可以说明英特尔的芯片封装厂为什么要从浦东搬到成都,无独有偶,最近英特尔也将其在硅谷的最后一家芯片厂关闭了,而在大连新建了12英寸的芯片厂,硅谷无"硅",硅谷的价值链开始分解,寻求新的出路,这也是客观规律。商务成本高是上海经济发展的软肋,无法回避,我们必须正视它。与国际大都市比较,东京制造业的比重不超过10%,纽约是8%左右,而上海制造业的比重在30%以上。东京的制造业是以印刷业为主,日本全国80%的印刷业集中在东京,印刷业并不是什么高技术,但它是东京制造业的优势产业。

如何走出中国制造业的困境?上海的机会和责任到底在哪里?上海的机会和责任是大力发展中国的生产性服务业,为中国制造业升级提供服务。

对发展生产性服务业,温家宝总理曾讲过3句话:细化深化社会专业分工,提高资源配置效率,降低社会交易成本。诺贝尔奖得主斯蒂格列茨认为:"影响一个国家和地区发展的关键因素除了物质资本、人力资本和知识以外,

沙特阿拉伯馆楼顶的异域风情展示

郭重庆

另一种资本是社会和组织资本,变革的速度和模式取决于这种资本的形成,国力的增长也取决于这种社会和组织资本。"

中国当前稀缺的是社会组织资源,也就是社会专业分工,生产要素的社会化资源配置,也就是要素和人才的内化到外化配置,这是转型国家的共同点,也是中国的当务之急。国家创新体系的始推动者认为,对国家创新体系来说,"社会能力是必不可少的,社会能力的建设比技术能力的建设更复杂"。没有社会能力的建设,制造业企业的瘦身转型,突出主业,突出核心竞争力就缺少支撑。上海的区位优势在于资金和人才聚集以及地理位置优越,因此搞投入、研发和销售服务等专业服务是上海整合多种产品和服务产业链的杀手锏。这是上海的定位,也是上海的出路。

奥地利馆诠释保护淡水资源的理念

但是这需要专业技术人员和扩张型企业家的完美结合,上海需要马云这样将市场与技术无缝对接的创业领袖;上海需要一批领袖型的企业家,像IBM和苹果公司那样,走价值链整合的路,"整合者得天下",不求我有,但为我用;上海需要"放得开",让企业家当家,培养几个像平安、招商那样的企业;上海需要像台湾联发科那样的芯片设计公司,将芯片制造、嵌入式软件、服务三位一体,提供给客户一个完整的解决方案。中国是制造业大国,提升中国制造业的能阶,走工业化与信息化融合之路,上海应该是一个引领者,责无旁贷。对上海来说,"墙内开花,墙外香"可能是一条规律,一条正道;上海需要开放联盟型的创新,才能平衡竞争与合作之间的关系。

当前,对上海的挑战:一是要学会放弃,要分流出一批竞争力不强的产业,聚集一批成长性强的新兴产业;二是要学会选择,要有市场导向,不要概念化的高技术导向。

服务转型是后工业化城市发展的一个世界性趋势

服务经济发展是一个大局趋势,孕育大量发展和创新的机遇。我们看世界经济发展的轨迹,基本上是归结为一条不断满足不同发展阶段的人的需求:工业化延伸了人的手脚;信息化扩充了人的大脑;服务化满足了人的个性化需求。

中国在信息化发展方面刚刚跟上了世界潮流,这次若能抓住服务化转型的机遇,依靠现实和潜在的市场规模,在服务经济与服务创新方面有所作为,中国有可能在服务型制造模式、电子商务及互联服务等新的商业模式上实现突破,推动社会大分工,颠覆传统的制造模式和商业模式,并有可能在这新兴领域产生出世界级企业,这定将推动中国经济社会大发展,并对世界经济发展作出贡献。

服务经济的核心是服务创新。服务提供者与服务接受者在服务过程中共同创造并获得了价值。如在普适计算环境下的服务创新,人们手持一个终端(如一个3G手机)通过互联网,经过"云"(计算服务)和"海"(海量数据的

夜晚的俄罗斯馆外景

郭重庆　MEETING OF MINDS
GO EXPO WITH ACADEMICIANS

挖掘、分析、优化、决策）而得到一个满意的个性化服务（如医疗、教育、娱乐、购物、出行、商务……）。人们似乎可以用手机得到任何信息服务，由此体现了服务的多样性、实时性、便捷性和交互性。"云"加"海"并落脚于满足消费者个性化的服务需求，这种制造与服务相结合的模式将成为一切产业发展的最终归宿。先驱者们（IBM、苹果公司……）将先导这场变革。

对上海未来的期望

2010 年的上海世博会拉动了上海经济：经济总量会恢复到两位数增长，服务业会上升到 60% 左右，地方财政收入会超过 3 000 亿元。但以后怎么办？我们还是要看世博会对上海转型的长远影响。

文化的缺失是一个社会各方面发展的致命伤，也是上海在后世博时期必须思索的问题，上海的经济转型实际上是一个文化问题，也是一个商业环境的氛围和政策价值取向问题。新的产业不是一天两天就可以建立起来的，如果这个城市出现与其经济转型不相匹配的文化缺失，这比具体的经济发展低迷更让人着急。服务文化，能满足居民个性化的服务需求及企业多样性的专业服务需求；创新文化，有利于专业人才的聚集；创业文化，有利于企业家的聚集；商业文化，有利于昔日购物天堂的重建；海纳百川文化，有利于再现昔日城市的繁荣基础。上海要发展、上海要转型，这些文化缺一不可。

为世博园区服务的地铁站服务中心

对话院士

后世博时期的发展机遇

世博会规模化地应用了新型技术和产品作为示范

郭重庆：这届世博会不同于以往的世博会。它有一个实践区，使得很多城市的管理者可以从这里取经。绿色的、可持续的发展的确是一个很好的理念。我认为上海世博会留给人们更深远的意义是浦西的城市最佳实践区，很多管理者在这里可以寻找到管理的新理念，许多商机也能在这里寻觅到。

世博会促进政府做好服务工作

郭重庆：人人都在说世博会的经济效应，但我认为这

院士与嘉宾对话

是短期的，长期来看世博会还会影响上海乃至整个国家的政治和文化。看过世博会后，老百姓的视野更宽了，对政府的要求也会逐步提升，这样会促使政府做好服务工作。

服务业分成两块，一种是终端的，就是具体消费的服务业，如餐饮、零售；一种是生产型的服务业，给企业做研发、销售、协同制造、物流的服务。我认为对上海这个城市来讲，上海拥有资金、人才、地理位置等的区位优势，大力发展生产型服务业应该是最好的选择，不但发展空间大，对制造业转型也能起到推动作用。比如说，上海的物流就没有真正做好。在中国，人均寄件的数量仅1.5件，而美国则高达20～30件。上海有非常大的商务物流需求，而目前的上海市场上却没有崛起大规模的物流企业。我建议，上海不妨放弃、分流掉一批竞争力不强的产业，转而选择一些产业导向型强的领域，走价值链整合之路。

GDP增长乏力，警惕陷入"新低迷"

郭重庆：后世博上海发展何处去？目前的现状并不乐观。随着全球化进程放缓，国际贸易保护主义抬头，出口导向的上海外向型经济受到挤压。西方国家主权债务的膨胀，使外需萎缩成为不争的事实，上海的GDP增长乏力或将成为常态。

上海目前的经济战略定位太过发散，既想成为纽约，又想做硅谷，同时也憧憬着效仿西雅图和底特律。此外，民营企业的缺失也是上海经济缺乏活力的一大"硬伤"，尽管上海还有一批精明能干的国营企业的管理者，但由于体制所限，他们难以"放开手脚"。上海正面临内外诸多挑战，一不留神可能就会重蹈20世纪80年代经济低迷的覆辙。

（嘉宾：李光明）

院士风采

陈晓亚，中国科学院院士。中国科学院上海生命科学研究院植物生理生态研究所研究员，博士生导师。1982年毕业于南京大学生物学系，1985年在英国雷丁（Reading）大学获博士学位。现任中国科学院植物生理生态研究所所长、植物分子遗传国家重点实验室主任、中国植物生理学会常务副理事长、国际棉花基因组协调委员会（ICGI）委员等职。2005年当选为中国科学院院士。

陈晓亚院士长期从事植物次生代谢和棉纤维发育研究，早期曾从事植物分类学研究。对植物倍半萜代谢，尤其是棉花和青蒿萜类生物合成及调控开展了系统深入的研究，克隆鉴定了棉酚合成途径一系列酶和调控因子基因，并将棉花漆酶用于环境修复。通过对棉纤维发育相关转录因子的分析，鉴定了调控基因并提出其内含子起重要作用，为揭示棉纤维和植物表皮毛细胞发育的分子机制作出了贡献。在植物microRNA领域，发现激素和miR160通过生长素应答因子控制根尖顶端细胞分化和根冠形成。

陈晓亚 MEETING OF MINDS
GO EXPO WITH ACADEMICIANS

中国科学院院士
陈晓亚

珍惜植物就是
爱惜我们自己

陈晓亚
二〇一〇年十月四日

睿智之光

植物园不仅具有科研、教育、娱乐、经济的功能，还有塑造城市精神气质、提升城市生活幸福感的重大意义。因此在人口密集的大都市中修建植物园可以成为城市发展的绿色名片。

植物园让城市更美丽
——陈晓亚院士谈植物园和城市发展的关系

植物是人类不可或缺的"衣食之母"，人类的食物直接或间接来自现代植物，人类依赖的石油、天然气等大部分能源来自古代植物资源，人类的医药健康离不开植物，美好的环境也需要植物的装扮。作为传统文化的重要组成部分，植物还可以陶冶情操，怡养品性。比如中国人喜爱的"岁寒三友"、出污泥而不染的莲花等，从植物中我们可以读出许多高贵的品质。

植物不可或缺

植物是天然氧吧。植物在生长过程中要吸收大量二氧化碳，放出氧气。据研究测定，植物每吸收44克的二氧化碳，就能排放出32克氧气；树木的叶子通过光合作用每产生1

陈晓亚   MEETING OF MINDS
GO EXPO WITH ACADEMICIANS

克葡萄糖，就能消耗 2 500 升空气中所含有的全部二氧化碳。照理论计算，森林每生长 1 立方米木材，可吸收大气中的二氧化碳约 850 千克。若是树木生长旺季，1 公顷的阔叶林，每天能吸收 1 吨二氧化碳，制造出 750 千克氧气。植物是天然的消声器。实验测得，公园或片林可降低噪声 5～40 分贝，比离声源同距离的空旷地自然衰减效果多 5～25 分贝；林地可以使汽车噪声消减 10～20 分贝；城市街道上种的树也可消减噪声 7～10 分贝。

植物有涵养水源、降低环境温度的功能。1 亩有林地比 1 亩无林地多蓄水 20 吨；森林里气温比城市空旷地低 2～4℃，相对湿度则高 15%～25%；林地比沥青混凝土的水泥路面气温要低 10～20℃；有林区比无林区年降水量多 10%～30%。

植物还能净化环境、提高空气质量。科学测算，1 亩树林一年可吸收各种尘埃 22～60 吨；一亩树林 1 个月可以吸收有毒气体 4 千克；公园和林地中空气的二氧化硫要比空旷地少 15%～50%；公园和绿地吸收二氧化硫的速度是空旷地的 3～8 倍。

世博园里栽培的植物

美丽的城市花园

集观赏、科研、娱乐于一体的现代植物园与世博会很有渊源，植物园建得好的地方几乎都办过世博会，办过世博会的城市都建有一个特别好的植物园。比如，举办 1967 年世博会的加

拿大蒙特利尔，就有一个非常好的植物园，还有一个明代园林风格的中式园林"梦湖园"；1988年世博会所在地澳大利亚布里斯班，也建了一座出色的布里斯班库塔山植物园。上海世博会举办前，作为世博会重点工程之一，占地200多公顷的辰山植物园于世博会开园前向公众开放。植物园本身就是美丽的城市花园，在人口密集的大都市中修建植物园，犹如嵌上一颗美丽的明珠，成为城市的绿色名片。

不仅是收集和栽培

早在16世纪，植物园就随着植物科学的发展而诞生了。其最初目的仅仅是收集和栽培药用植物，但经过几个世纪的发展后，如今的植物园已不仅仅是人类利用自然和改造自然智慧的体现，更成为集收集、栽培、科学管理、研究、保护、展示和教育等于一体的科研机构，成为一个地区、一个城市甚至一个国家文明建设的象征。随着经济和社会的快速发展，人类大规模活动对环境造成了严重影响，物种正以比自然过程快1 000倍的惊人速度减少，生物多样性逐渐减少，地球正经历着第六次物种大灭绝。因此，植物多样性与资源的保护和合理利用成为目前人类面临的新课题，也是新形势下植物科学研究的重要使命之一。

在城市最佳实践区展示的高技术无土栽培蔬菜

植物园作为全球植物迁地保护和就地保护的中心，在植物科学研究和资源保护方面起着不可替代的作用，如何科学有效地保护植物多样性，使可持续开发利用植物资源成为可能，并加强公众的保护意识，已经成为植物园在今后发展中最值得思考、研究和探讨的问题。除了保护资源，植物园也是科学知识传播的生动课堂，科学研究的重要基地。植物科学已经从经典的描述性科学发展为最为活跃的前沿学科，通过实验揭示生命规律，通过计算预测生命活

陈晓亚　MEETING OF MINDS
GO EXPO WITH ACADEMICIANS

动，通过工程创造优良种质，都是当今植物科学研究的重要内容。

城市发展的绿色名片

植物园不仅为城市增添了一个公园，同时还增添了文化，增添了科研。当今世界，植物园与城市协同发展，已经成为城市发展的绿色名片。植物园本身就是一座美丽的城市花园。植物对城市精神品质也有着重要作用，在上海的文化建设中，植物园可以发挥怎样的作用？植物园对城市功能的完善，有很多可以发展、挖掘的地方。新建的植物园至少需要"十年树木"，但同样也可以赋予一些文化的功能，比如在植物园举办音乐会，或者年轻人的婚礼在植物园举行，都可以陶冶情操、净化心灵，使年轻人更有幸福感，拍摄的照片也会更漂亮。植物园还可以举办一些青少年教育活动，比如诗歌朗诵、科普活动，不仅仅是简单的游玩或拍照。我们的经济水平日益发展，文化素质的提高还需要下力气，很多人觉得生活有很大改善，幸福指数却没有那么高，这其实还是与精神世界和文化素养相关。

世博园区内的速生林

对话院士

植物,让生活更美好

城市绿化需要注重生物多样性

陈晓亚:上海近年来绿化面积不断增加,达到了相当好的国际标准。但是,上海乃至长三角地区也有一定的客观限制,一方面江浙地区几千年来都是鱼米之乡,自然形成了珍稀耕地;另一方面城市功能的完善又需要开辟绿地,这就首先要对绿地、农田有个科学的规划,使得两者相得益彰,而不是相互影响。另外,还可以发展立体规划,比如楼顶绿化、立式栽培等。同时,城市绿化需要注重生物

院士与嘉宾对话

陈晓亚　MEETING OF MINDS
GO EXPO WITH ACADEMICIANS

多样性,要在城市花园中种植更丰富、生命力更顽强的植物。

外来物种入侵是可以克服的

陈晓亚：外来物种或者入侵的物种的确是一个问题，但是也不是不可克服的问题。我们也有很多物种出去，比如我们国家的螃蟹、鲤鱼跑到美国去了，作为全球一体化本来就很难避免物种的进出问题，但是有一些外来物种的泛滥跟我们的环境也有关系。比如水葫芦，如果水没有严重的富氧化，水葫芦就不会这么严重泛滥。解决这个问题，一个方面，我们自己要把环境治理好，生物多样性就会好一点；另一方面，我们要想办法控制水葫芦的生长，运用多种措施，还是可以控制水葫芦生长的。

在上海的城市绿化中，水生植物与陆生植物都可以发挥作用

世博园里的新型绿化方式是可以推广应用的

陈晓亚：要选择多种形式的绿化方式，不要单一在墙上挂一样的东西，这样恐怕反而更单调。就像我们的建筑要多种多样一样。我们可以用一些现代的技术做一些垂直绿化，根据不同的墙、不同房屋设计一些多样且可以不断更换的植物。我想这是一个增加我们城市绿化的重要措施。

合理选择家庭种植的绿化品种

陈晓亚：为家庭推荐一些家庭种植的绿化品种，这是我们园林绿化部门重要的职能。从事业、产业来讲这是很大的一块资源，当然我们不光是看中一个产业，更是把它作为一项文化事业。今后，植物园可以办一些专门的培训班，告诉你哪些植物不适合在家里种，因为有些植物会挥发一些成分，这些成分对人体健康有害，这个就需要专家的指导。

辰山植物园和上海植物园是互补的

陈晓亚：上海植物园还是比较年轻的，是解放后才建的。它有很多特色。辰山植物园和上海植物园的地理位置正好相互补偿，辰山植物园在松江，离佘山不远。我们希望把一些科研、物种资源的保护放在"辰山"。当然功能的定位是相对的，不会引起很大的冲突。而且市政府也是坚持原来的植物园还是植物园，而且要把它做好。可能是这两年游

世博园区内展示的成都活水公园案例

陈晓亚　MEETING OF MINDS
　　　　　GO EXPO WITH ACADEMICIANS

沙特阿拉伯馆内播放的环幕电影

人渐渐多了，园内来不及整理，显得比较"憔悴"。

建立辰山植物园种子库

陈晓亚：辰山植物园做过这个规划。我们甚至希望开展国际合作，和一些植物资源丰富的国家和地区开展合作。比方说我们最近去肯尼亚访问，我们也谈到了相互合作的事情。这样会使得我们种子库里面能够包含的内容更丰富。

植物园应该是公益性的

陈晓亚：毫无疑问植物园是公益性的。植物园是为广大百姓服务的，提高大家的科学素质。不管是上海辰山植物园、上海植物园或者是其他植物园，都具有公益的性质。

（嘉宾：姚诗煌）

相约名人堂
与院士一起看世博

视 点

关注"相约名人堂——与院士一起看世博"活动诠释的科技奥秘和世博精彩,从科学传播的视角聚焦世博主题。

现代技术让社会财富大大增加,但似乎并不表示人们的幸福就增加。城市有了更多的文化内涵,生活才会更美好,另一方面,植物园也可以让城市更美好。植物园不仅具有科研、教育、娱乐、经济的功能,还有塑造城市精神气质、提升城市生活幸福感的重要意义。

上海提出要建设世界美好城市,城市中必须要有植物的净化,作为人口密度高、土地有限的大都市,上海如何提高城市绿化率?陈晓亚院士提出,上海近年来绿化面积不断增加,达到了相当好的国际标准,但上海乃至长三角地区也有一定的客观限制,比如江浙地区几千年来都是鱼米之乡,自然形成了珍稀耕地;另一方面城市功能的完善又需要开辟绿地,这就首先要对绿地、农田有个科学的规划,使得两者相得益彰,而不是相互影响。另外,还可以发展立体规划,比如楼顶绿化、立式栽培等。同时,城市绿化需要注重生物多样性,要在城市花园中种植更丰富、生命力更顽强的植物。

(来源:东方网 2010 年 10 月 5 日)

10月4日下午,中科院院士、上海生命科学研究院院长陈晓亚受邀参加在上海世博园公众参与馆内举行的"相约名人堂——与院士一起看世博"活动,并作了题为"植物园让城市更美丽"的演讲。中科院上海辰山植物科学研究中心副主任马金双也出席了活动。

陈晓亚院士主要从植物的作用、植物园的历史、植物

陈晓亚　*MEETING OF MINDS GO EXPO WITH ACADEMICIANS*

园的功能、世博会与植物园等四个方面向公众普及"植物园不仅具有科研、教育、娱乐、经济的功能，还有塑造城市精神气质、提升城市生活幸福感的重大意义"的重要概念。他在演讲中指出，植物园本身就是美丽的城市花园，集观赏、科研、娱乐于一体的现代植物园更是有助于进一步完善城市功能，提升城市精神质量，在人口密集的大都市中修建植物园可以成为城市的绿色名片。活动中，陈晓亚院士与听众互动，就如何进一步提高城市绿化率以及辰山植物园在未来上海文化建设中如何发挥作用等问题进行了解答。

"相约名人堂——与院士一起看世博"活动由中共上海市委宣传部、市科技党委、市科委、市科协联合主办，是世博公众参与馆的重要活动，旨在引领普通参观者既看热闹，更能看出世博会的科技"门道"，充分用好世博会这个科普大讲堂，普及科技知识，弘扬科学精神，提升市民科学素养。

（来源：上海生命科学研究院　2010年10月8日）

院士风采

  郑南宁，中国工程院院士。西安交通大学校长，教授。1975年毕业于西安交通大学电机工程系，1981年获西安交通大学工学硕士学位，1985年获日本庆应大学博士学位。现兼任国务院学位委员会委员、全国高等学校教学研究会副理事长、国际模式识别协会理事会中国代表。1999年当选为中国工程院院士。

  郑南宁院士曾任西安交通大学电子与信息工程学院副院长，现兼任国家"863"计划信息技术领域专家委员会首席科学家，国务院学位委员会委员，陕西省科协主席。2000年起，担任国际模式识别协会理事会中国代表，并任中国"科学通报"执行副总编，微软亚洲研究院专家顾问委员会成员。

  郑南宁院士长期从事模式识别、机器视觉与图像处理等领域的应用基础理论和工程技术的研究。主持和完成多项国家科技攻关、"863"计划、国家自然科学基金和国防科研等重要科研项目。

  郑南宁院士曾获国家科技进步奖二等奖2项、国家发明奖四等奖、何梁何利科技进步奖等多项奖励；1990年他曾获中国第二届青年科技奖，1996年获中国青年科学家奖。2005年11月因在信息处理领域所取得的杰出成就和贡献，被美国电气与电子工程师协会遴选为美国电气与电子工程师协会会员（即IEEE Fellow）。

郑 南 宁　MEETING OF MINDS
　　　　　—— GO EXPO WITH ACADEMICIANS

中国工程院院士
郑南宁

探索人脑奥秘
创造美好生活
　　郑南宁
　　2010.10.11

睿智之光

机器是不可能完全地捕获到人类所有的情感、知觉和创造性的,因此,在能够预见的将来,计算机不可能替代人类。但是,人类应该期待去发现越来越多的智能机器。

人工智能与我们的生活
——郑南宁院士谈人工智能的研究现状

人类对先进生产工具的创造性想象和追求,促使人们去实现具有人的智能的机器。智能机器能对人的语言、表情、姿态等有所理解,并产生相应的行为。

了解人工智能也就是了解自己

用物理的形式来延伸人的智力或行为,我们称之为人工智能。人工智能是被设计用于完成需要更高水平的思考技能才能完成工作的技术,这些技能就好像人的智能。人脑是已知的最有效的生物智能系统,它具有感知、学习、记忆、推理等功能。研究人脑的认知过程并用机器来模拟,这是当前人工智能研究领域与信息科学发展中最有意义和极具挑战性的重要课题。人工智能的研究包括学习、推理和行为等范围,需要许多来自不同专业领域的研究者共同来研究。可以说,对人工智能了解得越多,我们就越了解

郑 南 宁

MEETING OF MINDS
GO EXPO WITH ACADEMICIANS

自己。

人工智能学科的形成

1956年的夏天，美国新罕布什尔州汉诺威一群有共同兴趣的科学家讨论如何通过设计电脑程序来创造出模仿人类思考或行为方式的机器。在那次讨论会上，达特茅斯大学的数学教授Mc Carthy、哈佛大学的学生Minsky以及其他两位学者提出了一份关于夏季研究项目的建议书，第一次使用了"人工智能（Artificial Intelligence）"这个词语。

当时提出这个词是基于人工智能的一个理论：人类智能的每个部分可以用很精细的方式来描述，使我们能够制造某种机器来复制人类的智能。

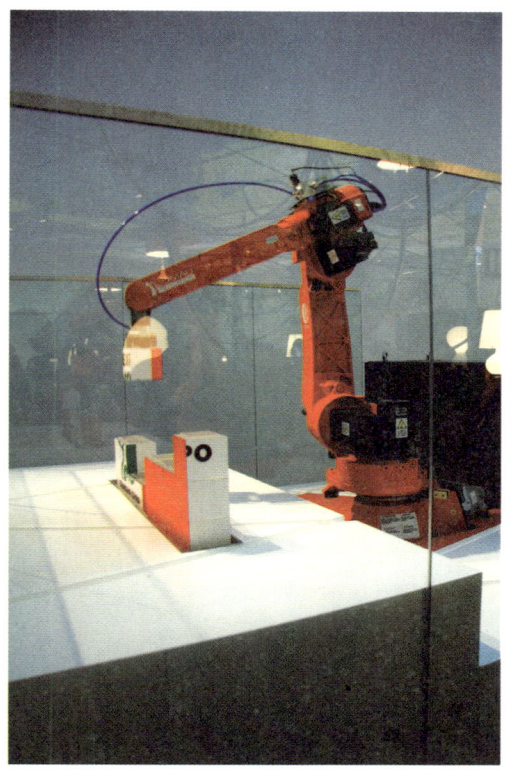

意大利馆内的智能机器手臂

计算机不可替代人脑

有人问，人工智能可以代替人脑吗？要解答这个问题，首先要弄清人工智能和人脑究竟谁更聪明。我们知道，计算机的数值计算能力已远远胜过人类，然而对视觉、听觉、语言等感知信息的理解能力计算机甚至还不如一个婴儿。因此，在现阶段或者在能够预见的将来，计算机也许无法替代人类，机器是不可能完全地捕获到人类所有的情感、知觉和创造性的，但是，人类应该期待去发现越来越多的智能机器。

如何广泛地模拟人的智能对信息进行智能加工和利用，使机器能够认知环境、正确接收和理解人给予的指令，这是信息处理技术发展的瓶颈。计算机的处理方式与人脑的信息处理方式存在很大差距。

城市最佳实践区内展示的未来城市的模型

应该说，至今人工智能的发展仍然比50年前科学家们期待的要慢。计算机使用和翻译自然语言仍然存在着巨大的困难，因为使用语言需要恰当地掌握数不尽的有关社会的、文化的环境方面的知识。因此，语言是人类依然能够认为他们自身比机器更聪明的一个方面。

具有认知能力的人工智能将成为研究方向

如今，人工智能的发展面临两方面的挑战：一方面，随着通信与计算机的广泛应用，语音、文字和图像信息处理的对象、载体和环境变得越来越复杂，已远远超出了当前计算机数值计算的能力，因此，如何使计算机对这类复杂信息进行智能加工和利用将面临着新的挑战。另一方面，互联网的普及使人类面对的信息量极度增长，信息社会的动态变化和趋势更加难以预测，仅仅依赖提高现有计算机的计算速度将无法满足日益增长的信息处理的需求。因此，寻求新的计算模型，解决网络环境下各类海量异构信息的处理和知识利用将面临着巨大的挑战。

为了应对上述挑战，使计算机能借鉴人的智能，像人一样分析和解决问题，并与人友好地进行无障碍的交流，

郑南宁

MEETING OF MINDS
GO EXPO WITH ACADEMICIANS

这就需要提高计算机信息处理和认知环境的能力。此外，人工智能技术急需理论与方法上的创新和突破。目前，基于认知计算的人工智能将成为未来信息科学发展的重大研究方向。

人工智能的应用

目前，人工智能的一些技术已经用于安保、军事、图像识别、无人驾驶、股票分析、太空船航行、生物控制等诸多领域。例如在 2005 年伦敦地铁爆炸案中，警方就是利用自动化的视频搜索和图像判断技术迅速破案的；在军事领域，基于无人作战平台的聪明炸弹系统，能自我寻找目标并导航；在医学领域，给脊髓损伤的患者植入芯片，使患者可依靠自身的意念来移动计算机光标，以实现患者恢复部分动作能力等。

在世博会的汽车馆里，展示了未来的概念车 EN-V，它的无人驾驶功能备受关注。在开车的时候，人的眼睛和大脑的反应能力能够非常轻松地帮助自己了解道路和周围的环境。然而，人类看似十分简单的快速识别环境的能力要想在计算机上实现，需要大量的计算和决策能力。

无人驾驶汽车要解决机器眼睛"看"的能力，这是人工智能研究中非常重要的内容，因此在 2008 年国家自然科学基金委员会就设立了一个重大研究计划，这项计划就是从 2008～2015 年，通过对视听觉的认知计算来探讨新的计算模型。这项研究工作要达到的目标，就是在一般的自然环境中连续进行无人驾车行驶 200 千米以上，在高速公路环境中连续进行无人驾车行驶 2 000 千米以上。即使这一研究目标达到了，以后路上跑的车也不会都变成无人驾驶，现在研究无人驾驶是为了有人驾驶时更加安全。另外，无人驾驶车实际上在国防还有其他领域都有重要的影响和应用。

城市最佳实践区内展示的小机器人与埃菲尔铁塔模型

对话院士

计算机不会代替人脑

我国的机器人研究及其应用

郑南宁：我国机器人在研究以及工业应用方面跟国际上的水平相当。比如，我们的深海机器人，中国是世界上只有少数几个能掌握该技术的国家之一，深海机器人可以潜到6 000米深的海域。这个水平跟国外的研究是并驾齐驱的。但是，在大规模机器人的应用上还有一定差距，包括配套技术、生产技术等。同时，计算机在工业领域的应用，

院士与现场听众对话

郑 南 宁　MEETING OF MINDS
GO EXPO WITH ACADEMICIANS

有时候不是单纯的技术问题，还要有企业对这项技术感兴趣，因为采用该技术后劳动力成本降低，企业是否会担心使用机器人之后可能导致很多工人下岗等问题。

"情感"机器人可能会实现

郑南宁：首先明确一点，计算机是人来设计的，所以其中的运行程序可以有所区别。现在的一些研究中，确实试图让机器人具有人类的情感，所以今后的计算机会出现男女性别之分。植入情感的运用可能下一步就会在家庭护理计算机上体现。现在社会老龄化了，孩子都远走他乡了，今后可能会有针对老人护理的计算机出现。因为需要面对老人并与他们进行交流，所以计算机可能在情感方面会有专门适合与老人交流的程序设计。所以人与机器的相处、机器与机器的交流，这种现象在未来是完全可能会实现的。

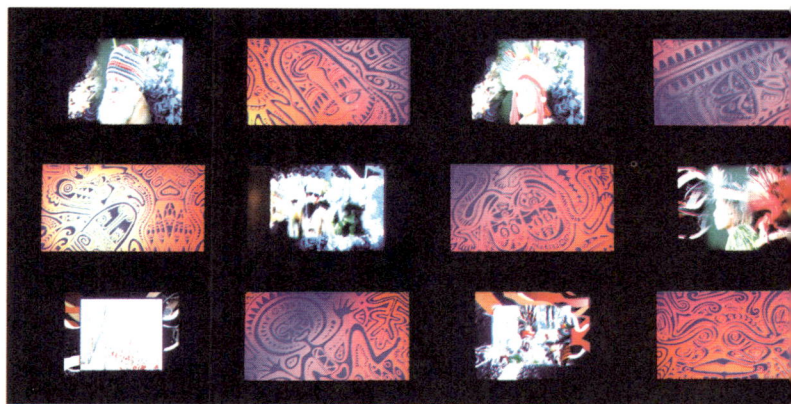

非洲联合馆内多媒体屏幕展示

人工智能的先进技术

郑南宁：机器人拉小提琴这项展示确实体现了日本在人工智能和机器人研究方面的先进水平。把曲谱变成机器人的动作，应该是不困难的，而它识谱的那个过程，难度是比较高的。就好像我们人去拉小提琴是没有问题的，但是没有学过小提琴是拉不出曲子来的。如果拉小提琴的机器人能组成一个交响乐队，那难度要比现在大得多。

相约名人堂
与院士一起看世博

"机器人保姆"10年后进家庭

郑南宁：走入家庭的机器人，目前主要是护理机器人以及打扫卫生的机器人。关于这个方面的研究或者产品，在十几年后会进入到我们家庭中。

人工智能的发展需要诸多领域的共同努力

郑南宁：现在人工智能研究必须要借助于生命科学。因为人工智能就是要模拟人的这种思考和技能，如果不了解人本身，我们是没有办法进行研究的。因此，从发展来看，人工智能研究一定要和生理科学结合，才能推动人工智能进一步的发展。

生命科学的发展，也应该从计算机学科和人工智能学科得到更多的帮助。人工智能学科应该说最近几年的发展瓶颈口就在于我们人对大脑了解得很少。人脑是已知的最有效的生物系统，具有感知、学习、记忆、推理等功能，研究人脑的认知过程并用机器模拟，是当前人工智能研究

世博大道边的导览图，以及用环保材料铺设的彩色地面

领域最具挑战性的课题。人工智能的进步需要心理学、神经生理学、计算机科学、自动控制等诸多领域研究者的共同努力。

图灵的原理不同于人的思维

郑南宁：图灵确实为现代的机器计算开创了一个新的纪元，但是图灵它本身的这种原理和人的思维是有区别的。计算机是通过编程，或者由计算机的存储顺序进行处理的。但是，人存储信息是分布式的，而且人处理这种分布式信息的能力远远超出现在我们对机器的要求。或者说，人的分布式并行处理的能力，我们现在的机器还很难达到。现在有许多学者和科学家认为，未来的人工智能机器有可能是另外一种非图灵的模型。在这方面，许多科学家还在进行不断的探索。

人工智能的研究促使我们更多地了解自身

郑南宁：人的大脑实际上是软件和硬件并存的。人的大脑之所以有思维的能力是因为它在不断地进化，而且人的大脑从婴儿到成人，也有一个成长的过程。为什么每个人的思维方式会不一样，就是因为他们的大脑硬件不一样，他们的大脑软件也不一样。

所以我觉得人工智能的发展，最终还是要取决于我们人对自身的了解。同时，对人工智能的进一步研究，也能促使我们人对自身了解得更多。但是，如果人彻底地了解了自己的大脑，或许这个星球上就不存在人类这个生物了。人也在不断地进化，所以我们很难去预测再过几百万年或者上千万年以后，地球的生物会是什么样的形态。

（嘉宾：现场听众）

相约名人堂
与院士一起看世博

视　点

关注"相约名人堂——与院士一起看世博"活动诠释的科技奥秘和世博精彩，从科学传播的视角聚焦世博主题。

人工智能，简而言之就是设计电脑程序，创造出能模仿人类思考或行为方式的机器。现阶段机器人的运用范围十分广泛，但大多是模拟和重现，很难具有创造力。

机器人能够理解人的语言、表情还有动作姿态等，但它不可能捕获人类所有的情感、知觉和创造性。在现阶段

郑南宁

或者可预见的将来，再先进的机器人也无法代替人脑。

随着超级计算机的峰值纪录不断被刷新，计算机的复杂数值计算能力早已远超人脑。电脑最擅长的是计算领域，但对人类赖以生存的感知信息的处理，人工智能有时还不如一个婴儿。婴儿很容易就能辨别出母亲的脸和声音，机器人却束手无策；在日常生活中，人们讨论问题、阅读报纸等司空见惯的事情，对于机器人来说，理解起来却非常困难。

打扫卫生、护理等家用机器人，10年左右后会进入家庭中，成为正式的"家庭成员"，社会逐渐进入老龄化，目前全世界正在研究针对老人护理的机器人，主要突破的是设计面对面与老人交流的"情感程序"。

人工智能的发展，最终取决于人类对自身的了解；人工智能最大的瓶颈在于人类对大脑的了解还知之甚少。

（来源:《解放日报》 2010年10月22日）

相约名人堂
与院士一起看世博

院士风采

钱易，中国工程院院士。1956年毕业于同济大学卫生工程系，1959年清华大学研究生毕业后留校任教至今。现任清华大学环境系教授、博士生导师。1994年当选为中国工程院院士。

钱易院士数十年来致力于水污染防治工程的教学与科研工作，努力研究和开发适合我国国情的高效、低耗废水处理新技术，对难降解有机物生物降解特性、处理机理及工艺技术进行了卓有成效的研究工作。曾获国家科技进步奖二等奖、三等奖，国家自然科学奖二等奖，国家技术发明奖三等奖。

钱易院士近年来致力于倡导和推行清洁生产、循环经济和可持续发展。曾担任全国人大环境与资源保护委员会副主任、中国科协副主席、世界工程组织联合会副主席、美国世界资源研究所顾问等职。现担任清华大学学术委员会主任。

钱易院士主编或与他人合编主要著作20部，主要译著5部。先后在国内外期刊杂志及学术会议上发表论文百余篇。曾应邀赴美国、荷兰、英国和中国香港特区等多所大学进行讲学，2006年被香港大学土木系聘请为荣誉教授，2007年获香港大学理学博士学位。

钱 易　MEETING OF MINDS
―――― GO EXPO WITH ACADEMICIANS

中国工程院院士
钱 易

建设城市生态文明，
促进可持续发展。

钱 易
2010年10月15日

睿智之光

在中国，人多地少，自然资源也少，因此更要提倡生态文明建设。所谓生态文明的基础设施，包括水环境的保护、大气环境的保护，以及宜居城市的建设、城市固体废弃物的处理和利用，等等。

建设可循环生态文明
——钱易院士谈城市生态文明建设

关于城市生态文明的建设，我们要了解人与自然的关系，从几千年来发生了许多变化。

提倡生态文明要了解环境伦理观

展示城市生态文明建设的理念

渔业时代：自然力异常强大，人类崇拜自然、畏惧自然，形成图腾文化。

农业时代：人类崇拜土地，开始掌握了一些知识和技能，有了一些工具，出现了"愚公移山"的思想，也注意与自然的协调。

工业时代：发明了机器，

科学技术迅猛发展,人类改造自然的能力空前提高,出现"人类中心主义",人与自然的矛盾日益尖锐,必须协调人与自然的关系,生态文明应运而生。

我们可以把人类文明的历程分成几个阶段,在工业文明时期,它的特点是高能耗、低产出、污染严重。当然工业文明也给人类带来了很多好处。我们现在提倡生态文明,它的特点和工业文明相比,提倡高效率、高科技、低消耗、低污染、整体协调、循环再生、健康持续。

展示城市水资源循环利用的理念

人对自然的两种片面观点:过分夸大人类征服自然的力量,强调人类与自然的对立和人类的主宰作用——生态唯意志主义;强调人类对自然的被动适应,要求人类返回自然——生态唯自然主义。

提倡生态文明,也就是要了解环境伦理观,它比我们人类的传统伦理学更全面一些。还要增加一条,就是要尊重并且善待自然。

建设城市的生态文明要从4个领域展开

第一个领域是生产领域。要建设生态文明。要发展减物质化、非物质化的节能减排的生态经济。现在关于经济模式的改变有很多新的提法:循环经济、绿色经济、低碳经济。照我的看法,这些提法本质上都是相同、相近的。低碳经济主要是针对全球气候变暖的问题,减少二氧化碳排放。

第二个领域是消费领域。随着经济越来越发展,人们

倡导健康饮食

的收入越来越提高。我们在消费的时候，要提倡节约资源、保护环境的绿色消费、可持续消费。我注意到在这次世博会中，也有很多这样的内容，比方说包括建筑上的节能，或者节能的生活、低碳的生活等。

第三个领域是城市基础设施领域。主要是保护我们这个城市的生态环境，包括水环境、大气环境、城市废弃物的回收利用等问题。

第四个领域是文化教育领域。要把生态文明的教育、生态文明观念的传播作为文化教育中间很重要的思想。学校要加强这方面的教育，也要加强社会的教育，既要继承祖国的优秀文化传统，也要吸收国外的先进观念。

各领域的具体内容

先说生产领域，生态文明就是要发展循环经济的新模式。发展循环经济，主要体现"减量化、再使用、再循环"的社会经济活动的行为准则。减量化原则是要求用较少的原料和能源投入来达到既定的生产目的或消费目的，在经济活动源头就注意节约资源和减少污染。在生产中，它常表现为产品体积小型化和重量轻便化。再使用原则就是要求产品和包装容器能够以初始的形式被多次使用，以抵制当今世界一次性用品的泛滥。再循环原则是要求生产出来的物品在完成其使用功能后能重新变成可以利用的资源而不是垃圾。

按照这个思路我们就要发展绿色产业，绿色产业包括绿色工业、绿色农业、绿色交通、绿色能源、绿色建筑、绿色旅游、绿色服务、清洁生产。绿色产业的特点是提高资源利用率，减少资源消耗量；提高能源利用率，采用可再生能源，减少温室气体排放；改善产品设计、工艺过程和设备，加强生产管理，减少废物排放量；尽可能回收利用各类废弃物，把废物变成资源。

同时，我们要提倡可持续消费模式。比方说，我们要提倡减物质化消费模式。以耐用的物品代替一次性的物品；以加强维护修理来延长产品使用周期，减少物质的浪费。

中国人非常讲究饮食文化，每次请客吃饭都是八大冷盘、十大热炒，这也是一种浪费。我们提倡可持续的饮食模式：以营养结构合理的食物代替高糖、高脂肪、高热量的食品；宴请会餐的食品总量适宜，改变八大冷盘、十大热炒又大量扔弃剩余食物的不良传统；坚决不吃珍禽奇兽，保护生物多样性；减少食品的过度包装和长途运输；特别要控制富裕人群的无节制消费；同时，要注意提高贫困人群的饮食水平和营养水平。

另外，中国人的居住水平应该向谁看齐？北美地区非常阔气，美国、加拿大，一家人都住一幢别墅式洋房，有200～300平方米。中国是不是人均居住面积越大越好？我看不行，因为中国的特点是人多地少，资源也少。所以中国的居住水平恐怕要控制。同时，建筑节能十分重要，目前建造和使用的建筑，直接或间接消耗的能源占全社会总能耗的46.7%。

第三部分就是支持生态文明的基础设施，它包括水环境的保护和安全饮用水的保障；大气环境的保护及宜居城市的建设；城市固体废弃物的处理与利用——城市矿山的开发；交通的通畅、便利、节能、减碳。

最后要加强宣传教育，形成良好的社会风气，主要有学校教育和社会教育。学校教育包括小学、中学、大学；社会教育有三类主要群体：政府、企业、公众。

对话院士

倡导高效率、低能耗的生态文明

符合国情的生活方式才是最好的

钱易： 不少人会觉得，搞生态、做环保的人都是生活在理想空间里的人。如果这样"勒紧裤带过日子"，生活质量能提高吗？我认为，消费模式不应该以奢侈为标准，只要达到一定的舒适度，保持可持续的消费模式才是最合理的。以汽车为例，美国人现在每4个人有3辆车，而我国有13亿人口，如果按照美国人的生活方式，我们需要有11亿辆车，需要2 600万公顷的土地来修建道路和停车场，

院士与嘉宾对话

这就需要把国内现在所有的水稻田全部变成道路和停车场。很多年轻人会不服气地问：为什么美国人可以开车，我们却不能？其实，我们没必要效仿外国人的生活方式，符合国情的生活方式才是最好的。

发展环保理念，无需以损害经济为代价

钱易：目前，德国的专家已经在工业模式里引入"生态效率"的概念。只有依靠科学技术来增加工业领域中的生态文明，才能彻底实现全社会的生态文明。在此次上海世博会中，浦西大烟囱、南市火电厂等旧工厂"华丽转身"，变成一个个展馆，这本身就是循环经济的绝佳案例。在我国中长期科技规划中，已经将"生态效率"纳入其中，期望借此降低污染、降低资源消耗。

钢铁工业成为生态文明的先行者

钱易：我国钢铁工业已经出现先进的生态文明例子，即在钢铁工业中推进经济生产和循环经济，主要包括可燃气体的循环、水循环以及固体废弃物的循环。以鞍山钢铁公司为例，鞍钢以往很老、很破旧，但近些年推进循环经济，生产工艺从铁矿石进来一直到钢锭出去，全部采用流水作业，污染物大量减少。

城市垃圾变成再生资源

钱易：发达城市人口密集，怎样才能实现生态文明？我很欣赏耶鲁大学的一位教授提出的全新观念，"城市就是一座矿山"。居民无需开发自然资源，城市里天天生产废弃物，这些废弃物本身就可以变成资源。以德国为例，德国所有家电产品、城市垃圾的回收率约达到60%，这些城市

公众参与馆内房顶上展示的艺术伞

垃圾的再利用率更是高达90%；在日本，全国共建设了26个生态镇，专门用于处理各种不同分类的垃圾。反观我国，现在垃圾回收的品种很少，主要只是围绕在纸、钢铁、塑料等废品上，还有部分电池等很多生活垃圾无处回收。如果能提高废旧产品回收的技术，将垃圾变成"宝贝"，我国的城市也能变成一座座矿山。

以实际行动加强生态文明的建设

钱易：现在，很多人都喜欢用新名词。其实，绿色经济、循环经济和低碳经济本质上并非一回事，低碳经济仅仅针对全球气候变化，而绿色经济、循环经济和生态经济则更相像些。政府、企业在不断更迭创新名词之时，更应着手推进实际工作，将以往的清洁生产等工作与现在的循环经济等结合起来，从而达到生态文明的最佳效果。

依靠科技进步节约资源和能源

钱易：一次性产品是扔掉后造成的资源和能源浪费多，还是把这些产品清洗后重复使用浪费多？我认为要提高清洗技术。清洗的过程也需要技术，本身也存在节水的问题。比如，我最近看到北京市搞农药的机构和搞化肥土壤的管理机构共同发明了很多新的技术，用一些太阳能、紫外线来杀虫、消毒，并以此代替化学农药。我就在想，清洗试

钱 易

管无非就是消毒、杀菌,也可以用这个新技术。所以我认为有两条:第一是要作生命全周期分析。第二是要科技进步,尽量找到最最节约资源、减少污染的技术。

居住面积太大,也是一种浪费

钱易:现在,人们的居住面积越来越大。当然,大家都觉得居住面积越大越舒服。但是,我不主张越大越舒服,只要够用,达到舒适的要求就行了。另外,我不提倡一个人买好多套住房。因为,如果那样,你一年中间至少有50%的时间房间要闲置在那里。

中国是人均资源严重不足的国家

钱易:现在西方好多国家都在做奢侈品,这是专门为中国制造的。报纸上也登过很多,中国人出去旅游,是拉动外国经济的。而且,中国人专门买奢侈品,专门买珍珠宝贝,这个不符合我们中国的国情,也不符合可持续发展和生态文化。对于我们中国来说,土地少、水少、自然资源少、森林资源少,就连最丰富的煤炭资源,按照13亿人口平均下来,人均煤炭储量也只有世界人均煤炭储量的90%左右。

(嘉宾:诸大建)

中国国家馆内演示的燃烧秸秆与碳排放的关系

相约名人堂
与院士一起看世博

视 点

关注"相约名人堂——与院士一起看世博"活动诠释的科技奥秘和世博精彩,从科学传播的视角聚焦世博主题。

以"城市生态文明的建设"为主题,钱易用简明扼要的发言阐述了生态文明的建设。她指出,我们现在提倡的生态文明和工业文明相比,要提倡高效率、高科技、低消耗、低污染、整体协调、循环再生、健康持续。而建设城市的生态文明要从4个领域展开。

第一个领域是生产领域。循环经济、绿色经济、低碳经济,照我的看法,这些提法本质上都是相同和相近的。低碳经济主要是针对全球气候变暖的问题,减少二氧化碳排放。

第二个领域是消费领域。钱易表示,我们在消费的时候,要提倡节约资源、保护环境的绿色消费、可持续消费。"我注意到在我们这个世博会中间,也有很多这样的内容,比方说包括建筑上的节能,或者节能的生活、低碳的生活。"

第三个领域是城市基础设施领域。这个主要是保护我们这个城市的生态环境,包括水环境、大气环境、城市废弃物的回收利用等问题。

第四个是文化教育领域。钱易强调,要把生态文明的教育、生态文明观念的传播作为一个文化教育中间的很重要的思想。学校要加强这方面的教育,也要加强社会的教育,既要继承祖国的优秀文化传统,也要吸收国外的先进观念。

而在谈到发展模式时,钱易肯定了同济大学诸大建提出的"C模式"的概念。"现在西方好多国家做新的奢侈品,专门为中国制造。报纸上也报道得很多,中国人出去旅游,

钱 易

MEETING OF MINDS
GO EXPO WITH ACADEMICIANS

是拉动外国经济的,而且专门买奢侈品,专门买珍珠宝贝,这个不符合我们中国的国情,也不符合可持续发展和生态文化。"钱易说,中国的特点是没有一样东西是富裕的,中国土地少、水少、自然资源少、森林资源少,就连最丰富的煤炭资源,13亿人平均后,人均煤炭储量也只有世界人均煤炭储量的90%左右。

"我们在考虑问题的时候,不能离开中国的国情。中国的国情就是人均资源少,所以一定要走出中国的模式。过去,发达国家走的是A模式,后来改成B模式,我们曾经很支持B模式,现在中国要根据自己的国情走C模式,包括生产模式、消费模式。"

(来源:东方网　2010年10月15日)

钱易院士说,热爱自然,尊重自然;热爱自己并热爱全人类;关切当前并思虑未来。这是新一代人应该树立的新的伦理观,即环境伦理观。人的分工职责各不相同,但保护人类唯一的家园———地球,是我们共同的责任。

绿色——未来城市的希望

已经71岁的钱易院士这学期要为本科生上两门课程:一门是全校选修课《环境保护与可持续发展》,另一门是新生研讨课《环境与发展》。

作为著名的水污染防治专家、全国人大环境与资源保护委员会副主任,在繁忙的学术活动、社会活动和科研工作之外,她一直坚持为清华大学本科生上课。

"现在我在学校的主要任务是把这两门课讲好。青年教师已经走上科研第一线了,我只是在他们有问题来找我时'顾问'一下而已。"钱易说话时敏捷清晰、言简意赅、目光矍铄,不由让人怀疑她的真实年龄。

(来源:中国广播网　2007年12月7日)

293

相约名人堂
与院士一起看世博

院士风采

朱能鸿，天文仪器与方法专家，中国工程院院士。1960年毕业于同济大学。上海天文台高级工程师。1995年当选为中国工程院院士。

朱能鸿院士于20世纪60年代初研制成功使月球及其定标星同时被拍摄在一张底片上的月球双速照相机；研制成功用于测定恒星赤经和赤纬的真空照相天顶筒。1989年主持设计研制成功中国第一架1.56米天体测量望远镜，这是当时世界上口径最大的天体测量望远镜。5年来，该望远镜工作稳定，性能好，定位精度高。在1994年7月彗木相撞中拍摄了600多张照片，为国际天文界所瞩目。1993年在欧洲南方天文台设计了光干涉合成望远镜方案，该方案具有多光束馈入和瞳孔跟踪等特色，为中国天文望远镜事业的发展作出了贡献。

1991～1993年，曾在欧洲共同体下的欧洲南方天文台参加当时最大的光学望远镜设计工作，承担了口径为2米的光学干涉合成望远镜的设计研究。1978年由他主持的"真空照相天顶筒研制"成果获中国科学院科技成果一等奖。1989年的"1.56米天体测量望远镜"的成果分别获中国科学院科技进步奖一等奖、国家科技进步奖一等奖。

朱 能 鸿　MEETING OF MINDS
GO EXPO WITH ACADEMICIANS

中国工程院院士

朱能鸿

愿世博会的科学底定
绿色环保的理念传遍
全中国。让中国人民的
生活更美好！

朱能鸿

2010.10.22

睿智之光

有人说,天文学是一种观测科学,因此观测手段对于天文学的发展是至关重要的。望远镜是一种重要的观测仪器。400年前,伽利略第一次将天文望远镜指向天空,可以说从这一刻开始,改变了人类对于宇宙的认识。

天文望远镜的世博之旅
——朱能鸿院士谈望远镜与天文学发展

关于天文与世博,百余年来有着许多精彩的故事。它们在科学与人文的王国中,构成了一道靓丽的风景线。

天文望远镜与世博会

在1851年伦敦首届世博会上,美国哈佛学院天文台拍摄的一张月球照片引起了轰动。它是通过一架38厘米口径的折射望远镜,用达盖尔银版法拍摄的。其底片尺寸长8.9厘米,宽7厘米,十分逼真,如同月亮"亲临"世博园。据悉,哈佛学院天文台这架望远镜是当时世上最大的折射望远镜。在那届世博会上,口径29.2厘米,镜筒长6.1米的罗斯折射望远镜也同时被摆放在英国馆中十分引人注目的位置,被公众视为珍奇之物。

朱能鸿

MEETING OF MINDS
GO EXPO WITH ACADEMICIANS

在1862年伦敦世博会上，展出了一架口径53厘米、焦距8.7米的折射望远镜，这使得当时参观的人很受鼓舞。这件展品还促使天文爱好者纽沃决心建造一架口径63.5厘米的望远镜。

在1876年费城世博会上，展出了海军天文台的望远镜，为整个会场增添了科学气息和高雅情趣。这届世博会是美国为庆祝独立100周年而举办的，法国还向美国赠送了自由女神像。

在1893年芝加哥世博会上，出现了一架大得出奇的折射望远镜，其口径已达101厘米，镜筒长18米，这就是著名的"叶凯士望远镜"。当时，它的透镜还在加工中，但其余部分皆已造就。

在1900年巴黎世博会上，东道国展出了一项空前绝后的"杰作"——口径1.25米、焦距57米、镜筒长60米的折射望远镜。它是1892年在法国下议院议员德隆克勒的鼓动下开始建造的，其目的就是为了展出和炫耀。实际上，它很难真正瞄准天体进行科学观测。不久，为建造这架望远镜而组建的公司最终破产。1909年，这架望远镜拍卖失败，因为根本找不到买家。最终，它被拆毁。其中一面直径2米的反光镜放在巴黎天文台展出，很久以后，人们才在地下室的板条箱里重新发现了那两个巨大的透镜。

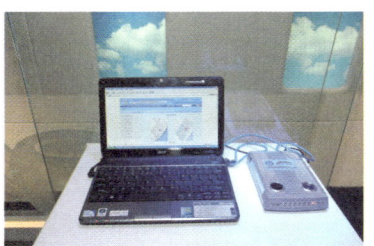

中国航空馆内展示的气动力试验装置

折射望远镜的发展史

1608年，荷兰眼镜商人李波尔赛偶然发现用两块镜片可以看清远处的景物，受此启发，他制造了人类历史上第一架望远镜。1609年，伽利略制作了一架口径4.2厘米，长约1.2米的折射望远镜。他用平凸透镜作为物

中国航空馆的外形就像一朵正在渐渐"飘"起的白云

镜，凹透镜作为目镜，这种光学系统称为伽利略式望远镜。伽利略用这架望远镜指向天空，得到了一系列的重要发现，天文学从此进入了望远镜时代。当时，伽利略通过望远镜看到月亮的表面是凹凸不平的；看到行星是有一个面的，不只是一点，而是一个小圆盘；看到了木星，木星边上有4颗卫星绕着木星转。这些观测在当时是有很大意义的。因为当时人们都认为宇宙的中心是地球，所有的行星都是绕地球转的，而人的上面是神，所以神是宇宙的主人。1673年，赫维留制造了一架长达46米的望远镜，整个镜筒被吊装在一根30米高的桅杆上，需要多人用绳子拉着转动升降。

折射望远镜的优点是焦距长，底片比例尺大，对镜筒弯曲不敏感，最适合于做天体测量方面的工作。但是它总是有残余的色差，同时对紫外、红外波段的辐射吸收得很厉害，而且巨大的光学玻璃浇制也十分困难。到1897年，叶凯士望远镜建成，由此，折射望远镜的发展达到了顶峰，此后的100年中再也没有更大的折射望远镜出现了。这主要是因为从技术上已经无法铸造出大块完美无缺的玻璃做透镜了，并且，由于重力的作用使大尺寸透镜的变形会非常明显，因而丧失了其明锐的焦点。

反射望远镜的发展史

第一架反射望远镜诞生于1668年。牛顿经过多次磨制非球面的透镜均告失败后，决定采用球面反射镜作为主镜。他用2.5厘米直径的金属，磨制成一块凹面反射镜，并在主镜的焦点前面放置了一个与主镜成45°的反射镜，使经主镜反射后的会聚光经反射镜以90°反射出镜筒后到达目镜。这种系统称为"牛顿式反射望远镜"。它的球面镜虽然会产生一定的像差，但用反射镜代替折射镜却是一个巨大的成功。

赫歇尔是制作反射望远镜的大师，他早年为音乐师，因为爱好天文，从1773年开始磨制望远镜，他一生制作的望远镜达数百架。赫歇尔制作的望远镜是把物镜斜放在镜筒中，它使平行光经反射后汇聚于镜筒的一侧。在反射望远镜发明后的近200年里，反射材料一直是其发展的障碍。铸镜用的青铜易于腐蚀，不得不定期抛光，需要耗费大量财力和时间，而耐腐蚀性好的金属，比青铜密度高却十分昂贵。1856年，德国化学家尤斯图斯·冯·利比希研究出一种方法，能在玻璃上涂一薄层银，经轻轻地抛光后，可以高效率地反射光。这样，就使得制造更好、更大的反射望远镜成为了可能。

1845年，爱尔兰的第三代罗斯伯爵建成一架更大的金属反射面望远镜，口径达到1.84米。不过，这架望远镜操纵起来实在太不方便了。罗斯伯爵的冒险事业达成了3个重要成果。首先，他证明建造大型望远镜是切实可行的。罗斯不像赫歇尔，他公布了他的制镜方法，其他人可以用这些方法作指南，并作为继续改进的基点。其次，罗斯与天气"斗争"的失败，清楚地说明，如果气象条件不配合，那么望远镜再好也没有用处。于是，天文学家不仅考虑望远镜的建造，而且还开始注意选择望远镜安装的地点了。尽管可以建造庞大的望远镜，但是如果找不到能使之运转自如并能指向天空任何部分的办法，那么望远镜就不能被很好地使用。于是，又有两位英国天文学家沿着这个思路，对反射望远镜进行改进。

威廉·拉塞尔是英国的酿酒师，同时又对天文学情有独钟，他也想建造大型反射望远镜。拉塞尔于1848年制造了一架直径61厘米的反射望远镜，继而又于1863年建造了一架口径1.22米的反射望远镜。他的镜子不如罗斯的那么大，但是在另外两方面却完全超过了罗斯。拉塞尔率先把德国光学家夫琅和费装在折射望远镜上的那种装置用到反射望远镜上，从而使操作变得非常方便。

带给天文学革命性的变化

尽管折射望远镜主宰了19世纪的大部分时间，但是反射望远镜却给20世纪上半叶的天文学带来了革命性的变化，这主要归功于能让百万富翁掏钱的、制造光学望远镜的奇才——著名天文学家乔治·埃勒里·海尔。

1908年，海尔建成一架口径1.53米的反射望远镜，其镜子就是玻璃的。它安装在加利福尼亚州的威尔逊山天文台上，该台的台长就是海尔本人。在此之前，海尔已经说服一位洛杉矶商人胡克，出资建造一架世界上最大的反射望远镜，其口径为2.54米（100英寸），该望远镜从1917年11月开始启用，历时长达30年之久。这架"胡克望远镜"一直是世界上的反射望远镜之王，它为天文学作出了卓越的贡献。正是利用这架望远镜，美国天文学家哈勃于1924年有力地证实了那些旋涡星云原来都是与我们这个银河系类似的庞大恒星系统，人类的视野从此扩展到了距离太阳系数十亿光年之遥的星系世界；还是利用这架望远镜，

浦江夜景之一

朱能鸿

MEETING OF MINDS
GO EXPO WITH ACADEMICIANS

哈勃于1929年又发现了河外星系光谱线的红移同它们的距离成正比，从而发现了星系正在相互远离，为宇宙正在膨胀提供了有力的天文观测证据。

随着洛杉矶夜晚的城市灯光日益严重地威胁威尔逊山的天文观测，海尔又在其东南约145千米的帕洛马山上另选了一处台址，并决定在那儿建一架口径5.08米（200英寸）的反射望远镜。从1929年开始，人们为这项浩大的工程付出了巨大的努力。"海尔望远镜"于1948年落成，在此后将近30年的时间里，始终没有任何望远镜可以同它媲美。由于材料、设计、工艺、结构等多方面的重重困难，曾经有一段时间制造更大的反射望远镜成了人们很难实现的梦想。

如今，世界上8～10米的望远镜最有名的就是VLT(8.2米)、Keck(10米)、LBT(8.4米)这3架，现代地面光学望远镜的口径日趋增大，主镜的重量将使望远镜不堪重负，同时主镜的面形也将无法精确地保持，因此要研制更大的望远镜首先就要解决主镜的重量问题。

浦江夜景之二

相约名人堂
与院士一起看世博

对话院士

多用途的天文望远镜

望远镜如何克服地球大气的影响来成像

朱能鸿：这是一种技术，自适应光学技术。自适应光学就是为了克服地球上的大气影响。在整个望远镜里，有一块镜子，这块镜子可以用来补偿外面大气引起的抖动，最后使得它所成的像就像没有大气一样。现代的8米以上望远镜，都采用了自适应光学系统。

院士与嘉宾对话

朱能鸿　MEETING OF MINDS
　　　　GO EXPO WITH ACADEMICIANS

浩瀚的宇宙等待人类去探索

地面望远镜与空间望远镜

朱能鸿：地面望远镜的好处就是直径大、分辨率高，而空间望远镜受制于我们发射的火箭以及空间望远镜的重量和体积大小，我们的火箭只能发射这么大小的望远镜，所以没有办法把空间望远镜做成40米。这一代的空间望远镜直径是2.4米，下一代空间望远镜是6.4米。

望远镜的多种用途

朱能鸿：天文望远镜除了做天文研究以外，在军事上的用途有很多。比如美国做了2.4米的望远镜，其实它还做了3.5米的空间望远镜。3.5米的空间望远镜是干什么用的？就是用于侦察卫星。这个望远镜叫KHC，是空间望远镜，它对着地面，而不对着天空。这个望远镜每天都要经过我们中国的领空。

除了这个以外，望远镜跟激光联系在一起，还可以用于通信。卫星上拍的照片要传下来，或者有什么动作要卫星做，下面传一个信号上去就行了。这个叫激光通讯望远镜。

（嘉宾：卞毓麟）

相约名人堂
与院士一起看世博

视　点

关注"相约名人堂——与院士一起看世博"活动诠释的科技奥秘和世博精彩，从科学传播的视角聚焦世博主题。

关于天文与世博，百余年来有着许多精彩的故事。它们在科学与人文的王国中，构成了一道靓丽的风景线。中国工程院院士、天文望远镜专家朱能鸿向观众讲述了天文望远镜与世博的"前缘"。

1851年伦敦首届世博会上，美国哈佛学院天文台拍摄的一张月球照片引起轰动。它是通过一架38厘米口径的折射望远镜，用达盖尔银版法拍摄的。

1862年伦敦世博会上，展出了一架口径53厘米、焦距8.7米的折射望远镜，这使得当时参观的人很受鼓舞。"这件展品还促使天文爱好者纽沃决心建造一架口径63.5厘米的望远镜。"朱能鸿这样说道。

1876年费城世博会上，展出了海军天文台的望远镜，为整个会场增添了科学气息和高雅情趣，这届世博会是美国为庆祝独立100周年而举办的，法国还向美国赠送了自由女神像。

1893年芝加哥世博会上，出现了一架大得出奇的折射望远镜——口径已突破到101厘米，镜筒长18米，这就是著名的"叶凯士望远镜"。当时它的透镜还在加工中，但其余部分皆已造就。

1900年巴黎世博会上，东道国展出了一项空前绝后的"杰作"——口径1.25米、焦距57米、镜筒长60米的折射望远镜。1909年，望远镜拍卖失败，根本找不到买家。最终，它被拆毁了。

（来源：东方网　2010年10月22日）

朱能鸿 MEETING OF MINDS
GO EXPO WITH ACADEMICIANS

昨天是我国首颗探月卫星"嫦娥一号"发射三周年纪念日，与此同时它的姊妹星"嫦娥二号"也正在距月面100千米的环月轨道上开展科学探测。月球题材成为新一期"相约名人堂———与院士一起看世博"活动的热门话题之一。中国工程院院士、天文望远镜专家朱能鸿与上海市天文学会副理事长、著名科普作家卞毓麟讲解了在月球上建设望远镜的可行性与独特优势。

建在月球上的望远镜有专用名词，叫"月基望远镜"，在月球上开展天文学研究就叫"月基天文学"。事实上，从20世纪80年代起，国际上就开始了关于发展月基望远镜和月基天文学的科学讨论。朱能鸿院士表示，在月球建望远镜的计划中外都有，国外曾计划在月球上布设上百架望远镜，口径虽然不大，仅1米左右，但联网观测时可组成望远镜阵列。

朱能鸿院士说，我国也计划在月球上架设一些天文设备。同时，我国还在建造类似哈勃望远镜那样的空间望远镜，就是将望远镜发射上天，相当于在卫星轨道上进行天文观测。我国首台空间望远镜并非普通的可见光望远镜，而是探测高能天体的X射线望远镜。

（来源：《解放日报》 2010年10月25日）

夜色中，挪威馆在灯光的映照下显出独特的魅力

相约名人堂
与院士一起看世博

院士风采

杨雄里，中国科学院院士，发展中国家科学院院士。1963年毕业于上海科技大学生物系。1963～2000年在中国科学院上海生理研究所工作，1988～1999年任所长。复旦大学神经生物学研究所所长，脑科学研究院院长。1991年当选为中国科学院院士（学部委员）。

杨雄里院士1980～1982年在日本进修期间获学术博士学位。1985～1987年先后在美国哈佛大学、贝勒医学院从事合作研究。

杨雄里院士长期从事神经科学研究，专注于视网膜神经机制的研究，已发表学术论文200余篇，出版专著5部、译著多部。研究工作得到科技部、教育部、中国科学院、自然科学基金会、上海市科委等基金资助。

杨雄里院士1988年获"国家级有突出贡献的中青年科技专家"称号。1989年、1996年分获中国科学院自然科学奖一、二等奖，1991年当选为上海市十大科技精英，2001年获何梁何利科技进步奖，2006年获教育部自然科学奖一等奖、上海市自然科学奖一等奖。

杨 雄 里 MEETING OF MINDS
GO EXPO WITH ACADEMICIANS

中国科学院院士
杨雄里

科技改变世界

生活更加美好

杨雄里
二〇〇九年十月

睿智之光

人的大脑,是世界上最复杂的系统。脑功能始终是一个引人入胜的谜团。目前,人类正在不懈地探索脑的奥秘。对脑的研究,不仅是对自然现象、客观世界的研究,也是对人类认识主观世界的探索。

探索脑的奥秘
——杨雄里院士谈人脑研究的进展

欧盟馆看起来像一个巨大的玻璃盒子,其中心为巨大的"脑细胞"。之所以选择"脑细胞",一个很重要的理由就是欧盟馆的主题——欧洲智慧,智慧的出处与我们的脑细胞紧密相关。

在细胞和分子层面上研究脑的工作原理

脑是中枢神经系统和外周神经系统的统称,它由上千亿个神经细胞所组成,揭示由天文数字的神经细胞和连接点形成的庞大的神经系统的工作原理,无疑是当代自然科学面临的重大的挑战之一。西班牙神经解剖学家卡赫曾说:"只要大脑的奥秘尚未大白于天下,宇宙将仍是一个谜。"

现代脑科学发展的主要趋势是把对神经系统的研究推向细胞和分子水平。要想了解一个复杂系统是如何工作的,

杨雄里 MEETING OF MINDS
GO EXPO WITH ACADEMICIANS

科学家们的一种常用方法是先研究其组成单元的工作原理。对于神经系统而言，便是先研究单个神经细胞的工作原理。那么，我们有没有可能来研究单个神经细胞的生物活动呢？在这方面科学家采用的是微电极技术。所谓微电极，就是尖端很细（通常小于1微米）的玻璃管，管内灌有电解质用以导电，其尖端可刺入单个神经细胞，这样就可以把单个细胞活动时产生的神经脉冲记录下来。科学家还可以把染料（如辣根过氧化物酶）用电泳的方法通过微电极注入到单个神经细胞去，从而把产生某种特定神经脉冲的细胞的形态，以及它与周围细胞间的联系显示出来。不仅如此，科学家们对神经细胞如何通过其末梢释放化学物质（神经传递物质，简称递质），并与另一神经细胞膜上的特殊蛋白质（受体）相结合，从而使神经信号在两个细胞之间传送的机理，也已有了较清楚的了解。

人类对脑的认识很有限

科学家们也开发出一些新的研究方法，能够在无创伤的情况下，研究我们大脑的各个不同脑区域脑细胞的活动。正电子断层扫描术(PET)和功能性磁共振成像(FMRI)是其中很重要的两种。这些技术使人们能了解实施某种功能（如看、听、讲话、思考等）时脑的不同区域的大群神经细胞的功能状态如何发生动态的变化。例如，我们现在已经清楚地知道，当一个人在作讲演时，其大脑

澳大利亚馆播放的多媒体电影

的许多区域的神经细胞群都在同时活动;当一个人在说谎时,有两个特殊的脑的区域(前扣带回和左前额叶皮层)活动特别强。举个例子,如果我们在打牌,某个人手上有一张草花5的牌,但他嘴上说没有,我们就可以发现,其左侧的前额叶部分活动比较强烈。

从我介绍的具体实例可以看到,科学家们一方面在细胞和分子水平方面怎么推进我们对脑功能的脑工作机理的了解,另一方面在无创伤的情况下,从整合的角度对脑功能的认识也有了一个比以前深刻得多的认识。但是我们一定要意识到,我们现在对于脑的认识还是非常有限的,我们还处在一个非常初步的认识阶段。

举几个实例:一是视错觉。当两条物理长度相同的线条呈现在具有立体景深的背景上时,人就会感觉到两者之间长度有明显的差异。这种视错觉的神经基础是什么?为什么进化要让人类拥有这种错觉?我们完全无法作答。另一个实例是所谓的"低智特才综合征",这种人的智商很低,但在某些方面却显示出正常人罕见的特殊才能。比如我国的弱智指挥舟舟,虽然智商低,但是他对音乐的领悟能力超过常人。这种特殊的才能缘何而来?正常智商的人为何通常不具备这种特殊才能?正常人是否可能拥有这种特殊

美轮美奂的城市夜景

杨雄里

才能？

十余年前有一部名为《雨人》的美国电影，电影的主人公的原型是一位自闭症患者，他生活几乎不能自理，但有超强的记忆力。他能记住7600本书，熟知通往美国任何一个城市、村镇的公路号；他对各地的邮政编码、电话区号了如指掌。如果你告诉他你的生日，他能马上告诉你等你65岁退休是哪年、哪月、哪日，是星期几。科学家们对这样一个超强记忆者的大脑很感兴趣，就用磁共振成像技术去研究他的大脑。经研究发现，人类大脑中有一个胼胝体，在左右两个半脑的信息交流中起着重要作用。而《雨人》中的主人公没有正常人左右半脑起连接作用的胼胝体，他的左右大脑是直接相连的，也就不分前庭连接和后庭连接了。是不是这样一个特征导致他具有超强的记忆能力呢？科学家们猜测，这可能是其中的一个原因，除非以后发现所有超强记忆者都具有这样一个大脑结构，我们才能够作出一个判断，这样的结构是他具有超强记忆能力的主要结构基础。然而，即使我们了解了这一点，我们也不知道为什么这样的结构会使他能够具有超强的记忆能力。设想一下，如果我们是一个记忆正常的人，同时又具有一个超强的记忆能力，那又该多好？从这几个常见的实例就足以让我们意识到脑研究未来的道路将有多么漫长。

21世纪，在探索脑奥秘方面有什么突破性进展，我认为还是对脑的一些高级功能，比如对于看、听、说话、学习、记忆、思维、情绪等一些脑的高级复杂功能的研究。

《盗梦空间》不是科普片

最近有一部很红的好莱坞大片叫《盗梦空间》。有记者采访过我，问我这种盗梦是不是可能。我也谈了我自己的观点，很可惜文章发表的时候，我的观点并没有非常准确地表述出来。同时我也注意到,有类似的一些报道或者评论，都脱离了原夹我们神经科学家对梦的了解，从而使读者走

上汽馆的夜景

进了某些误区。

尽管我不是睡梦的研究专家,但是作为一名神经科学家,我想说盗梦不可能,不仅现在不可能,在可以预见的将来也不可能。但是"不可以预见的将来"是多久?我不能说100年之后不可能,但是我可以说在我有生之年是不可能发生盗梦的。为什么100年之后我不确定?那是因为说它可能比说不可能要容易得多。所以我只能说在一个可以预见的将来,盗梦不可能,之所以盗梦不可能,是因为现在我们的科学对梦的了解大概是达到这么一个水平。

如果在我们睡眠的不同阶段记录下我们的脑电波变化,你就会发现在不同睡眠时期能观察到不同的脑电波波形。人的大脑在睡觉时和做梦时脑电波是完全不一样的。但是什么样的电波代表了什么样的做梦情节,却没有办法知道。要知道人在做什么梦,目前的研究水平只有两个途径,一是通过做梦的人口述,另外就是通过他的梦话。除此之外,神经科学家、脑科学家没有任何手段可以知道你在做什么梦。既然不知道你在做什么梦,又怎么去盗你的梦呢?所以我同意这么一个观点,《盗梦空间》是科幻片,而不是科普片。经常有报道说,现在的科学技术能还原梦,其实这是个误区。

我想用丘吉尔的一段话来概括科学家们对脑活动的了解状况。丘吉尔曾经说过这么一段话:这并非终结,甚至不是终结的开端。但是,也许这是一个开端的终结。

杨雄里　MEETING OF MINDS
GO EXPO WITH ACADEMICIANS

对话院士

脑科学发展与机器人

对人脑的研究是自然科学研究领域面临的最重要的挑战

杨雄里：我们的大脑被认为是自然界中最复杂的系统，而且这个系统不同于自然界的其他物质系统，它是一个高度动态的、可变的系统，所以对脑的研究就存在着一种相当大的困难。对这样一个复杂系统的研究，以及对这样一个复杂系统的功能的研究，被认为是自然科学研究领域面临的最重要的挑战。在这种情况下，如果我们对大脑的工

院士与嘉宾对话

作原理还不可能有一个深入了解的话，那么我们对整个宇宙就还不能算是有一个深入的了解。

人工智能会逐渐地逼近人脑的功能

杨雄里：我认为，下棋这种类型的智力活动，基本上是一种计算，你下一步棋，大概有几种可能性，对于每种可能性又会有几种可能性去应答。从这个角度来讲，计算机早就胜过人脑了。但是，我们不要忘记，我们人类的智力所包含的不仅仅是计算的能力、逻辑思维能力，还有更多方面的能力，这些方面在我看来，是计算机所不及的。我认为，人工智能会逐渐地逼近人脑的功能，但是永远不可能穷尽它、超越它。

人机之间的信息交换

杨雄里：据我了解，飞机驾驶员的整个操作，有可能通过人机对话来实现，而不是通过手工操作来实施某一种指令。比如说，当飞机出现某种故障时，可以通过驾驶员的脑电波直接反映出来。因为驾驶员看到了某些故障，脑电波就会发生变化，而这种变化所发出的信号反馈给计算机，用来控制驾驶飞机，这样就可以避免或减少事故的发生。

脑细胞数量的多少不代表人的智力水平高低

杨雄里：由于社会竞争激烈，因此出现父母过早甚至过度地关注孩子的智力开发问题。于是，一些保健品、培训课程趁机开始误导消费者，并从中获利。然而，从目前科学家对大脑的研究来看，脑细胞数量并不能代表一个人的智力水平的高低，关键在于脑细胞之间的连接是否发达，以及这些连接的功能状态是否优越。

关于遗忘和记忆

杨雄里：现在，一般科学家认同这样一种观点：遗忘是一个主动而不是被动的东西。有些不愉快的记忆，还是把它忘了好。因此，遗忘和记忆是动态的过程，并非把所有看到和听到的东西都记在脑子里就是好事情。相反，关注重点和善于发现，拥有领悟力和融会贯通能力，比杂乱无章的好记性重要得多。

如果我们希望大脑保持良好的运作状态，就要尽量让左右大脑半球的功能都充分实施。这对人们，尤其是青少年合理安排作息、学习和运动时间尤为重要。

测谎技术并不能百分之百地准确测谎

杨雄里：测谎，这种技术发明早就有了，其原理很简单。人们在说谎的时候交感神经系统兴奋，人体就会出汗。一个最简单的方法就是测定人的皮肤电阻，因为出汗以后，皮肤电阻就少了。这样的测谎技术有一定的检测率，现在，我国的司法机构，可能就是用这样的技术来测谎的。但是，这种技术最大的问题就是有相当高的假阳性率，也就是说某人本来没有说谎，因为要给他测谎，弄得他很紧张，所以他也会出汗。从这个意义上说，测谎机还是不太准。

人类一切高级精神活动的基础就是人脑

杨雄里：在我看来，我们所有的一切高级精神活动，它的基础都是我们的脑。但是这个问题并不是完全没有争议的，有一些从事神经科学、脑科学研究的著名人物，并不相信我们的思想是出自于脑。比如说最著名的一位就是1964年的诺贝尔奖得主，他并不认为我们的思想是由我们的脑产生。但是我本人完全坚信这一点。

人们应该可以不断地探索脑的奥秘

杨雄里：我们是有可能用我们的脑来认识脑是怎么活动的，但是只能在一定程度上。因为我们运用我们自己的脑，可以认识我们脑的一些基本活动的过程，而且可以不断地探索脑的一些奥秘。但是这个就像恩格斯曾经讲过的，对脑奥秘的探索，是一个绝对争议的产物。而我们在某一个时期所认识的都只是一个相对真理。我们可以逐渐逼近这个绝对真理，但是我们不可能穷尽真理。

脑的活动可以通过一些环境变化来改变

意大利馆内墙面上的交响乐队

杨雄里：脑的活动不仅有自己主观的一面，我们也可以通过环境的一些变化来改变脑的活动，这一点已经有无数的实验证明了。我们要清除记忆中的某一特殊内容，现在还不可能，但是要把某一段时间的记忆去掉，这个可能性从技术上来讲是存在的。大家都可能注意到一个事实，脑震荡患者对脑震荡之前所发生的那一瞬间的记忆是丧失的，这就说明不同时期的记忆机理是不一样的。通过这些不同的机理施加不同的影响，可能会消除某一时间段的记忆。但是，不可能消除对某一个特殊事情、特殊现象的记忆。

（嘉宾：许兴汉）

杨雄里

视　点

关注"相约名人堂——与院士一起看世博"活动诠释的科技奥秘和世博精彩,从科学传播的视角聚焦世博主题。

我国著名神经生理学家、中国科学院院士杨雄里在公众参与馆"相约名人堂——与院士一起看世博"讲坛上为公众辨误:从科学角度来看,脑细胞之间的特殊连接点功能是否优越,对智商影响更大;而领悟力、融会贯通能力比记忆力更能体现一个人的聪明。

杨雄里院士说,从目前科学家对大脑的研究来看,脑细胞数量并不能代表一个人的智力水平,关键在于脑细胞之间的连接是否发达,以及这些连接的功能状态是否优越。

同时,他认为记忆是实践过程,记忆力强并不一定代表聪明。有时,记忆力强甚至不能算件好事。现在,一般科学家认同这样一个观点:遗忘是一个主动而不是被动的东西。有些不愉快的记忆,还是把它忘了好。因此,遗忘和记忆是动态的过程,并非把所有看到和听到的东西都记在脑子里就是好事情。相反,关注重点、善于发现,拥有领悟力和融会贯通能力,比杂乱无章的好记性重要得多。

科学研究发现,人类大脑中有一个胼胝体,在左右两个半脑的信息交流中起着重要作用。由于两个半脑不同区域所实施的功能都不一样,杨雄里建议,如果我们希望大脑保持优秀的运作状态,就要尽量让左右半脑功能都能充分实施。这对人们,尤其是青少年合理安排作息、学习和运动时间,尤为重要。

(来源:《文汇报》 2010年10月29日)

相约名人堂
与院士一起看世博

院士风采

沈文庆，实验核物理学家，中国科学院院士。1968年毕业于清华大学工程物理系。毕业后在中国科学院近代物理研究所从事实验核物理方面的研究。曾任中国科学院近代物理研究所研究员、博士生导师、副所长、学术委员会主任。1991年开始在中国科学院上海原子核研究所（中国科学院上海应用物理研究所）继续从事实验核物理方面的研究工作，任研究员、学术委员会主任。曾任中国科学院上海原子核研究所党委书记、副所长，中国科学院上海分院院长，中国核物理学会理事长。现任国家自然科学基金委员会副主任，上海市科学技术协会主席。1999年当选为中国科学院院士。

沈文庆院士曾任国家"973"计划项目"放射性核束物理和核天体物理"的首席科学家。中国共产党第十六次代表大会代表，第十届中国人民政治协商会议委员，第十一届中国人民政治协商会议常委。

沈文庆院士曾获国家自然科学奖二等奖1次，国家自然科学奖三等奖2次，中国科学院自然科学特等奖、一等奖各1次，二等奖3次。5次被评为中国科学院优秀研究生导师。

沈文庆　MEETING OF MINDS
GO EXPO WITH ACADEMICIANS

中国科学院院士
沈文庆

科技让城市生活
更美好
　沈文庆
　2010.10.29

睿智之光

2010年上海世博会展示和应用的科技创新成果，昭示着未来发展的重大方向和科技革命的重大突破。上海要把科技创新作为制定"十二五"规划所贯穿的一条主线，深化以科技创新来支撑和引领上海未来经济社会发展的战略内涵。

科技，让城市生活更美好
——沈文庆院士谈世博会与上海的城市发展

世博会是公众活动的场所，更是展示未来的场所，世博会的展示和应用着重突出了科技成果。世博会100多年来的历史显示，历届世博会不但是展示科技的平台，也是科技创新发展的风向标。中国2010年上海世博会展示和应用的科技创新成果，昭示着未来发展的重大方向和科技革命的重大突破。

值得关注的世博科技重点领域

本届世博会绝大多数场馆都应用了先进的显示技术，包括3D影院、4D影院、环幕影院、球幕影院、水幕影院、动感影院；全息投影技术、多媒体无缝拼接技术、三维折射电影技术、电子纸技术、等离子显示技术、LED显示技术、OLED屏幕、激光显示屏等。

很多游客都说，夜晚的世博园区比白天更漂亮。经过对世博园区公共空间照明技术应用的考察和分析发现，LED等固态照明技术正在不断兴起。特别是在园区内的景观照明中，LED照明技术被广泛应用。这些照明技术可能在不久的将来会走进老百姓的家庭。

本届世博会的主题馆大多主打"节能牌"，太阳能、世博轴江水源等节能技术被广泛应用。

世博园区地方大、人流密集，交通始终是大家关心的一个大问题。上海世博会成为了世界上最大的新能源汽车的集中展示场所。世博后，我们上海的公交系统，甚至私人小汽车，若干年后会发生非常大的变化，新能源车将唱主角。

目前，新一代网络通信技术得到了迅速发展，网络计算机已经开始影响我们的生活。那么，下一代互联网是什么样的？世博园区是最好的物联网展示区，物联网是下一个万亿元级的通信业务。它的核心是把信息通信技术（ICT）充分运用到各行各业，把感应器嵌入到全球每个角落，利用ICT来改变未来产业发展的模式和结构（金融、制造、消费和服务等），改变政府、企业与人的交互方式，提高效率、灵活性和响应速度。

这次世博会门票就运用了物联网技术，进园人数、活动情况等通过物联网电子门票一目了然。很多场馆都

拉脱维亚馆外景

遥望世博浦西园区

有机器人展示,过去机器人展示都仅仅是展示而已,而这次上海世博会上很多机器人已经在娱乐、安保、餐饮等方面得到了运用。

许多场馆和设备采用了绿色节能建筑新材料,包括膜结构建筑材料、二氧化钛光触媒技术材料、聚氨酯硬质泡沫材料、新型木塑复合材料、水泥基材料、大豆纤维材料、透明混凝土材料、沥青混凝土材料、纸蜂窝墙体材料、麦秸秆材料、竹藤等木质材料、新型网膜材料、特殊钢板材料等。这些材料都节能环保,应用效果良好,值得推广。可以预见,这些新材料新技术将来会大大改变人们的生活。

世博会改变科技发展趋势

从世博会的科技展示与应用可以看到,当今世界正处在科技创新突破和新科技革命的前夜。近年来的国际金融危机和气候问题加速了科技创新及其进步的步伐。总的来看,在今后的10～20年,很有可能会发生一场以绿色、智能和可持续发展为特征的新的科技革命和产业革命。新的科技创新与发展具有以下基本特征:

第一,以绿色与智能结合为特征的群体性突破。包括第三次光的革命、人类需求推动的能源革命、人类智慧融

沈文庆

合的革命。这些革命可能要利用新的能源,我们可能要把信息技术与人类的智慧融合到我们的生活中去。

第二,综合应用与示范加速了新兴产业的崛起。新能源与新兴信息技术等在世博会上的综合应用与示范,将极大地推动相关战略性新兴产业领域的快速发展。世博园区就是一个很好的例子,我们要有综合利用的示范,通过示范可以看出它的好处和不足,通过改进会加速新兴产业的崛起,包括新能源汽车、智能电网、LED 等的展示。

第三,新的科技革命背景下的城市发展产生新的趋势。上海世博会的主题是"城市,让生活更美好"。通过我前面的讲述可以看到,其实科技会让城市生活更美好。我们回顾一下历史,实际上是科技重大的创新和发明才使我们真正摆脱了金融危机。世界金融危机发生过很多次,也是科技革命使我们的社会、经济、生活发生了跨越式的发展。第一次产业革命时期蒸汽机的发明使大规模的城市诞生了。第二次电器革命时期电灯的发明(包括其他电能的应用),让美国迅速崛起,成为了超级大国。20 年之前,大家都在讨论一个问题,日本是不是会超过美国,结果日本陷入了 20 年的缓慢发展阶段,而美国却一直占据高位,这是为什么?就是因为美国在信息领域的创新和革命。所以新技术、新产业的发展促进了城市的发展。城市让生活更美好,依靠的是科技;让一个国家摆脱金融危机,让国家有新的发展,依靠的也是科技。

世博园区内便捷的饮水装置

借鉴世博科技　促进上海创新发展

本届世博会为上海加快创新发展带来了契机，上海必须抓住这一机遇，汲取为我所用的新理念和新技术，制定和完善"十二五"科技发展规划，形成适应世界科技发展的战略思路，实现上海科技及其产业的跨越式发展。我认为，上海要把科技创新作为制定"十二五"规划贯穿的一条主线，深化以科技创新来支撑和引领上海未来经济社会发展的战略内涵，实现创新驱动的5个重要转变。

乌克兰馆的外景

一是在战略理念方面　要从单一理念向多维理念转变。它不仅要体现在应用导向方面，而且还要带动基础性和前沿性的科技发展；不仅要促进经济增长，而且还要促进产业结构的优化升级；不仅要满足上海自身发展的需要，而且还要服务于长三角、服务于全国乃至全世界发展的需要。

二是在支撑产业方面　要从支撑制造业向支撑高端制造业与高端服务业方向并举发展和转变。

三是在科技创新方向上　从发展前沿科技向前沿科技、产业技术协调发展的方向转变。

四是在创新模式方面　从引进模仿向自主创新，尤其是向消化吸收再创新的方向转变。

五是在创新体系方面　从构建技术创新体系向统筹创新体系各要素的方向转变。

后世博，我认为推动上海未来科技创新的主要举措主要有5点：加大基础研究的投入；加强核心技术的开发；加强消化吸收再创新；加大金融对科技的支撑力；探索有利于创新的"发现、评价和转化"机制。

沈文庆 MEETING OF MINDS
GO EXPO WITH ACADEMICIANS

对话院士

世博会对上海发展的重要意义

中国政府对于技术研究高度重视

沈文庆：国家自然科学基金会是政府拨款的，在十几年的时间里，每年增量是20%。2010年增量30%，2011年预计的增量会超过30%，这说明我们国家对于技术研究的高度重视。这是一条近乎直线上升的完美曲线，世界上所有的自然科学基金会都对我们非常羡慕，我们现在的总量当然还不及发达国家，但应该说我们是很有希望的。

建筑材料既要节能，又要坚固耐用，还要便宜

沈文庆：建筑材料怎么才能节能？怎么才能又便宜又

院士与嘉宾对话

坚固？我们到底要有怎么样的建筑标准？北方和南方还不一样，上海人都希望是冬暖夏凉的。我们国家在这十几年里，已经支持绿色建筑项目，包括建筑设计、建筑材料、建筑规划上千个了，而从事这些项目的科研人员所提出的建议，已经被国家有关部门接受了，并被列入建筑的标准当中。我想，我们需要从基础科学做起，然后研究产生创新的东西，而这些创新的东西就是要用到公众建筑里去，让它创造出价值来。

城市的发展形态究竟应该是怎样的

沈文庆：从一个普通市民的眼光来看，一个城市的发展，像北京有二环、三环、四环、五环、六环……上海有内环、中环、外环，我想这个发展思路要有一点变化，可能一个城市有若干个中心区，城市周边有若干个卫星城镇，由高速交通把它们联系起来。城市的规模不能无限制扩展下去。

保留下来的老建筑与世博园内节能环保的电瓶车

沈文庆　*MEETING OF MINDS*
GO EXPO WITH ACADEMICIANS

上海周边有一些城市，这些城市和上海有不同的侧重点，现在的问题是怎样把这些城市快速地联系起来，从上海是不是能够用更快的速度到达苏州或者无锡？怎样能够让这些城市交通的联系更方便一些，这也是很重要的一个问题。所以城市的发展形态确实是一个很值得探讨的问题。

未来能源的利用需要人们的不断探索

纳米技术应用于日常生活中

沈文庆：我举一个例子，大家都知道纳米技术有了飞速的发展，纳米技术的发展产生了一些新的材料，比如用纳米涂料涂在建筑物外墙上，外墙就不容易受污染，清洗的时候也容易多了。原来每年清洗一次，现在可以五年清洗一次。

关于化石原料的枯竭问题

沈文庆：人们有危机感是对的，但也不用过分担忧，因为科技在不断进步。比如太阳能，我们现在有太阳能光伏技术，还有风能、生物质能、可再生能源。我可以告诉大家一件鼓舞人心的事：中国已经参与了世界上由9个国家在欧共体共同开展可控热核聚变的研究，这个技术可以提供人类活动几千年，甚至上万年所需的能源，当然目前技术上还有待突破。

（嘉宾：郑时龄、倪既新）

 相约名人堂
与院士一起看世博

视 点

关注"相约名人堂——与院士一起看世博"活动诠释的科技奥秘和世博精彩,从科学传播的视角聚焦世博主题。

沈文庆:我非常高兴参加这个教育与人才的圆桌论坛。我想简短地介绍3个观点。第一个观点,继续教育、终身教育是人才培养的一个重要理念。

我自己是清华大学毕业的,我记得最老的一句清华大学的校训,是为祖国健康地工作50年。我们在校受的教育可能是20年,假如读完博士,可能就是20年左右。但是要为公众有创造性地工作50年,这个时间大大长于你小学、中学、大学的时间。所以我认为继续教育、终身教育是非常重要的。这是第一个观点。

第二个观点,我想要在科学实践中培养人才,同时也只有在科学实践当中才能推动城市科技的创新。

所以国家基金委现在有人才战略,专门设立了人才板块,包括支持刚刚毕业的博士生的青年基金,资助西部地区的地区基金,做得好的话就可以争取杰出青年基金。

节水环保,造福未来

第三个观点,全民科学素养是城市发展的基础,是涌现人才的源泉。我非常简短地说一下,我是学原子核物理的,我小的时候,就是因为听了科普报告,当时看了居里夫人的科普报告和电影,感觉她是非常崇高的,非常伟大的。

所以提高全民科学素养,包括青少年、公务员,城市的

沈文庆 *MEETING OF MINDS*
GO EXPO WITH ACADEMICIANS

公众都是重要的群体。我想，通过各种各样的科学素养培训活动，可以涌现出无穷无尽的人才来，谢谢大家。

（来源：世博网　2010年6月20日）

"如何把精英宜居城市变成大众宜居城市，是世博会后值得思考的问题。"在世博最后一场院士访谈中，来自中科院的两位院士沈文庆与郑时龄讨论了世博科技让城市更美好的话题。他们表示，上海未来将有希望发展成为一个智慧、绿色、创意、卓越之城。

沈文庆院士表示，2010上海世博会展示和应用的科技创新成果，昭示着未来发展的重大方向和科技革命的重大突破。包括 LED、OLED 的广泛应用，新能源、物联网的应用，以及云计算和智能机器人技术等等。他表示相信，以绿色与智能结合为特征的群体性突破，包括第三次光的革命、能源革命、人类智慧融合的革命即将到来。

（来源：东方网　2010年10月29日）

在世博园内城市绿化多样性的展示

院士风采

江明,高分子物理化学专家,中国科学院院士。英国皇家化学学会会士。1960年毕业于复旦大学化学系。现任复旦大学高分子系教授、博士生导师,中国化学学会高分子委员会副主任,上海市化学化工学会顾问,《Macromolecular Rapid Communications》国际顾问编委。2005年当选为中国科学院院士。

1979年,江明院士作为改革开放后第一批派出人员前往英国利物浦大学留学深造。1981年回复旦大学后,他立即在高分子物理化学领域开展研究,包括嵌段共聚物／相应均聚物的相容性;特殊相互作用和相容性;离聚物及双亲性聚合物体系;大分子自组装等,并在上述领域得到了一系列科学结论。在近年来开展的大分子组装的研究中,首先提出和实现了一系列基于氢键相互作用的聚合物胶束化的新途径,获得核-壳间由非共价键连接的聚合物胶束并进而获得空心纳米球,形成大分子自组装的"非嵌段共聚物路线"。这一路线扩展了超分子化学的研究领域,具有重大的意义。

江明院士曾先后获得国家教委科技进步奖一、二等奖和国家自然科学奖二等奖。

江 明　*MEETING OF MINDS*
GO EXPO WITH ACADEMICIANS

中国科学院院士

江　明

世博园里和小朋友们
话科技及推行的人生
体验　　江明 2010.8.17.

相约名人堂
与院士一起看世博

睿智之光

2010年上海世博会更加关注城市发展所面临的新问题、新挑战,启迪人们不断思考城市如何让生活更美好。从20世纪30年代高分子概念的初步确立,到今天成为化学领域中最具活力的学科,高分子科学的发展凝聚着众多化学家的辛勤努力和不懈探索。

高分子与现代生活
——江明院士谈高分子科学的发展

高分子物质在自然界广泛存在,人类利用天然高分子已经有数千年的历史了,最典型的蚕丝就是富有中国特色的天然高分子材料。虽然人类一直在加工、利用这些天然高分子材料,但是,由于受到科学技术发展的限制,长期以来,人们对它的本质可以说毫无所知,化学家的研究对象一直局限于小分子领域,直到20世纪30年代,大家才认识到原来小分子可以联结起来形成大分子,进而现代高分子概念得以确立。

由小分子组成的"一串珠子"

高分子是一种许许多多原子由共价键联结而组成的分子量很大的化合物。如果把一般的小分子化合物看成"点"

江 明

分子,则高分子恰似"一条链"或者是"一串珠子"。例如,聚乙烯、聚苯乙烯就是通过化学键将小分子联结在一起的高分子。

如果我们把组成高分子的结构单元数目称为 N,那么 N 可以达到 100 到 100 万的数量级,非常之大。天然高分子包括我们现在的天然蛋白等,则可以达到更高的数量级。这样就使得分子压力非常高。当分子压力高了之后,会呈现出什么特点呢？从高分子局部的化学结构来看,是碳氢(C–H)以及两个碳(C–C)之间相互联结起来的那部分,而高分子长链是由很多这样的结构联结起来的。因此,在高分子的长链中,碳和碳之间是可以旋转的,从而使得一个长链在空间上可以形成各种各样的形状,这就是高分子的特点。

由于每个高分子都是一根长链,与小分子化合物相比,其分子间的作用力要大得多,所以高分子化合物具有各种力学强度,高分子链也可以表现出不同程度的柔韧性。随着现代科技的进步,我们只需借助原子力显微镜就可以直接观察到单个的高分子链了。

高分子的结构可以设计

我们可以根据需要将高分子设计成更复杂的结构,比如可以在一个主链旁边联结很多支链。在高分子长链中,如果一个结构单元和另一个结构单元不同,我们称之为"共聚物"。它们之间可以没有规则地联结在一起,也可以交替地联结在一起,还可以一段一段地联结在一起,比如整个一段是某一个结构单元的,另一段是另一个结构单元等。所有这些你能设想出来的结构,化学家差不多都可以在实验室里做出来。当然,有了不同的结构以后会有很多不同的特性,也会有不同的应用。

同样,在原子力显微镜下我们可以看到一个高分子,它的一个链是主链,下面挂了很多支链,支链和主链是有联结的。

高分子材料的加工工艺各式各样

高分子化学不等于高分子材料。化学家促成的是一个一个高分子，但是要把它做成有用的材料，还需要进一步加工。例如在橡胶的生产过程中，我们先要将开采的天然乳胶收集起来，由于乳胶本身是没有强度的，所以做不出橡胶制品。如果将乳胶干燥之后，把水分都挥发掉，这时候的乳胶也是没有强度的。因为这些高分子链之间没有相互连接，拉伸之后就会断裂。于是，科学家就想出了办法，把硫磺加进去，这个工艺已经有300年的历史了。这样天然橡胶中一根根白色的链就通过硫磺紧密结合起来了，形成网状结构，使得橡胶可以拉伸，比原来的尺寸大了10倍，放回来又收缩。经过这样一个过程以后，硫化橡胶就可以加工成各种各样的橡胶制品了。像大家最熟悉的汽车轮胎，就是由天然橡胶加硫磺做出来的。这样，就把高分子化学的产品变成高分子的材料了。

人性化的排队等候区

同样，从反应器里面直接做成的塑料也是不能够成材的，但是通过一个注塑机加工以后就可以做出一定的模型，制成电视机、冰箱的外壳等材料。纤维加工更加复杂一点，纤维制成以后也是没有强度的，但是我们把高分子加热，然后把它挤出，在很小的喷丝口里面喷出，然后拉伸，这个时候就成型了。所以每一种材料的形成都有它特定的加工工艺。

高分子化学不仅有趣而且有用

高分子是整个化学学科的重要组成部分。从刚才说的橡胶生产加工过程来看，大家可以感受到化学非常有趣。众所周知，过去橡胶只能够从橡胶树里开采得到，但其生产周期很长。从20世纪40年代起，化学家就能在实验室里合成与天然橡胶结构完全相同的橡胶，而且性质也完全相同。以后，人们就可以在工厂里大规模生产了。目前，合成橡胶材料远远超过了人们对天然橡胶的需求量。这就是人类学习自然、造福自己的过程。所以，化学的趣味是毋庸置疑的，高分子化学不仅有趣而且有用。

按照科学规律办事　化学的危害可防止

现代媒体的透明度相当高，我们经常看到一些报道，某化工厂爆炸，某城市施工挖破了输送气的管道，造成了很大的经济损失和人员伤亡等。这些事情造成很多负面影响，大家不仅觉得化学品非常危险，而且会感觉到学化学专业也很危险，因为化学品有毒。这使得很多对化学有兴趣的青少年都望而却步。应该说研究化学有一定的危险性，因为我们要接触很多化学制品，但化学危险性的本质，早已在前人研究中得出结论了，且绝大多数原因都已经搞清楚了，所以你只要掌握相应的知识，按照科学规律去办事，是不应该存在任何问题的，化学的危害性是可以防止的。我从进入复旦大学学习工作到现在已经55年了，我的老师已经95岁了,其他的师长有80多岁、70多岁的,包括我本人、我的同事都生活得非常好。因此,我们有志于学习化学的青少年朋友不要有任何顾虑。

高分子材料的发展方兴未艾

如今高分子材料无所不在。有一种很好的运动鞋鞋底就是用SBS材料制成的,人们身上穿的混纺衣料是合成纤维,坐的椅子是聚氨酯材料等。是不是高分子已经发展到尽头了呢?我想不是。社会的发展提出了更高的要求,能源枯竭、气候变暖、疾病威胁等都是重大问题,都需要高分子去面对和解决。在能源危机方面,制造太阳能电池,会用到很多新型高分子材料。已有材料怎样适应可持续发展的要求,是一个很重要的问题。比如,怎样生产可降解的包装材料。在生物医药方面,有更多的发挥空间,比如,常用的控释药物就是一个典型案例。以前抗生素1天吃4次,现在1天只要吃1次;今后有的药物可以改为1星期吃1次,甚至更长的时间吃1次,依靠药物在人体里有控制地释放而发挥作用。现在的药物服用后在全身是均匀分布的,不能直接到达病灶区域。我们希望能以高分子材料为载体来解决这类难题。从这些意义上来说,高分子材料的发展是没有尽头的。

在世博园区内智能化的喷泉

江 明　MEETING OF MINDS
GO EXPO WITH ACADEMICIANS

对话院士

科学的发展与国家的强盛

上海世博会更加注重人类面临的新挑战

江明：以往的世博会是以展示科技新成果为主要任务的，而上海世博会则更注重警示人们现在所面临的问题，例如气候变暖、能源危机等，促使人们去思考。如果要让城市生活更美好的话，我们要做什么？作为科学家，我和我的同事都在想，如何将自己的研究往这个大方向去靠拢。在能源方面，我们研发一系列新的太阳能材料；在环境保护方面，我们研发更优质的可降解材料等。这些都是我们迫切需要考虑的问题。

院士与嘉宾对话

相约名人堂
与院士一起看世博

强国之路的梦想

江明：我出生于1938年，我的童年实际上是在日本侵占中国的岁月中度过的。我念小学的时候，正是日本人统治的时代。当然那时候我年纪还小，虽然没有非常完整的记忆，但很多片段还记忆犹新。在我们小学的操场上，日本兵穿着他们的军靴，当时我听到皮靴发出的声音很害怕。我们一家人出城的时候，我看到家长都低着头，拿着"良民证"通过日本人的检查。这些经历让我感觉到我们国家一定要富强起来。因此，走上强国之路，是我们的梦想。

改革开放后，我有机会到国外进修，回来以后自主开展科研工作。跟我同样年龄的知识分子，因为有机会发挥自己的作用，都焕发了青春，把所有的精力都用到了科研之中。所以，看到自己的辛勤劳动结出了丰硕成果后，很是欣慰。30年来，我一直把立足点放在中国，放在上海，放在复旦大学。我有很多出国的机会，但是我都没有走。30年来我一直在这里，看到自己一个一个的成果、一步一

在世博园内行驶的电容公交车

步地走过来，我非常高兴！我觉得这是我的幸福之源，这不仅是我个人的感受，很多同辈的同事都有这样的理解和感受。

科学研究能够给我带来快乐

江明：幸福之源就是快乐之源，讲得更具体一点，科研本身就能带来很多的乐趣。因为所谓基础科学研究，就是探索未知的世界，就是对前人没有解答的问题作出解答。问题没有解决的时候，会千方百计地思索它，用各种各样的途径去解决它。一旦有所突破，就能给我们带来极大的幸福感。如果你做得好，在基础研究上很快会得到世界各国科学家的认同，甚至你所建立的方法别人也会使用，你提出的概念别人也会去发展，这会给你带来很多快乐和自豪。这和你在研究当中所付出的汗水与代价是成正比的。所以，如果你爱上这个事业，会不断地感受到这一点。

建造太空太阳能站

江明：高分子化学家现在花了很大的努力，希望合成很多新的高分子材料，他们能够增强光电的转化率，在太阳能利用方面达到更高的效率。这个是很多高分子化学家正在追求的一件事。我们讲得更远一点，现在人们的设想是建造太空太阳能站，放出一个同步卫星到太空中去，可以更接近太阳，在那里太阳光的强度要大得多，这样我们就可以利用更多的光能，而且还不消耗地球上的任何资源，然后通过其他的手段将电源返回到地球上来。这方面已经有很多具体的设想，估计在21世纪20~30年代有可能实现。所以，等你们长大，在10年、20年以后，你们就会担负起这样一个新的任务。这不是不可能的事情，将来我们的电能来自太空。

学习科学知识是对它有浓厚的兴趣

江明：科学的大门对每个人都是敞开的。怎么样成为一个科学家，每个人走的路不一定一样。但是有一点很重要，首先我们要喜欢它，我们不作为一个很重的负担和任务去学习科学，而是对它有很浓厚的兴趣，对于未知世界有很浓厚的兴趣。这样就可以使我们长时间努力地学习新知识。在中学阶段，我觉得基础知识的掌握非常重要。包括将来大学的学习，把每一门课学习好，打好基础，我觉得十分必要。我有一位老师，刚刚过世。他在大学里给我们上课，后来为了国家的需要调到北京参加原子能试验。有一天我去看望他，为了表达我对他的尊敬之情，我带了一本笔记，就是当年他教我物理、化学的课堂笔记，这本笔记我已经保存了49年，半个世纪了。老先生看到这本笔记以后非常开心，翘起了大拇指，他叫我复印一份给他，留作纪念。因为这代表一个虔诚的学子对老师的最崇高的敬意。老师讲的课我尽量记得完整，所以老师看了以后非常高兴。当时，我听老师课的心情，就如同现在青年"粉丝"对于他们崇拜的明星偶像一样。所以我可以把这门课学得很好。

（嘉宾：张康明、刘志华、夏永强）

世博园内的高架通道

江 明　MEETING OF MINDS
GO EXPO WITH ACADEMICIANS

关注"相约名人堂——与院士一起看世博"活动诠释的科技奥秘和世博精彩，从科学传播的视角聚焦世博主题。

"这次世博会更注重人类目前面临的新挑战。作为科学家，我和我的同事，正在研究一些新的高分子材料，它们具有更好的降解性，有助于环保。"中国科学院院士江明做客世博会公众参与馆，与中福会的少年儿童一同互动。他向大家介绍了高分子材料在世博会中的应用，同时表示，目前全球变暖等环境问题值得深思，利用高分子科学，发明新材料将有助于改变环境，他鼓励更多的青少年参与到学习和研究高分子化学这门学科中来。

（来源：东方网　2010年8月17日）

年届古稀的江明院士，从18岁考入复旦大学化学系起，白手起家创建高分子专业，为中国的高分子材料科学可谓呕心沥血。而当年引他走上科学道路的，是对科学的虔诚。

半个世纪前，还是一名大学生的江明，对当时从英国留学归来的青年教授吴征铠十分佩服，上他的课的认真程度堪称虔诚：一本硬面抄专门用来做吴老师教授的物理化学课的笔记，每页都以竖线将页面划出三分之一的空地，左边是课堂笔记，右边则写满了当年课后复习时的心得体会。

（来源：扬州晚报网　2010年5月5日）

相约名人堂
与院士一起看世博

院士风采

瓦·伊·茹科夫,俄罗斯国立社会大学的创始人兼校长,俄罗斯科学院院士,为俄罗斯联邦政府科学事业作出过卓越贡献,并在2006年获得了俄罗斯联邦政府为在教育领域作出突出贡献的人员提供的奖金。2006年当选为俄罗斯科学院院士。

茹科夫于1947年出生于库尔茨克州,小学时成绩突出并获得了金质奖牌,并以优异的成绩毕业于列宁共青团列宁沃罗尼日国立大学历史系"德语教学史"专业。

自1970年开始茹科夫就在高校工作,期间由助教升为教授。1979年获历史学副博士学位,1986年获历史学博士学位,2003年被选为俄罗斯科学院通讯院士。

主要科研项目:社会学、政治活动的理论与实践、经济学、政治学、俄罗斯社会历史学、教育社会学及教育历史学。出版500余部著作。

无论是科学研究领域,还是社会活动方面,茹科夫都深受好评。因其在科研领域作出的巨大贡献并为社会培养出了大批精英,俄罗斯联邦前总统弗·弗·普京于2000年曾授予茹科夫"为祖国作出重大贡献"的四等荣誉勋章,2006年授予茹科夫三等荣誉勋章。

瓦·伊·茹科夫　MEETING OF MINDS
GO EXPO WITH ACADEMICIANS

俄罗斯科学院院士
瓦·伊·茹科夫

（瓦·伊·茹科夫：我们希望所有的中国人都能很好地发展自己的教育事业。尤其是在学校的学生、所有的教育工作者都能积极地发展本国的科学技术。谢谢。）

睿智之光

俄罗斯是一个历史文化悠久的民族,很多脍炙人口的俄罗斯文学名著影响了好几代中国人。过去,我们对于俄罗斯民族的了解是从文学艺术作品当中获得的。随着时代的发展,人们对俄罗斯仍然充满着好奇。

家庭与社会发展的关系
——瓦·伊·茹科夫院士谈社会政治中的俄罗斯家庭

家庭实际上是社会与每一个社会元素之间的联通纽带或者叫做媒介组织。家庭的发展同时支持了该国人口、社会的发展。家庭也是整个社会的重要组成部分,家庭在社会的进步当中承担着重要的不可或缺的作用。现代家庭与传统家庭在社会认知、社会发展、对社会现象的看法方面都有迥然不同的形式。俄罗斯家庭也不会摆脱这一形式,也是遵照这一形式向前发展的。

俄罗斯家庭中的主要问题

在一个家庭当中,每个人的工作情况直接影响着这个家庭的发展与进步,而且,家庭的发展依赖这个家庭的女性成员的工作情况。同样,这个家庭的收入情况直接影响着这个家庭的喜好、发展、隐私结构等诸多方面。有钱的家庭可以购买汽车以及其他能耗品。有经济实力的家庭可以享受很好的医疗服务,享受很好的教育服务。同样,这些也反映在俄罗斯的普通家庭里。那么,在当今的俄罗斯家庭中,什么问题是最主要的?什么问题是最尖锐的?我想向大家介绍一下。

首先,52%的俄罗斯家庭认为,没有能够得到社会各界很好的支持。他们尤其担心在医疗方面得不到很好的服务,认为自己承担了很多医疗方面的重负。而且,大部分的俄罗斯家庭成员对自己的收入以及所处的生活现状非常不满。据调查显示,在俄罗斯每5个家庭当中,就有1个家庭非常肯定地认为自己所付出的教育支出超过了真正得到的教育服务,感觉到家庭在教育方面的付出费用不堪负担。从20世纪90年代至今,这些问题一直没有得到很好的解决,并且还在继续发展之中。到了21世纪,仍然存在一些突出的问题,比如家庭怎样才能更好地向前发展,这是摆在当今每个俄罗斯家庭面前的大问题。

从2000～2007年,俄罗斯贫困家庭的数量从约50%降低到约40%。随着岁月的变化,一个家庭从没有小孩到拥有小孩,从拥有一个孩子到拥有几个孩子;孩子一天天地长大,逐渐地到了进入学校学习的年龄。俄罗斯政府在人口发展、孩子出生等方面的确给予了很大的支持。通常情况下,政府对每个家庭出生的第一个孩子、第二个孩子,甚至是更多的孩子都给予了财政支持,而且每出生一个孩子,俄罗斯政府就会给予这个家庭1万美元的支持。

除了财政方面的支持之外,俄罗斯政府还对每一个出生的孩子做了很好的医疗方面的规划。对于愿意生养第二个乃至第三个孩子的妇女,俄罗斯政府同样会在医疗方面给予优惠政策以及其他帮助。总之,俄罗斯政府会让每一个家庭的父母都感觉到如果生养更多的小孩,政府是会给予大力支持的。俄罗斯政府还把2008年定为"俄罗斯家庭年"，在这一年，俄罗斯政府还给予每个家庭相应的支持。通过这一年的活动，俄罗斯家庭普遍感受到政府给予儿童和妇女的医疗待遇和服务有了很大的改善。因此，每个人都感觉到自己的健康指数得到了很大的提高。俄罗斯政府通过征税及支持医疗系统等措施，让老百姓获得更好的福利待遇。在有4个以上孩子的家庭里，俄罗斯政府会给予他们政策上的实实在在的扶持和帮助。因此，人口出生率的提高，正是得益于俄罗斯政府出台的这一系列社会扶持政策。政府给予父母相应的权利，以支持他们生养更多的孩子。为此，俄罗斯政府建立了儿童发展基金，该基金专门支持贫困以及贫困线以下的家庭能够养育更多的孩子。同时，政府也相应出资帮助这些贫困家庭抚养小孩，还允许他们能够取得外国国籍，委托外国国民抚养这些小孩。在这里，我们没有讨论孩子将来究竟属于哪国公民，而是讨论孩子的生活指数是否得到提高。这样做才真正是支持了儿童事业的发展，支持了本国人口事业的发展。我认为只有这样才是尊重了人道、人权，支持了社会人权的发展。在这个领域里，要有更多的科学工作者，尤其是懂得社会学的科学工作者科学地指导每一个家庭开展人口和儿童教育工作，支持家庭事业的发展。

俄罗斯社会大学的发展

2007年，俄罗斯政府建立了俄罗斯社会大学，该大学专门研究社会学方面的问题，并提出相应的理论。这些科学工作者在该领域拥有很深的造诣。在建校之初，我们的人数并不多，只有600多名学生，150多名教师。经过一段时间的发展，我们这所大学已经成为俄罗斯乃至整个独联体范围内著名的高等学府之一。我们的学生人数已经发展到10 000多名，并拥有8 000多名教师及科学工作者。在这段时间里，我们已经培养了12 000多名社会学方面的科学工作者。我们学校主要培养社会学方面的本科生及研

MEETING OF MINDS
GO EXPO WITH ACADEMICIANS

瓦·伊·茹科夫

究生。我们的分工很细，主要有社会发展学、社会医疗学、社会统计学、社会会计学、社会现代人格学等。我们学校在这个领域内拥有非常多的著名专家及学者，他们都是这些学科发展的带头人。有很多专家及学者带头支持了相应的社会学学科的发展，在这里，我对他们表示感谢。

我们学校有30多名俄罗斯科学院院士。我们的教师队伍中有30%的人获得了俄罗斯最高学位即博士学位，同时，他们也是该学科的教授。其中，70%以上的教师拥有长期在社会学方面的教学经验，有10%以上的教授及教师获得了俄罗斯及其地方政府相应的奖励及财政支持。这些教授认真地给每一位大学一年级的学生教授社会学的基本原理。尤其是要让他们真正懂得什么叫社会学，社会学包括哪些类别等等。我们学校的学生表现得也非常突出，在最近的世界大学生运动会上，甚至是奥林匹克运动会上取得了很多、很好的成绩。

澳大利亚馆内展示的雪地靴

我们对每一位大学生都提出了要求，希望他们认真地学习，在自己学习和研究的领域里取得很好的学术成果。对于在校的教师来说，我对他们也有3点要求。第一，他们必须懂得什么是社会生活。比如俄罗斯人吸烟的情况很严重，但是在我们学校，无论是在教职员工的宿舍、学生的宿舍，还是在学校的其他公共场合，我们的教师或者学生都不吸烟。我希望我们的学生不但懂得本国语言，还能积极主动地学习外国语言。在我们学校，开设了23门外语课程。前不久，我们又开设了东方文化即中国语言研究学习中心。我们与中国的大连外国语学院建立了长期的对口合作关系,支持两校师生相互访问、交流和学习。我们还与中国的吉林大学建立了长期的合作计划。事实上,我们与中国的很多高校都有良好的合作关系,比如山东大学、上海的一些大学等。我还要求在校学生要努力学习现代科学技术,尤其是电脑及其相关知识。因为在现代社会里,一个年轻人掌握电脑及其相关的学科知识是多么重要。同时,我支持他们积极锻炼身体,在体育方面要有很好的建树。2008年,在北京举行了第29届奥林匹克运动会,世界三大体育强国分享了第一、第二、第三名,即中国、美国和俄罗斯。俄罗斯的金牌总数是23枚,其中的8枚金牌是由我们学校的学生获得的。

此外,我们学校和世界各国都建立了良好的学术交流关系,主要包括英国、巴西、中国、加拿大、芬兰以及美国等。我们还专门设立了相应的学科及研究所,比如学习东方文化、中国社会学及有关的其他学科。我们学校的教师中,有很多人与中国的学者、研究人员保持着良好的学术交流。在中国农历新年到来的时候,我们都会与中国驻当地的总领事见面、恭贺新年。我们学校和中国在学术交流方面一直保持着顺畅的渠道。

我们支持我们学校相关的院系来发展新兴的社会学方面的研究,比如研究人口问题、家庭心理学问题等。为此,我们还专门建立了家庭援助中心以及家庭社会学研究中心。我们有专业的社会工作者,可以指导年轻的家庭成员怎样与父母建立良好的关系、家庭成员之间怎样和睦相处、从社会的角度来分析如何建立一个良好的家庭等。我们还专门出版一本书——《俄罗斯家庭与俄罗斯社会》。在这本书中,我们对俄罗斯几乎所有的家庭形态及其现状都作了研究及相应的介绍。因为,俄罗斯是一个拥有众多民族的国家,有140多个民族。我们建立了俄罗斯家庭社会学研究中心,并且对该领域作出了积极的社会学研究方面的贡献。

社会学研究的方向就是政府发展的方向

怎样培养一个良好的家庭，这是我们家庭援助中心以及家庭社会学研究中心近期研究的课题。同时，向我们的学生宣讲怎样利用社会的法律体系建立一个完整的健康的家庭。我们认真地考察和研究了居住在首都莫斯科的家庭的现状及其存在的问题。莫斯科的经济非常发达，其家庭也得到各种各样的俄罗斯政府及地方政府的财政支持。一些著名的政策活动家、莫斯科市长都非常乐意解决社会上存在的问题。莫斯科政府一半以上的财政收入都用于支持社会问题及家庭问题的解决。即使这样，莫斯科同样有很多社会问题及家庭问题尚待解决和改善。从1992年前苏联解体一直到2009年，俄罗斯的人口增长都呈现出负增长。我们做过统计，在这一段时间内减少的俄罗斯人口是700多万人甚至更多。就近十年而言，俄罗斯减少了600多万人口。现在俄罗斯的人口不足1.42亿人。从2009年开始，俄罗斯政府积极制定了人口发展计划，支持人口发展，这种情况才得到了很好的控制。即到2025年人口发展计划，支持人口发展增长到前苏联时期的人口水平。不过，这个政策仅仅才开始，所以我们不能说很快就会出现人口增长的明显效果。这个政策非常明显地支持了每个家庭发展自己的家庭成员及人口，在最近3年内，从人口增长的负指数恢复到正指数，到2020年人口增长到1.46亿人。如果俄罗斯政府积极支持家庭财政状况的改善，支持贫困家庭财务状况的改善，我们的人口数量是可以得到很大提高的。如果给家庭两倍的财政支持，家庭人口就会很快地发展起来。另外，俄罗斯政府积极支持人口医疗健康计划，到2020年，我们的人口将会达到预计人口的指数。到2030年，人口增长到1.6亿人。当然，这仅仅是个计划，要执行起来还有很大的难度，需要我们大家的共同努力。

俄罗斯是一个地广人稀的国家。在每一平方千米的土地上生活着8.3个人。俄罗斯的欧洲部分疆土生活着大部分的俄罗斯人口,而自乌拉尔山以西部分到西伯利亚则生活着非常少的人口。在西伯利亚乃至远东地区每一平方千米的土地上生活着不足2.3个人,这个人口数字是非常小的。而俄罗斯政府却希望这些地区的经济发展也与其他地区一样,要蒸蒸日上。因此,俄罗斯中央政府给予他们财政支持,同时又给予他们很好的投资环境的支持,鼓励外商在这些地区投资、开创生产等。可喜的是,有很多中国公民、中国公司以及韩国、日本的公司及其公民在这里进行投资和开发,他们的活动得到了俄罗斯政府及地方政府的支持,他们的活动也遵循了相关的国际法。目前,俄中两国正在积极致力于发展双边投资及招商引资计划,积极支持中国公民在俄罗斯疆土内、在政策和法律允许的范围内进行投资和创业。只有这样,我们两国的疆土才是永固的,我们的边疆才是安宁的。

世博园里的彩绘外墙

目前,摆在俄罗斯政府面前的最大的难题是资金不够、地方不够,因此不能积极发展幼儿园及幼教事业。2009年,俄罗斯政府就支持建立了100多家幼儿园及其幼教组织。还有一个生育方面的问题。如果一个家庭建立之后,不能为我们的国家生育2～3个孩子,那么这个家庭对于这个国家来说就没有多大贡献了。因此,政府应该怎样支持他们、鼓励家庭中的男女性成员生育更多的孩子呢?他们认为主要是政府没有给予足够的财政、教育及医疗方面的支持。我们也做过相应的调查和统计,结果发现,出现这种状况主要是女性家庭成员所受的教育程度越来越高,相应地就会出现这样的家庭所拥有的孩子数量就越来越少。一般女性成员受过高等教育之后,一个家庭拥有孩子的数量就低于2.4个。试想一下,当今社会,男女结婚的平均年龄越来越大,一般都超过25岁或者30岁,很少是在23~25岁结婚的。为什么会出现这种情况呢?这个问题与社会学、家庭学等有关,需要大家共同来探讨。现在,很多俄罗斯年轻的公民都没有在思想上、心理上做好建立家庭的准备。据俄罗斯政府统计,年轻的吸毒者在人口中占有很大的比例。由于种种不健康的癖好,造成家庭受损或者是自身的健康受损的现象也是相当普遍的。大家都不希望自己的家庭变得非常贫穷,而贫穷现象在俄罗斯家庭中也是存在的。从整个社会的发展角度来看,家庭要摆脱贫穷状况依赖于整个社会经济状况的提高。另外,俄罗斯每年有600多万名女性处于结婚年龄,而她们的结婚对象只有117万名男性,这是不成比例的。如果男女社会成员性别比到达一定的比例,我们的人口增长就能达到现在的2~3倍。如果男女社会成员性别比不是1:7,而是下降到1:5,情况也会发生很好的转变。因此,要以此来发展人口计划,减低性别的不平衡比,那么到了2030年,俄罗斯的人口就可以达到1.6亿多人。

在俄罗斯,还存在一个社会问题,就是人口的吸烟率非常高。俄罗斯有30%的女性、40%的男性都是吸烟者。虽然政府通过各种各样的方式让人们戒烟,但是从实际情况来看,还是收效甚微的。因此,我们认为可以通过制定法律法规来降低公民的吸烟率,这样就会降低吸烟人口的比例以及首次吸烟人口的比例。

总之,社会学研究的方向就是政府的发展方向。归根到底,就是要让我们社会中的每个人、每个家庭都能够健康和幸福,提高大家的生活质量,使我们的国家繁荣昌盛。

对话院士

社会问题的形成与对策

俄罗斯政府如何缩小贫富差异

瓦·伊·茹科夫：首先，在社会问题中，普遍关注这样的问题，即贫富两极分化问题，世界各国与各地区都存在这个问题。各国政府及社会组织都在想方设法解决这一问题。但是很遗憾，得到的结果并不令人满意。社会学家可以通过统计非常明确地给各个地方政府打分，即打出他们解决贫富问题的分。前苏联政府一直致力于让所有人的收入都平均化。当时，政府制定了一个内部计划，即最富裕人口的收入最多不超过最贫穷人口收入的3倍。俄罗斯总统梅德韦杰

院士与现场听众对话

夫先生在不久之前专门制定了一个国家发展计划，即支持贫困家庭、贫困人口的发展，降低国家的贫困人口数量。这个计划包括支持贫困人口就业、提高退休金的比率、提高荣誉军人及因战争导致伤残人士的工资及社会补贴比率。

俄罗斯政府采取何种措施来针对购置大量房产的富人

瓦·伊·茹科夫：现在，我们的整个经济状况非常不容乐观，并没有很好地发展自身的经济。与此相对应，我们的建筑业、城市建设业的发展也完全没有达到我们预期的目标。解决这个问题是需要时间的。大家知道，旧城区的改造，也是需要"清理"这一过程的。政府在这个区把一些旧城改造了，把5层楼、7层楼的楼房推倒了，建立起了相应的医疗系统、教育系统和商业系统，但并没有把原来这些楼里的居民就近安排在原居住地附近，而是把他们安排到离莫斯科很远的郊区去居住。很多人卖掉了自己在市区的房产，到郊区甚至更偏远地区去购置房产，这对他们的生活造成了很大的影响。有很多人放弃了自己的房产之后，改为在其他公寓租房，因此他们的生活质量明显下降了。现在，俄罗斯的一些地产开发商在莫斯科市区建造了很多新的楼盘，不幸的是，新造的楼盘的一半都是空置的。那些富人买了2套甚至3套房产，却并不去居住。这些都是我们社会学家统计出来的结果。这个结果，令大家感到非常不满。俄罗斯政府有关国家杜马议员对此提出了计划，要征收相应的税率，对房产的空置提出限制。那些购置了大量房产的富人和家庭必须退出这些房产，否则就要征收高额的税金。这里的法律问题目前正在国家杜马进行磋商，还没有正式形成法律。俄罗斯总统对此事高度重视，已经多次与税收部门的官员进行磋商，准备制定一个有效的政策，限制这种不平衡事情的再次发生。

（嘉宾：现场听众）

后 记

2010 EXPO MEETING OF MINDS GO EXPO WITH ACADEMICIANS

《相约名人堂——与院士一起看世博》（二）在各方的大力协助和支持下，如期出版。在这里一并表示衷心的感谢。

文字提供：李立波　刘　芃　王　阳　田育松
姜晓凌　王毅俊　李法瑞　耿　挺
汪　炜　张秀华　郭易楠　殷佩红
陈　怡

图片提供：周　兵　刘湘雯　赵　斌　林晓峰
郭子安　马鸿根　季俊辉　杨浦东
鲁　鸣　董剑戟

资料提供：邵　炜　张伟平　朱建坤　郑　洁
肖　华　王爱华　朱　瑾　朱自怡
陈静洁

图书在版编目（CIP）数据

相约名人堂：与院士一起看世博.2/中国 2010 年
上海世博会公众参与馆.—上海：上海科学普及出版
社,2010.12
ISBN 978-7-5427-4847-8
Ⅰ.①相… Ⅱ.①中… Ⅲ.①院士—生平事迹—中国—
现代 ②博览会—概况—上海市—2010 Ⅳ.①K826.1
②G245
中国版本图书馆 CIP 数据核字（2010）第 252373 号

责任编辑　王佩英　　　　（第一册）
　　　　　林晓峰　史炎均（第二册）
美术编辑　赵　斌　诸黎敏
技术编辑　夏红义

相约名人堂——与院士一起看世博

中国 2010 年上海世博会公众参与馆

上海科学普及出版社 出版发行
（上海中山北路 832 号　邮政编码 200070）
http://www.pspsh.com

各地新华书店经销

上海精英彩色印务有限公司印刷
开本 720×1000　1/16
印张 43.25　字数 563 000
2010 年 12 月第 1 版
2010 年 12 月第 1 次印刷

ISBN 978-7-5427-4847-8
定价：190.00 元（共两册）

本书如有缺页、错装或坏损等严重质量问题
请向印刷厂联系调换
联系电话:021-56941616